Informations juridiques

© 2021

Johannes Wild
Lohmaierstr. 7
94405 Landau
Allemagne

3dtechworkshop@gmail.com

Avant-propos

Merci beaucoup d'avoir choisi ce livre !

Bonjour ! Vous êtes intéressé par la conception, la simulation et la fabrication d'objets tridimensionnels à l'aide de Fusion 360 d'Autodesk ?

Alors ce livre est fait pour vous ! Je suis ingénieur et j'aimerais vous présenter le fantastique programme Fusion 360 dans son utilisation pratique, d'une manière simple et facile à comprendre. À propos, en tant qu'utilisateur privé avec une licence hobby, vous pouvez même utiliser Fusion 360 GRATUITEMENT !

Voici le lien vers le téléchargement :

https://www.autodesk.de/products/fusion-360/free-trial

Ce cours complet et détaillé s'adresse spécifiquement aux débutants et montre dès le départ comment réussir des conceptions CAO, des animations, des simulations et la planification de la production. En plus des explications théoriques sur l'utilisation du logiciel et de l'approche, vous apprendrez dans ce cours principalement par le biais de projets de conception pratiques et passionnants !

Dans ce cours, vous apprendrez tout ce que vous devez savoir sur Fusion 360 en tant que débutant ! Lancez-vous dès aujourd'hui dans le monde fascinant de Fusion 360 avec ce livre ! Allons-y !

Table des matières

1 Introduction : portée du cours et logiciel

1.1 Ce à quoi vous devez vous attendre et ce que vous apprendrez dans ce cours

Bonjour et bienvenue au cours Fusion 360 pour débutants !

Dans ce cours, vous trouverez une introduction aux bases du programme multifonctionnel et vraiment génial Fusion 360 d'Autodesk et apprendrez en détail la conception CAO, l'animation, la simulation et la production de vos propres composants et bien plus encore. En tant qu'ingénieur, je partage avec vous, étape par étape, mes connaissances issues de mes études et de ma pratique professionnelle, afin que vous puissiez obtenir un succès d'apprentissage optimal avec des bases théoriques d'une part, mais surtout avec des exemples pratiques d'autre part. C'est pourquoi, après une introduction théorique, ce cours comprend de nombreux exemples de conception pratiques afin de rendre le processus d'apprentissage aussi facile et efficace que possible pour vous.

Et avec Fusion 360 d'Autodesk, comme avec les autres programmes de CAO, vous pouvez non seulement concevoir. Au contraire, ce programme combine et relie plusieurs disciplines d'ingénierie telles que la CAO ("Conception assistée par ordinateur"), la FAO ("Fabrication assistée par ordinateur") et la FEM ("Méthode des éléments finis"), résumées sous le nom de CAE ("Ingénierie assistée par ordinateur"), en une seule plate-forme. Fusion 360 peut donc être utilisé non seulement pour créer des composants ou des assemblages, mais aussi pour réaliser des simulations et des animations, ainsi que pour créer la programmation d'une machine CNC. Ce cours est principalement axé sur la conception avec Fusion 360, c'est-à-dire la partie CAO du programme. Cependant, les autres fonctions de Fusion 360 ne seront pas négligées, alors ne vous inquiétez pas !

Comme déjà mentionné, l'abréviation CAO signifie "Conception assistée par ordinateur" (engl. CAD = Computer Aided Design). Les logiciels de CAO sont utilisés pour créer ou modifier des objets tridimensionnels. En commençant par de simples pièces individuelles, en passant par des pièces complexes, jusqu'à des ensembles entiers qui peuvent être assemblés virtuellement.

Dans ce cours, destiné spécifiquement aux débutants, vous apprendrez comment l'environnement Fusion 360 est structuré et comment utiliser au mieux les différentes fonctionnalités pour créer des objets tridimensionnels. Chaque projet de conception, d'animation et de simulation peut être suivi pas à pas et individuellement, ce qui vous permet de vous familiariser facilement avec la matière et de vous familiariser avec les nombreuses fonctions du programme à chaque projet.

Si vous êtes également intéressé par l'impression 3D, vous pouvez même matérialiser les objets par la suite en les imprimant simplement.

En bref, vous pourrez apprendre en détail ce qui suit dans ce cours :

- Trouvez votre chemin dans le programme Fusion 360 rapidement et en toute confiance
- Maîtrisez toutes les fonctions importantes de Fusion 360 rapidement et en toute confiance / Master Fusion 360
- Apprenez les bases de la conception CAO et les différentes méthodes de travail.
- Les croquis 2D et la création d'objets 3D dans le domaine de la CAO / conception
- Créer des pièces individuelles et des assemblages dans le domaine de la CAO / conception
- Rendu et animation de pièces individuelles et d'assemblages
- Simuler des pièces individuelles et des assemblages, c'est-à-dire appliquer des charges et afficher les contraintes et les déformations (simulations FEM).
- Apprenez à connaître le processus de fabrication assistée par ordinateur dans Fusion 360 (CAM) et préparez une simple pièce unique pour le travail de fraisage.
- Apprenez à connaître l'environnement de dessin technique dans Fusion 360 et créez des dessins techniques, également à l'aide d'un exemple pratique.

Il est préférable de respecter l'ordre donné dans le cours, car les leçons se construisent les unes sur les autres. Si vous ne comprenez pas tout de suite les différents chapitres, fonctions ou commandes ou si vous manquez l'explication d'une fonction, restez à l'écoute. Le cours est structuré de manière à ce que toutes les fonctions importantes et fondamentales soient suffisamment expliquées. Parfois, cependant, cela se fait dans un autre chapitre afin de rendre le cours aussi clair et pratique que possible et de pouvoir transmettre une approche très intuitive de Fusion 360 ainsi que de la construction.

1.2 Fusion 360 et téléchargement du programme

Fusion 360 d'Autodesk offre une interface utilisateur claire et simple et est également disponible gratuitement pour les utilisateurs privés sous forme de licence dite personnelle ! Bien que cette version dispose d'un éventail de fonctions quelque peu limité, elle convient parfaitement aux utilisateurs privés et amateurs. Pour tous les utilisateurs qui souhaitent utiliser Fusion 360 à des fins commerciales, il existe une version complète payante, actuellement à partir de 60 € par mois.

Après avoir créé un compte utilisateur chez Autodesk, vous pouvez choisir l'une des deux versions après avoir comparé l'éventail des fonctions. Mais comme je l'ai dit, si vous êtes un utilisateur privé ou amateur, vous pouvez certainement choisir la version gratuite ! Ici, vous devrez réduire les fonctions "Generative Design" et "Simulation", car vous aurez besoin d'une licence payante pour utiliser ces deux fonctions, mais pour les amateurs et les utilisateurs privés, elles ne sont souvent pas du tout nécessaires. Vous apprendrez plus tard ce que vous pouvez faire avec ces deux fonctions. Toutefois, en tant qu'utilisateur à domicile, vous pouvez aussi simplement commencer par la version gratuite et effectuer une mise à niveau ultérieurement si nécessaire. Vous pouvez télécharger Fusion 360 directement en ligne sur:

https://www.autodesk.fr/products/fusion-360/free-trial

après avoir créé un compte utilisateur.

La structure des caractéristiques de conception est relativement identique dans tous les programmes de CAO courants utilisés par les ingénieurs et les techniciens dans leur travail quotidien. D'autres licences de programmes de CAO **professionnels** tels que SolidWorks, Catia, SolidEdge ou AutoCAD et Autodesk Inventor sont généralement utilisées. Elles coûtent entre un et plusieurs milliers d'euros et ne sont donc généralement intéressantes que pour les utilisateurs professionnels et les indépendants. Avec ces programmes, cependant, vous pouvez généralement obtenir une version d'essai de 30 jours ou même plus. En tant qu'étudiant, vous avez également la possibilité d'obtenir une licence étudiante gratuite pour la plupart des programmes de CAO pendant la durée de vos études.

Et maintenant, c'est parti ! Avant d'aborder les bases de la conception CAO, nous allons procéder aux réglages généraux du programme et nous familiariser avec l'interface et les fonctions du programme.

2 Préparation : Premiers pas avec Fusion 360

2.1 Effectuer les réglages généraux

Lorsque nous démarrons le programme, il nous est d'abord demandé de créer ou de rejoindre une équipe. Ceci est nécessaire et utile car Fusion 360 est très bon pour travailler sur des fichiers et des projets entre utilisateurs. Cliquez sur "Créer une équipe" ou rejoignez une équipe que vous connaissez. Lorsque vous créez une nouvelle équipe, vous pouvez lui donner le nom de votre choix. En option, vous pouvez ensuite inviter des personnes à rejoindre l'équipe pour travailler ensemble sur des projets si vous le souhaitez.

Figure 1: Après avoir lancé le programme pour la première fois, une équipe doit être créée

Nous entrons ensuite dans l'environnement du programme Fusion 360.

Vérifions d'abord quelques paramètres généraux du programme pour créer la même situation de départ. Pour ce faire, cliquez sur l'icône de votre compte utilisateur dans le coin supérieur droit, puis sélectionnez "Preferences".

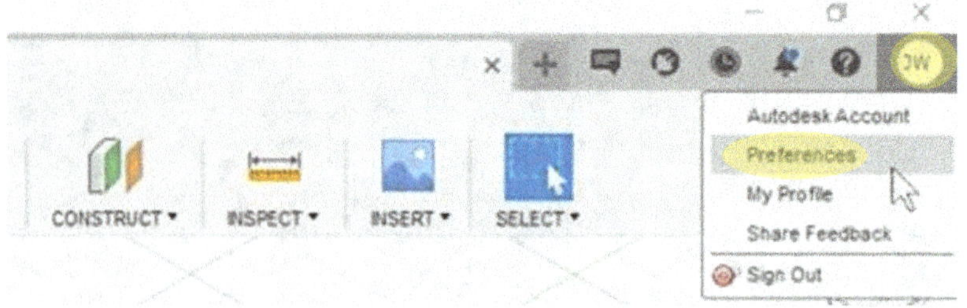

Figure 2: Ouverture des paramètres généraux du programme "Preferences"

Une fenêtre pour les paramètres généraux s'ouvre.

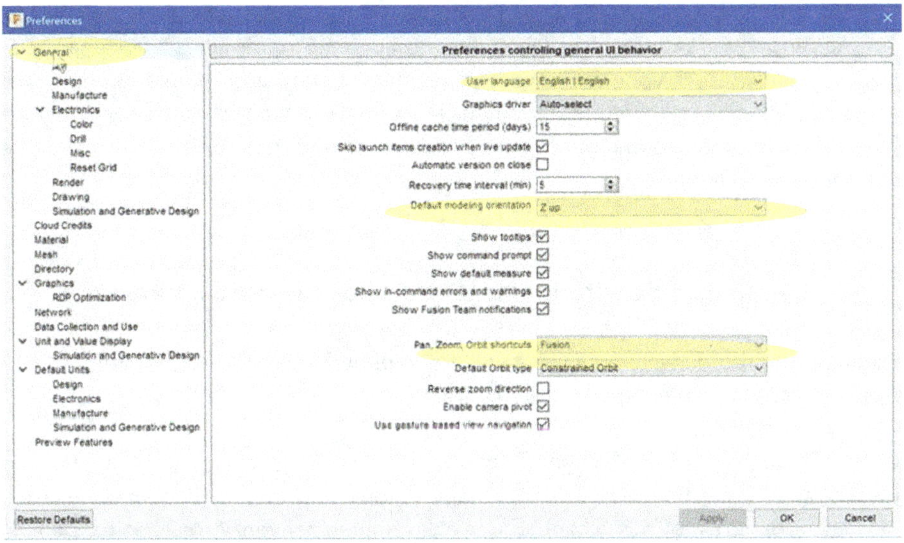

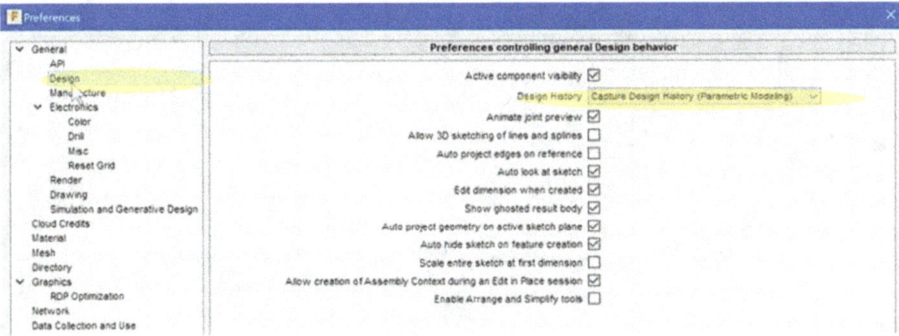

Figure 3: Paramètres généraux dans la zone "General"

Dans la section "General", vous pouvez régler la langue du programme. Pour des raisons d'organisation, je laisse la langue du programme en anglais dans ce cours. C'est également un avantage pour vous afin de mieux vous repérer dans les forums Internet ou la communauté majoritairement anglophone. Ensuite, vérifiez d'abord si "z up" est dans le champ "default modeling orientation" et si "Fusion 360" est sélectionné pour "Pan, Zoom, Orbit Shortcuts".

Figure 4: Paramètres généraux dans la zone "General → "Design".

En outre, nous voulons nous assurer que sous l'élément "Design", la valeur "Capture Design History (Parametric Modeling)" est sélectionnée. D'autres réglages importants se trouvent sous "Default units". Ici, vous pouvez définir l'unité par défaut pour chaque partie du logiciel. Dans notre cas, nous voulons utiliser le système métrique. Nous vérifions donc que dans "Design", "Electronics", "Manufacture" ainsi que dans "Simulation and Generative Design", l'unité "mm" est sélectionnée dans chaque cas. Tous les autres paramètres sont facultatifs et peuvent être modifiés à votre guise. Si vous le souhaitez, il vous suffit de cliquer sur les différents points. Sinon, nous acceptons les valeurs définies et terminons les réglages. Dans le chapitre suivant, nous jetterons un premier coup d'œil à l'environnement de programme et aux fonctions de Fusion 360.

2.2 Aperçu de l'environnement et des fonctions du programme

Examinons d'abord l'environnement du programme et les barres de menu, qui se trouvent dans les zones supérieure et latérale.

En haut à gauche, il y a l'option pour montrer ou cacher le "Data Panel", qui s'ouvre sur le côté gauche de la page. Dans ce "Data Panel", tous les projets de l'équipe concernée peuvent être gérés, et des bibliothèques et exemples peuvent être appelés. Dans la barre du haut, les fonctions de base et les notifications peuvent également être appelées. Le "Job Status" indique si vous travaillez actuellement en ligne dans le nuage ou seulement hors ligne, c'est-à-dire si les fichiers sur lesquels vous travaillez sont synchronisés avec votre équipe, si vous en avez une, ou non.

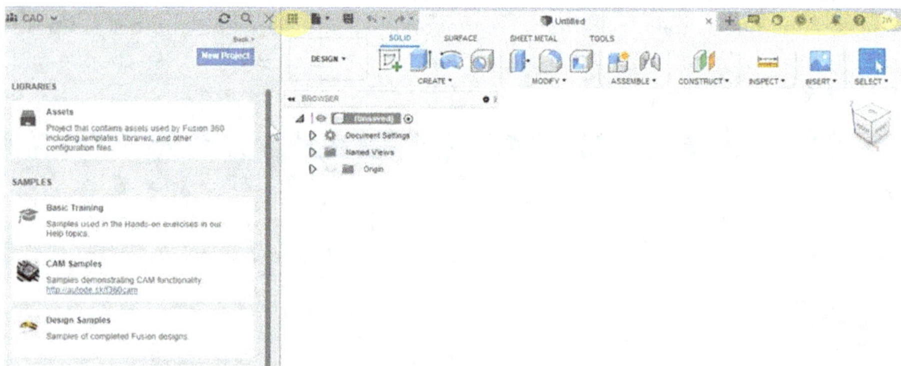

Figure 5: Exécution des commandes de base dans la barre du haut

Avec l'onglet de sélection en surbrillance de la barre de menu principale ci-dessous, vous pouvez passer d'une sous-fonction individuelle de Fusion 360 à une autre.

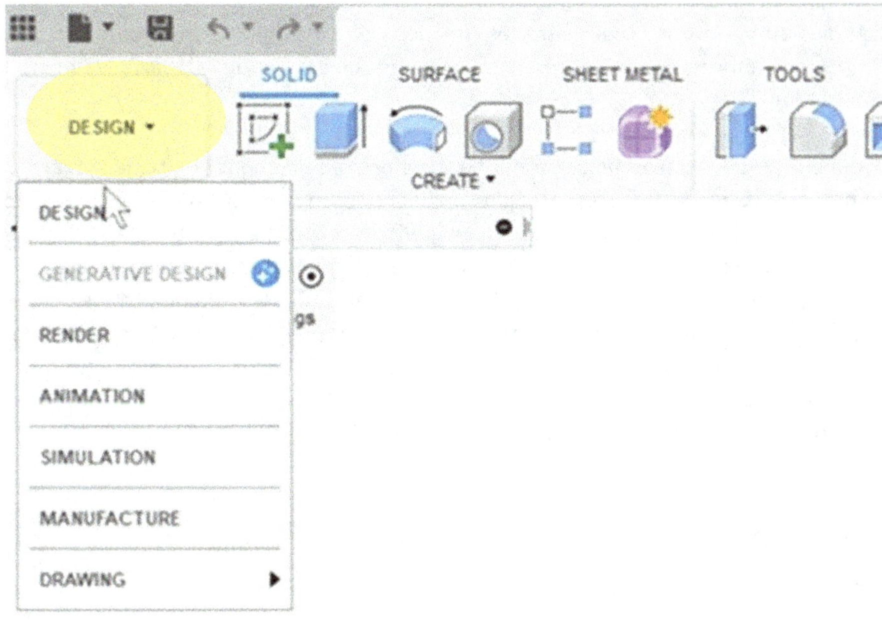

Figure 6: Le choix entre les différents sous-domaines de Fusion 360

Dans cette première section, nous traiterons d'abord de la sous-fonction "Design", c'est-à-dire la construction de la CAO.

Il y a cinq onglets de menu différents dans la section Design. "Solid", "Surface", "Mesh", "Sheet Metal" et "Tools". À part "Tools", ces onglets de menu ont une structure identique. Elles contiennent chacune les zones "Create", "Modify", "Assemble", "Construct", "Inspect", "Insert" et "Select".

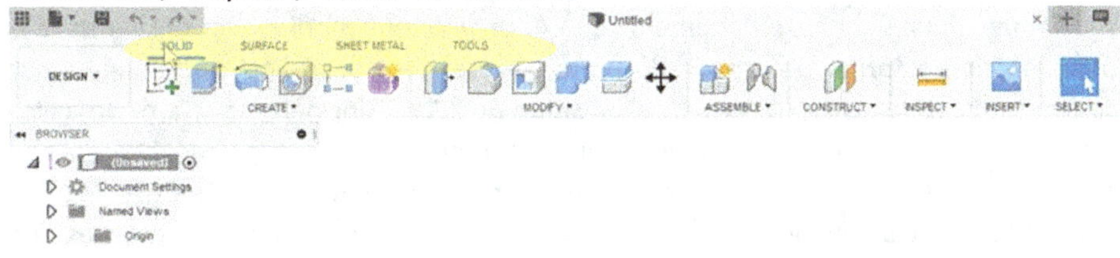

Figure 7: Les différents onglets de la section Conception (Design)

En fonction de ce que vous voulez concevoir, vous devez choisir l'une des trois sections. Si vous voulez créer un solide, vous restez dans la section "Solid", si vous voulez seulement créer une surface, vous utilisez la section "Surface" et si vous voulez créer une pièce en tôle, vous passez à l'onglet "Sheet Metal". Dans ce cours, nous traiterons principalement de la section "Solids", qui couvre toutes les caractéristiques de conception importantes d'un cours de base. Nous laisserons de côté la section "Tools", car nous apprendrons à connaître les fonctions de cet onglet dans d'autres postes. Enfin, nous aborderons les différences et les particularités de la "Surface" et de la "Sheet Metal".

Comme je l'ai dit, les trois onglets ont une structure relativement identique. Regardons de plus près. Dans la zone "Create" des onglets se trouvent toutes les fonctions avec lesquelles vous pouvez simplement créer quelque chose. Dans la zone "Modify", en revanche, se trouvent toutes les fonctions avec lesquelles vous pouvez modifier un objet déjà créé. Dans la zone "Assemble" se trouvent toutes les fonctions d'assemblage de pièces individuelles et dans la zone "Construct" toutes les aides à la construction, telles que les plans, les axes ou les points auxiliaires. La zone "Inspect" contient des outils permettant d'analyser, par exemple, des courbes ou les propriétés de masse d'une pièce. Les dernières zones "Insert" et "Select" sont relativement explicites.

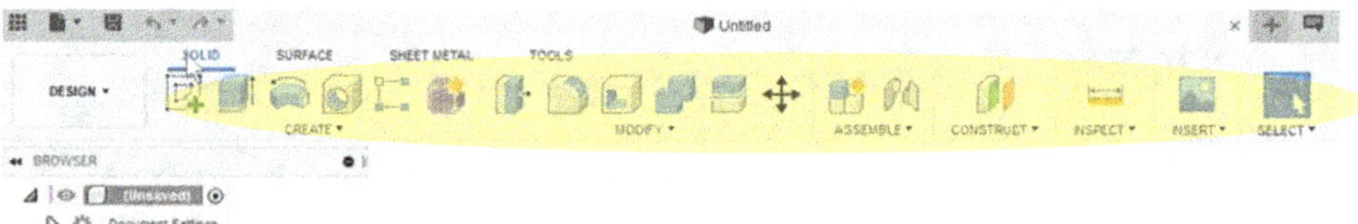

Figure 8: Commandes des différentes sections du menu dans la zone "Design"

Ne soyez pas effrayé par la multitude d'éléments et de fonctionnalités. Au cours de la formation, nous apprendrons à connaître les différents éléments étape par étape et en détail grâce à une méthode de travail pratique. Par conséquent, seule cette mention courte et claire.

Si nous regardons la zone de la couche de dessin, nous trouvons l'arbre de structure du fichier de construction dans la zone de gauche. Nous trouvons ici des paramètres spécifiques pour l'unité de document, que nous pouvons modifier en cliquant sur la petite icône en forme de crayon. En outre, toutes les vues, ainsi que l'origine, les couches et les axes sont mis à disposition ici. La principale fonction de cette arborescence est toutefois de répertorier les composants, les corps, les éléments de construction, etc. qui ont été créés afin de pouvoir les activer/désactiver ou les modifier. Nous verrons plus tard comment cela fonctionne. Il est également très bon de prendre l'habitude de nommer les différents composants, les articulations et éventuellement les croquis et les couches dès le début, afin de s'y retrouver plus facilement par la suite. Il suffit de double-cliquer sur l'élément et de saisir un nouveau nom.

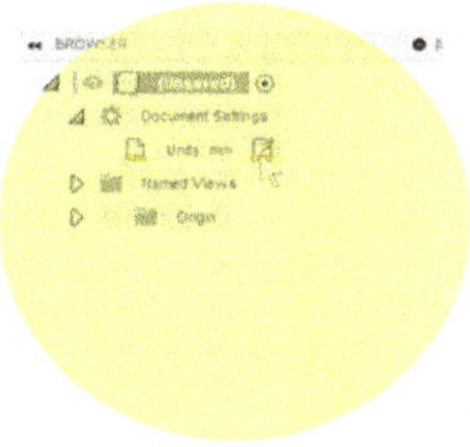

Figure 9: L'arbre de structure / "navigateur" du dossier de construction avec les dossiers individuels

Dans la zone supérieure droite se trouve le cube orbital. Ici, vous pouvez sélectionner des vues de la construction actuelle et faire pivoter l'environnement de dessin, y compris l'objet.

La rotation de l'environnement de dessin est également possible en appuyant sur la touche SHIFT et en déplaçant la souris en même temps. Le déplacement est possible en appuyant sur la molette de la souris et en effectuant un mouvement de la souris. La fonction de zoom s'effectue comme d'habitude en tournant la molette de la souris.

En cliquant sur le bouton droit de la souris, nous pouvons appeler le menu de sélection rapide, avec lequel une variété de commandes peuvent être exécutées rapidement. Déplacez-vous d'un menu à l'autre sans cliquer.

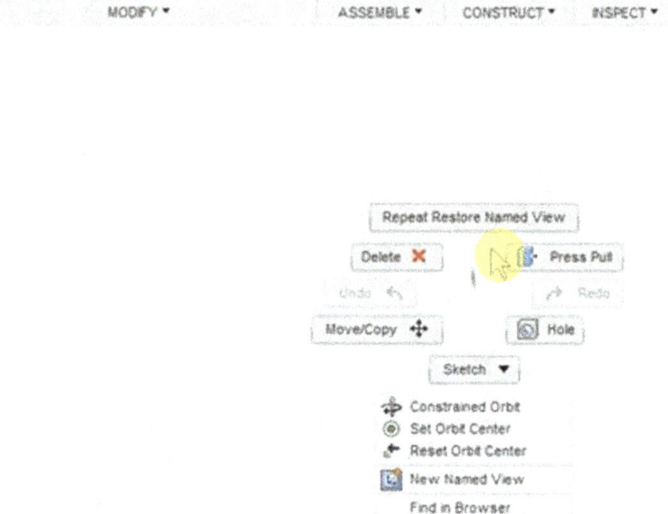

Figure 10: Menu de sélection rapide (ouvert par un clic droit sur le calque de dessin)

Dans la zone inférieure de l'environnement de dessin, nous trouvons la possibilité de noter des commentaires sur la construction en bas à gauche et une barre de sélection rapide dans la zone centrale, avec laquelle quelques fonctions de base sont également possibles, notamment pour l'affichage.

Enfin, la barre tout en bas est la ligne de temps, dans laquelle les différentes étapes du traitement sont énumérées et peuvent facilement être parcourues chronologiquement. Nous allons voir ce que cela signifie concrètement.

Figure 11: Zone inférieure de l'environnement de dessin

Très bien, maintenant nous pouvons déjà nous repérer dans l'environnement du programme et nous pouvons commencer avec le chapitre suivant.

Comme nous l'avons déjà mentionné, les programmes de CAO courants fonctionnent de manière très identique. Nous aimerions maintenant examiner cette façon de travailler.

Section I : Conception CAO

3 Les bases de la CAO : Fonction et mode de fonctionnement

3.1 Environnement d'esquisse 2D

Chaque composant 3D doit d'abord être lancé sous forme d'esquisse 2D. Nous définissons ainsi le "plan de base" de l'objet, pour ainsi dire. Imaginez que vous regardez le sommet d'un objet tridimensionnel simple. Par exemple, que voyez-vous dans un cylindre lorsque vous le regardez d'en haut, à un angle parfaitement droit par rapport à l'axe ?

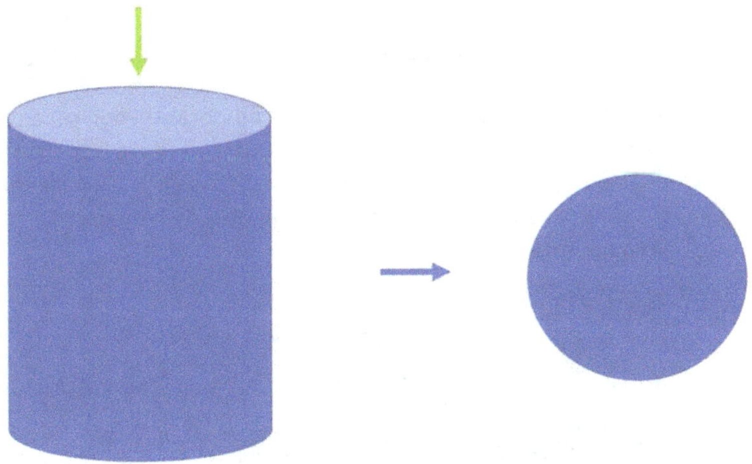

Figure 12: Un cylindre tridimensionnel a pour forme de base un cercle 2D

Correct, un cercle à deux dimensions, rien d'autre. Et c'est précisément à partir de cette forme 2D que le cylindre est également créé dans le programme de CAO, de manière analogue à tous les autres éléments. C'est précisément cette géométrie de cercle que nous devons dessiner pour cet objet, par exemple, dans la première étape. La forme tridimensionnelle est ensuite obtenue par d'autres étapes de commande. Pour l'esquisse 2D, par exemple, la surface supérieure d'un objet ou une surface latérale, voire une surface partielle, peuvent également être considérées. Cela demande un peu d'imagination spatiale.

Avant de réaliser la première esquisse 2D, vous pouvez, si vous le souhaitez, décocher la case "Layout Grid" pour l'environnement 3D dans la barre de menu inférieure. Ensuite, la grille est supprimée et vous obtenez un affichage sans grille, qui, à mon avis, représente l'objet construit de manière plus puriste et plus belle. Toutefois, ce réglage est une question de goût et ne doit pas nécessairement être effectué.

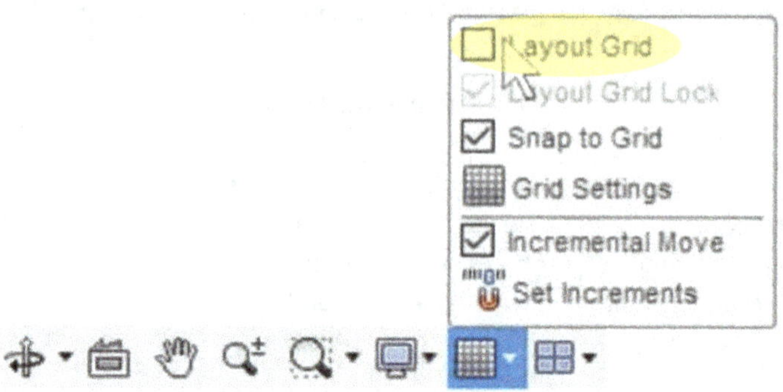

Figure 13: dans la zone inférieure du calque de dessin, désactivez "Layout Grid" si nécessaire.

Essayons maintenant de construire notre premier composant. Pour ce faire, comme nous l'avons déjà mentionné, nous devons d'abord créer une esquisse en deux dimensions. Au début d'une esquisse, dans la zone "Design", sélectionnez "Create Sketch" dans le menu "Create", puis sélectionnez un plan de l'espace tridimensionnel sur lequel nous voulons dessiner notre esquisse 2D.

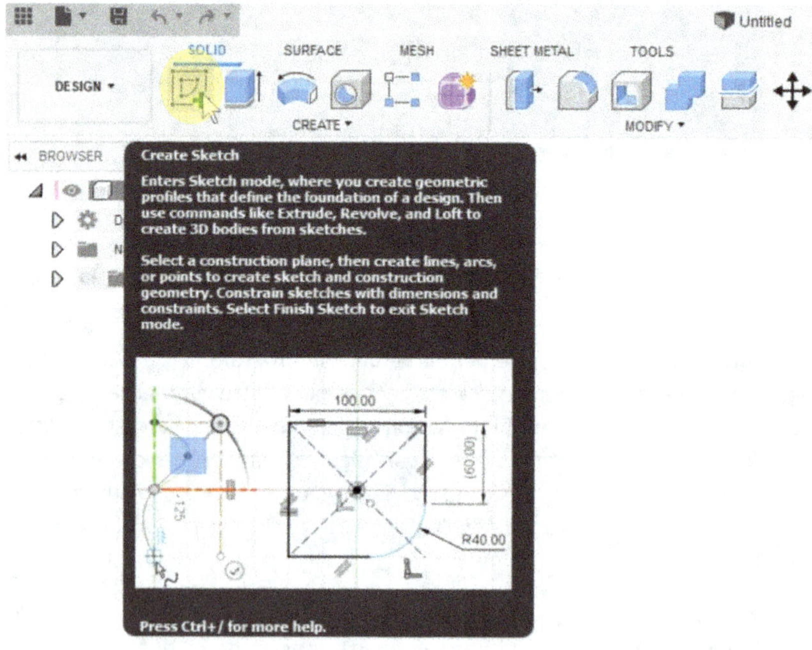

Figure 14: Sélection de "Create Sketch"

Vous pouvez également sélectionner le plan d'esquisse dans l'arbre de structure sur le côté gauche. Dans notre exemple avec le cylindre, nous voulons regarder la surface circulaire ou la surface supérieure depuis le haut, nous devons donc sélectionner le plan x-y, c'est-à-dire le plan qui forme les axes x et y.

Figure 15: Sélection d'un plan d'esquisse, par exemple le plan x-y

Le plan que vous choisissez n'est fondamentalement important que pour l'alignement des vues. Le programme ouvre alors le plan d'esquisse sélectionné. Comme vous le remarquerez, la barre de menu "Sketch" s'ouvre automatiquement dans la zone supérieure, avec laquelle vous pouvez créer des éléments de géométrie 2D et les modifier, ainsi que créer ce que l'on appelle des "Constraints" ou des dépendances ou, dans d'autres programmes, des relations, des liens ou des conditions.

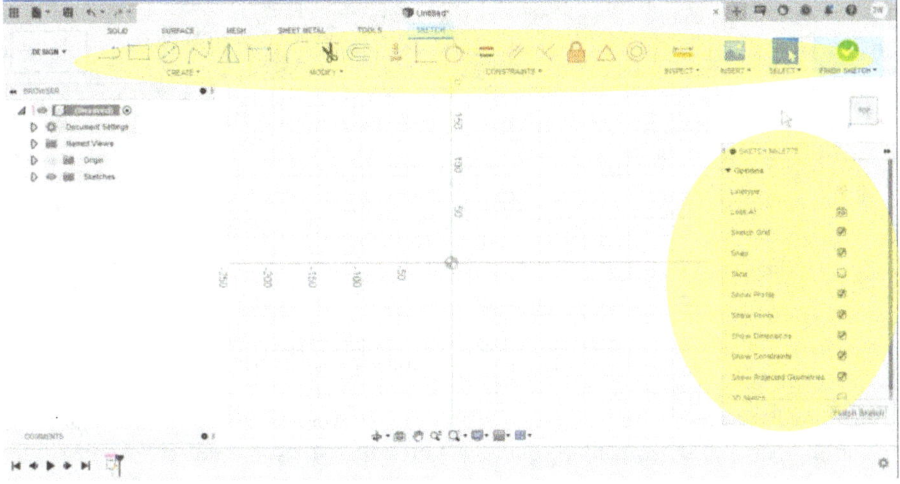

Figure 16: Environnement d'esquisse 2D dans Fusion 360

En outre, les éléments de menu familiers "Inspect", "Insert" et "Select", c'est-à-dire "Vérifier, Insérer, Sélectionner", ainsi que l'option permettant de quitter le plan d'esquisse 2D et de terminer l'esquisse. En outre, la "Sketch Palette" sur le côté droit avec des options utiles pour l'affichage et avec des paramètres pour l'environnement d'esquisse.

Une variété d'éléments de dessin de base sont maintenant disponibles pour créer la géométrie d'une esquisse 2D. En sélectionnant une "ligne", par exemple, une géométrie peut être formée à partir d'éléments en forme de ligne. Faisons un essai. Pour ce faire, il suffit de cliquer sur un point quelconque, par exemple au centre du système de coordonnées, et de commencer un dessin en cliquant et en faisant glisser la souris. Le dessin doit correspondre, par exemple, à la section transversale de l'objet 3D souhaité ou, dans le cas d'objets simples, à la surface supérieure ou à la section transversale de l'objet. Saisissez les dimensions souhaitées en même temps à l'aide de votre clavier. Vous pouvez passer de la mesure à l'angle à l'aide de la touche de tabulation. Vous pouvez également dessiner librement et utiliser les valeurs affichées comme guide, ou ajouter ou modifier les dimensions et les angles ultérieurement. Si les options "Sketch Grid" et "Snap" sont activées dans la "Sketch Palette", vous pouvez sélectionner les points de grille de l'environnement de dessin avec votre souris comme si vous aviez un aimant. Les petits symboles qui s'affichent sont les "Constraints" pour les éléments respectifs. Nous allons les examiner de plus près dans un instant.

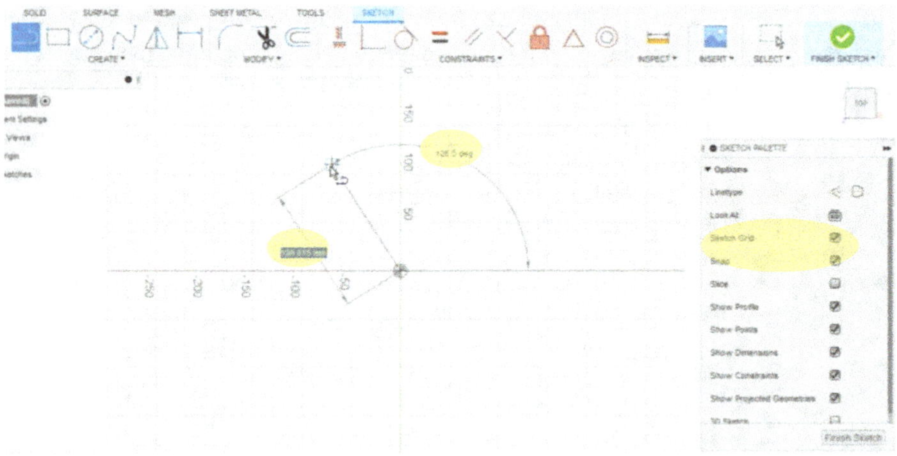

Figure 17: La première ligne d'une esquisse 2D

Outre une ligne, vous pouvez également créer un cercle, une ellipse, une courbe de forme libre, un arc, un trou oblong ou un rectangle. Essayons-les l'un après l'autre. Dans le menu "Create", vous trouverez également : un point, différents arcs et divers autres éléments, ainsi que la possibilité de créer des dimensions. Il est préférable d'essayer tous les éléments au moins une fois. Pour ce faire, il suffit de faire une courte pause et de commencer indépendamment dans l'environnement de croquis du programme de CAO. Il est préférable d'utiliser cette procédure tout au long du cours. C'est la manière la plus efficace d'apprendre.

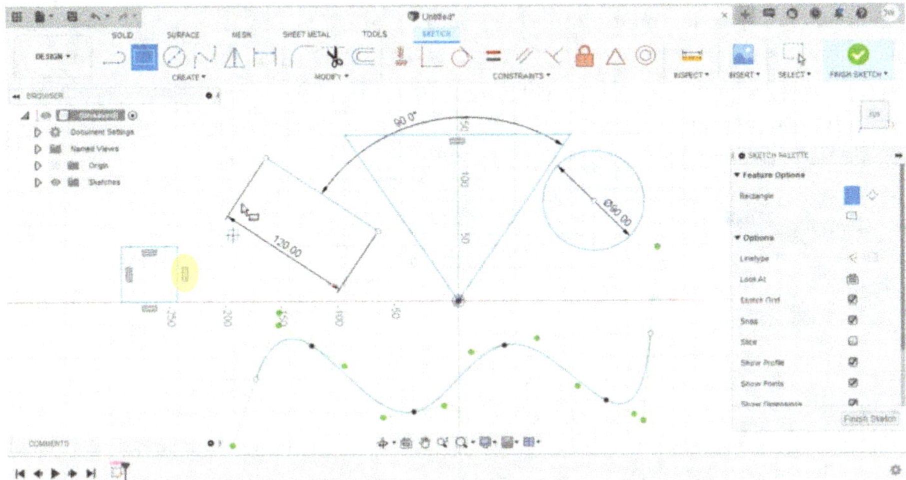

Figure 18: Premiers exercices d'esquisse dans la zone d'esquisse 2D

Une autre astuce concernant les éléments géométriques finis tels que le rectangle ou le cercle : lorsque vous dessinez, vous remarquez que le rectangle, par exemple, part toujours d'un coin. Toutefois, si vous souhaitez que le rectangle commence au centre, vous pouvez effectuer le réglage souvent très utile "Center Rectangle" ou "3 point rectangle" dans la "Sketch Palette" sous "Feature Options". Cette option de réglage est également disponible pour d'autres éléments, tels que le cercle, où vous pouvez - si vous le souhaitez - également créer un cercle tangentiel. Veuillez également consulter les autres éléments de la "Sketch Palette". Il existe différentes fonctions pour chaque élément.

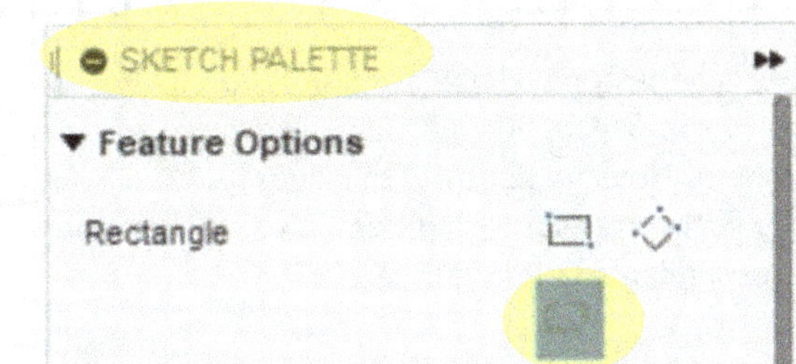

Figure 19: Commencez le rectangle à partir du point central

Avant de conclure ce chapitre, faisons, comme promis, connaissance avec le monde des "contraintes" / "dépendances". Vous pouvez les utiliser dans l'environnement d'esquisse 2D et les utiliser pour créer des contraintes entre les différents éléments géométriques. C'est parfois, mais pas toujours, nécessaire ou utile.

Nous allons maintenant examiner de plus près les "Constraints" les plus importantes. Commençons par les contraintes horizontales et verticales. Supposons que nous essayions de dessiner un rectangle à main levée et que nous obtenions un polygone dont les lignes ne représentent malheureusement pas un rectangle. En sélectionnant la contrainte "horizontal", nous pouvons obtenir deux lignes parfaitement horizontales en cliquant sur la ligne supérieure et inférieure.

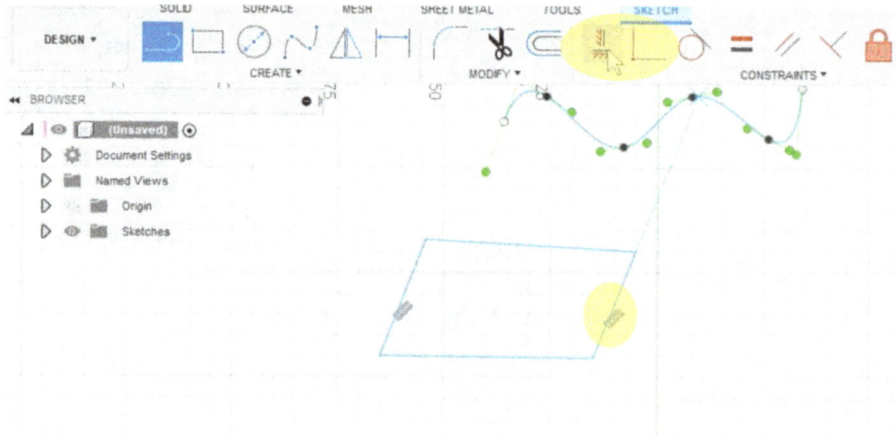

Figure 20: Utilisation et symbole des "Constraints"

De manière identique, nous appliquons la condition "vertical" aux lignes latérales et obtenons finalement un rectangle. Comme nous pouvons le voir, ces conditions sont affichées sous forme de petits symboles à côté de la ligne respective et sont également suggérées lors de la création d'une esquisse. Dans la "Sketch Palette", vous pouvez également masquer ces conditions, ainsi que les zones, les points et les dimensions.

Avec la relation "concentric", deux structures circulaires peuvent être placées concentriquement l'une par rapport à l'autre. Dessinons un grand cercle et un autre légèrement plus petit. Nous voulons obtenir deux cercles concentriques, c'est-à-dire deux cercles dont les centres sont congruents. Nous y parvenons en sélectionnant la dépendance correspondante et les deux cercles.

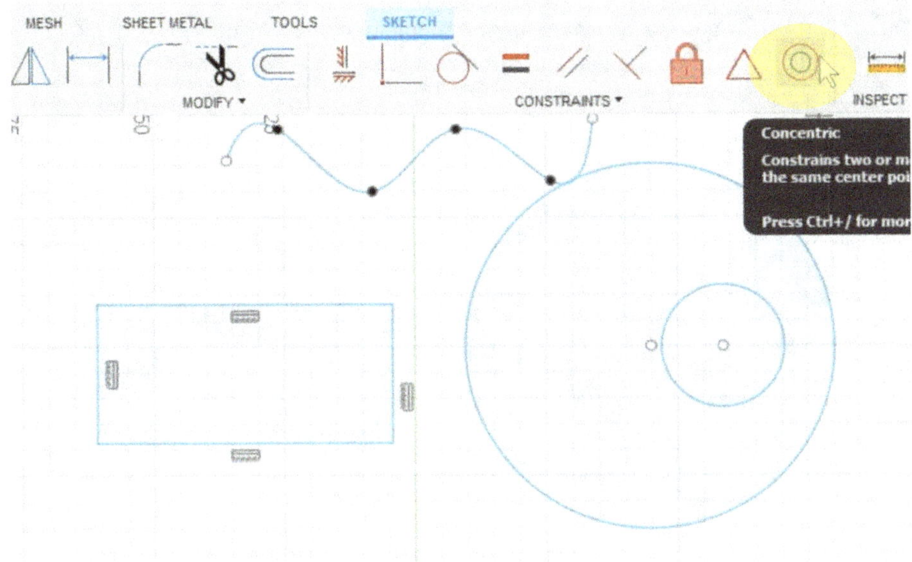

Figure 21: Le lien "Concentric"

Les deux contraintes : "Perpendicular" et "Parallel" sont relativement explicites. Néanmoins, examinons un petit exemple avec deux lignes chacune. Pour la fonction "Perpendicular", nous traçons les deux lignes suivantes. En sélectionnant la condition et en sélectionnant les lignes, nous obtenons comme résultat deux lignes qui sont perpendiculaires l'une à l'autre.

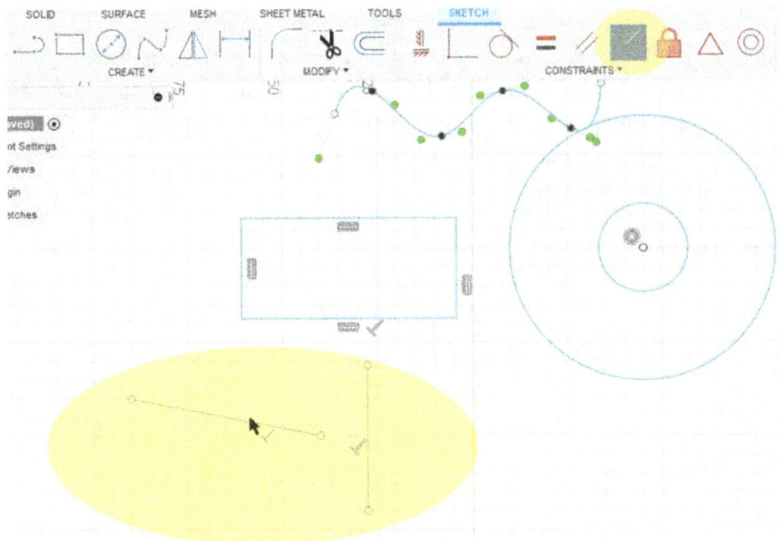

Figure 22: Le lien "Perpendicular"

Pour "Parallel", nous traçons deux lignes supplémentaires et obtenons deux lignes parfaitement parallèles en sélectionnant la condition.

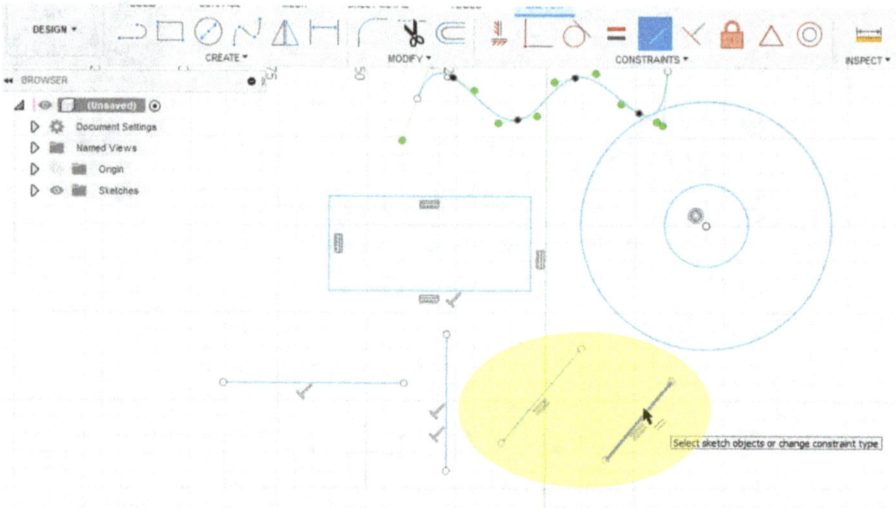

Figure 23: La dépendance "Parallel" (parallèle)

Nous utilisons toujours les "constraints" : "Coincident", c'est-à-dire congruent, et "Midpoint", c'est-à-dire milieu, lorsque nous voulons relier deux points entre eux ou relier un point d'un élément avec le milieu d'un autre élément. Pour illustrer, dessinons un rectangle et deux lignes. Nous voulons relier la première ligne à un point d'angle du rectangle et la deuxième ligne au point médian de l'une des lignes du rectangle.

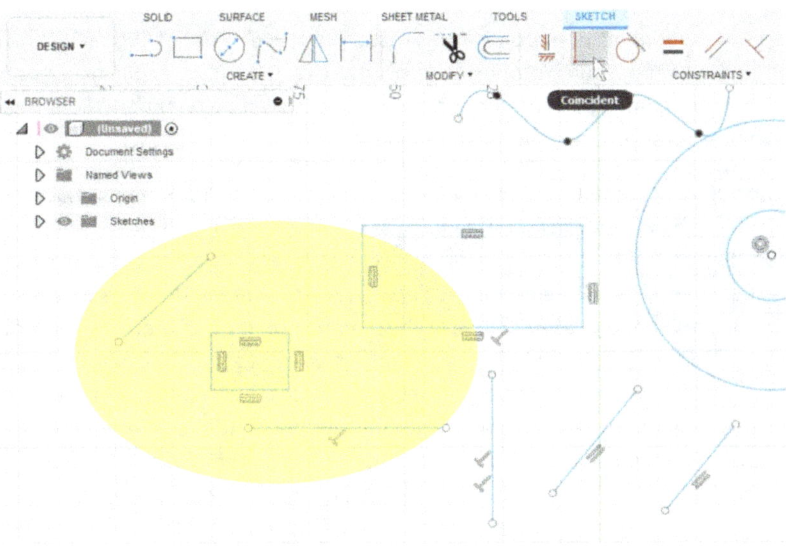

Figure 24: Dépendance "Coincident" et "Midpoint"

À propos : vous pouvez également appliquer plusieurs "constraints". Par exemple, nous pouvons également appliquer la contrainte horizontalement à une ligne.

Jetons un coup d'oeil à la condition "Tangent". Comme son nom et la petite image l'indiquent déjà, nous pouvons l'utiliser pour définir une ligne tangentielle à un cercle, par exemple. Essayons-le. Dessinez d'abord le cercle, puis une ligne et appliquez ensuite la condition.

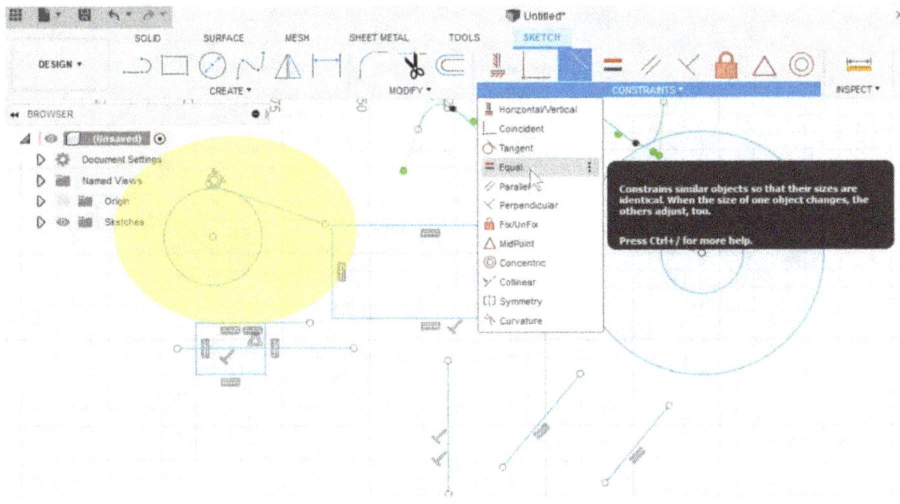

Figure 25: Dépendance "Tangent" et autres dépendances disponibles

Essayez simplement les deux contraintes restantes : "Fix/Unfix" et "Equal" vous-même. Vous ne pouvez pas vous tromper et le nom est relativement explicite. La condition "Fixed" fixe simplement un élément en place dans le plan de dessin et "Equal" garantit que la même cotation existe entre les éléments.

Pour conclure ces premiers exercices d'esquisse en 2D, veuillez dessiner un cercle dans un nouveau fichier, que vous pourrez ensuite doter de dimensions fictives à l'aide de la fonction "Sketch Dimension". Par exemple, sélectionnez un diamètre de 50 mm. Il suffit de dessiner le cercle et de sélectionner l'outil "Sketch Dimension". Il y a deux façons de procéder ici, qui mènent toutes deux au but : Vous pouvez dessiner un cercle dont les dimensions sont déjà correctes en saisissant les valeurs au clavier pendant le dessin. Utilisez la touche de tabulation pour basculer entre les différents champs de saisie des dimensions. Vous pouvez également dessiner n'importe quel cercle, puis en modifier les dimensions. Pour ce faire, utilisez la fonction "Sketch Dimension" et double-cliquez sur la cote. Saisissez ensuite la valeur souhaitée et confirmez avec la touche Entrée.

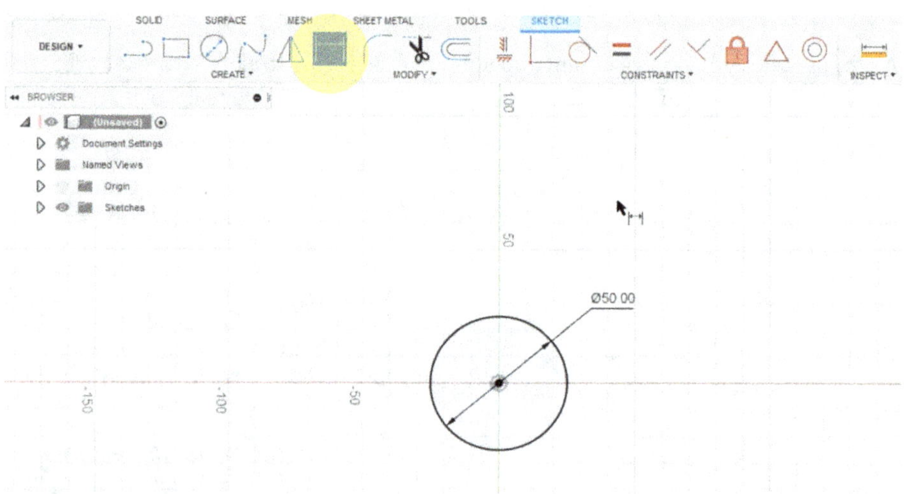

Figure 26: Un cercle simple démarré sur le point central des coordonnées

Vous pouvez également dimensionner la distance entre deux lignes. Pour ce faire, il suffit de cliquer d'abord sur la première ligne, puis sur la deuxième ligne dont vous souhaitez dimensionner la distance.

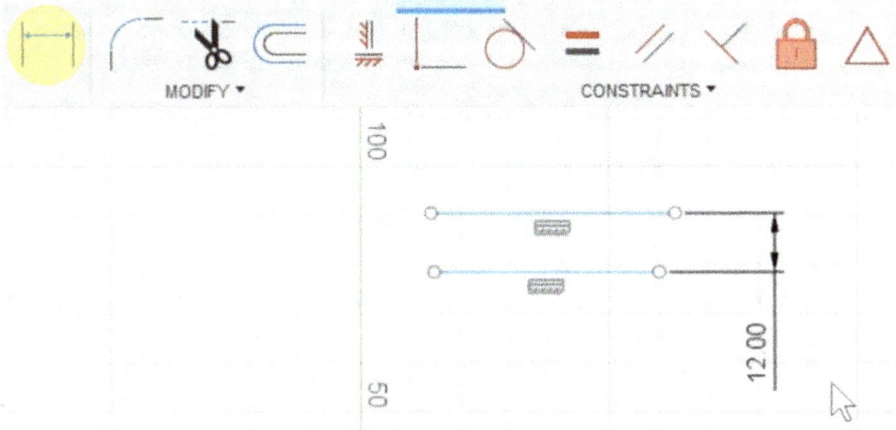

Figure 27: Dimensionnement de la distance entre deux lignes

Vous pouvez ensuite quitter le mode esquisse avec la coche verte dans la barre de menu supérieure.

Pour créer un objet tridimensionnel, il est important que l'esquisse soit complètement fermée et ne présente aucun vide. Ceci est indiqué par la zone avec un fond bleu clair dans ce cas en mode 3D, qui remplit la surface de l'esquisse. Cela signifie que l'esquisse a des lignes de démarcation continues sans lacunes et représente donc une surface fermée.

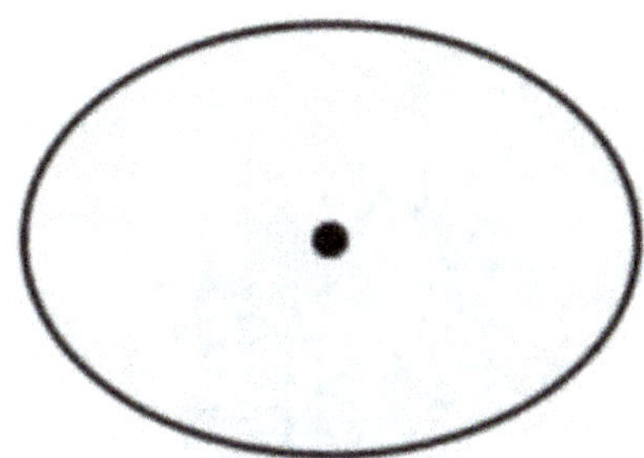

Figure 28: Zone circulaire esquissée en mode 3D avec un fond bleu

Après avoir terminé l'esquisse, déplacez l'environnement de construction avec votre souris ou à l'aide du système de coordonnées en haut à droite. À propos, un double clic sur la molette de votre souris vous permet d'intégrer un objet dans la vue actuelle, ce qui est très utile si vous vous trouvez très loin dans l'espace virtuel et que vous ne pouvez plus voir un objet.

Dans le chapitre suivant, nous allons créer un objet tridimensionnel à partir de l'esquisse 2D que nous avons réalisée. Très bien, vous faites de bons progrès !

Bientôt, nous arriverons déjà au premier vrai projet de construction !

3.2 Environnement d'objets 3D

Dans ce chapitre, nous souhaitons maintenant créer un objet 3D à partir de la surface 2D précédemment esquissée. Pour ce faire, nous allons utiliser les fonctions de la section "Create". Pour créer un cylindre, nous utilisons probablement la fonction la plus fréquemment utilisée de ce menu. Nous utilisons la commande "Extrude". Cette fonction est une commande dite d'extrusion. Dans d'autres programmes de CAO, vous trouverez donc souvent la désignation "Extrusion" ou "Extrude Linear" ou similaire.

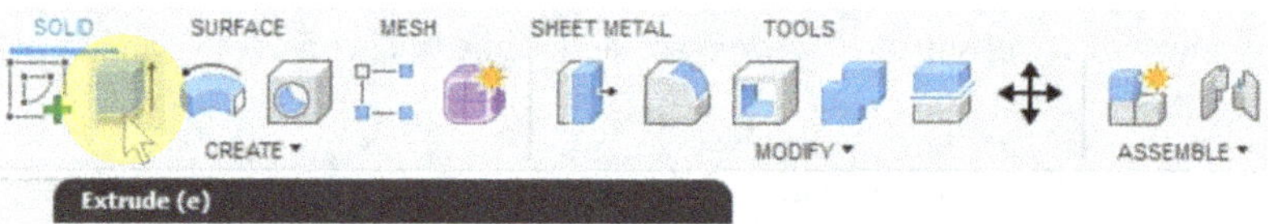

Figure 29: La commande "Extrude" dans la zone "Create"

Il suffit maintenant de sélectionner la fonction et la surface et, après avoir sélectionné la flèche bleue affichée, de déplacer votre souris dans la plage de mouvement possible et de créer ainsi un objet 3D. Vous pouvez également saisir la dimension souhaitée et confirmer avec Entrée.

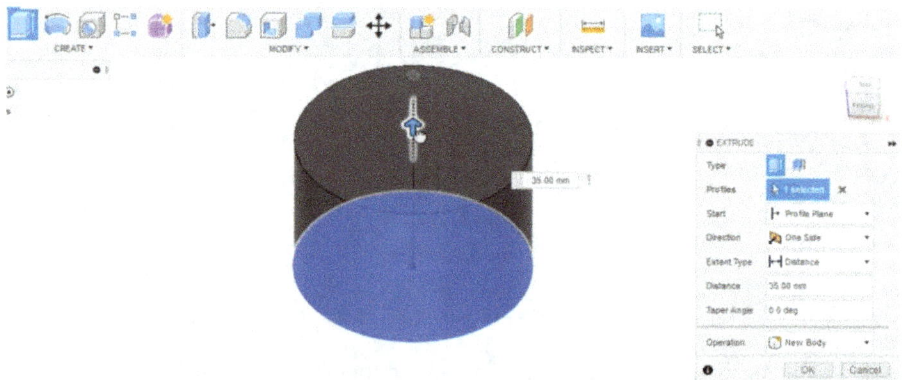

Figure 30: Utilisation de la commande "Extrude" pour créer un corps 3D à partir de la surface 2D

Avant de traiter les autres commandes du menu "Create", nous utilisons le cylindre construit pour nous familiariser d'abord avec les commandes les plus importantes de la section "Modify". Nous utilisons toujours cette section lorsque nous voulons modifier un objet déjà construit. Par exemple, nous pouvons arrondir un ou plusieurs bords avec la fonction "Filet". Il suffit de sélectionner la fonction et de choisir un ou plusieurs bords. Une nouvelle fois, une flèche apparaît, que nous utilisons comme avec la commande "Extrude". Dans la fenêtre supplémentaire qui apparaît, nous pouvons modifier d'autres options si nécessaire.

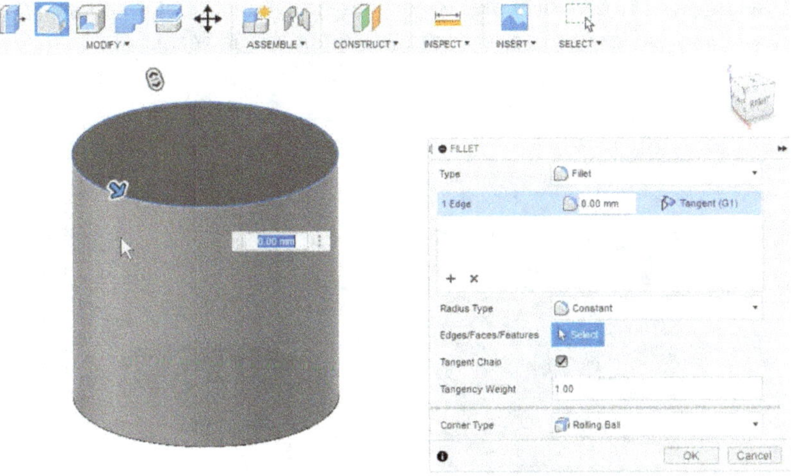

Figure 31: Filetage des bords avec la commande "Fillet"

De manière analogue, nous pouvons créer un chanfrein avec "Chamfer".

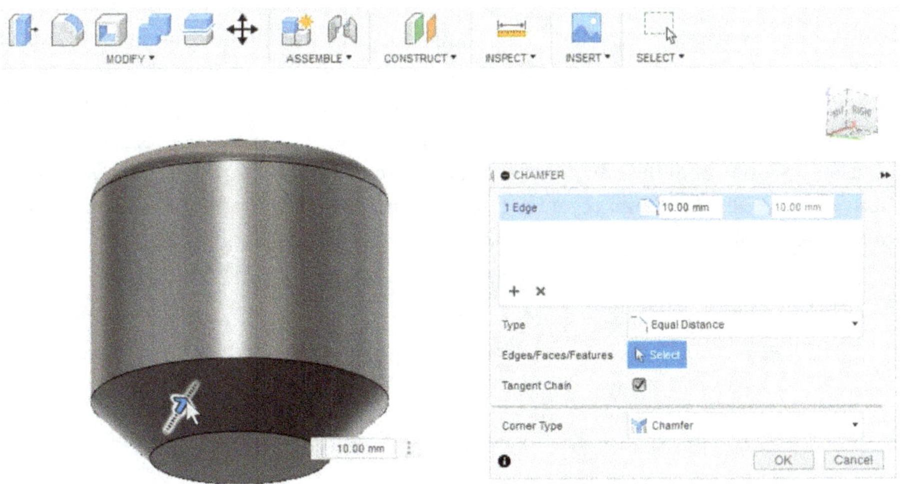

Figure 32: Création d'un chanfrein avec la commande "Chamfer" du menu "Modify"

Grâce à la commande très polyvalente "Press Pull", nous pouvons apporter toute une série de modifications à un objet de manière très rapide. Par exemple, en fonction de la surface ou du bord sélectionné, nous pouvons réaliser un congé ou simplement modifier le diamètre ou la dimension de l'objet. Une autre commande importante est "Shell". À l'aide de cette commande, vous pouvez facilement évider un objet, c'est-à-dire créer un objet 3D à paroi mince. Sélectionnez la commande et la surface supérieure du cylindre et saisissez une épaisseur de paroi ou utilisez la flèche.

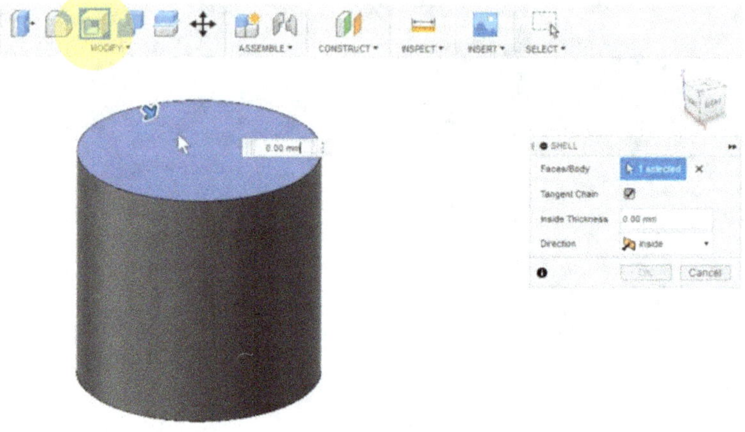

Figure 33: Utilisation de la commande "Shell" pour évider un objet

Plutôt simple, n'est-ce pas ? Maintenant que nous connaissons les commandes les plus importantes de cette section, tournons-nous à nouveau vers le menu "Create". Outre "Extrude", nous trouvons les commandes importantes "Revolve", "Sweep", "Loft", "Hole" et "Thread". Les explications et les images d'exemple du logiciel sont très claires, utiles et nous donnent déjà un premier aperçu de ce que ces commandes peuvent faire. Nous verrons plus en détail comment utiliser ces fonctions dans le prochain chapitre, car cela est lié à la façon dont nous travaillons dans la construction CAO.

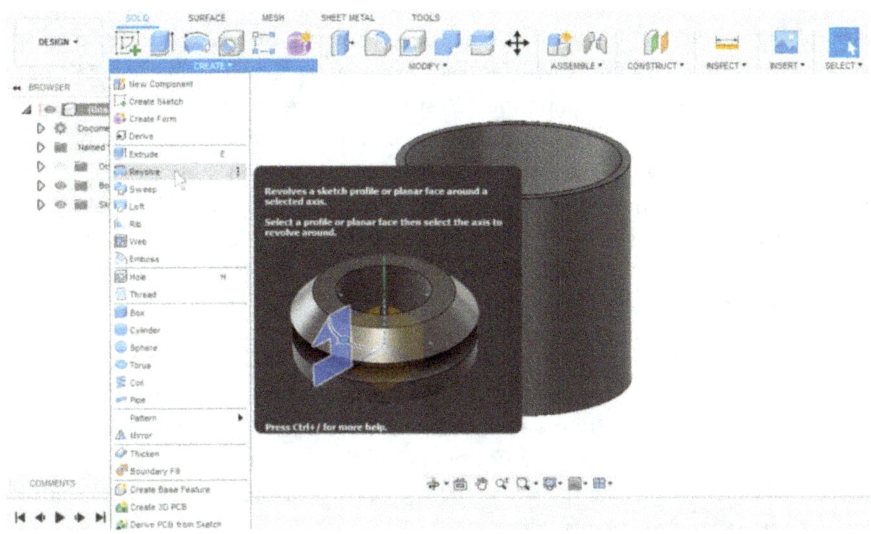

Figure 34: Toutes les fonctions du menu "Create"

Dans Fusion 360, d'ailleurs, il est également possible pour certains éléments de raccourcir le processus du croquis 2D à l'objet 3D en combinant les deux étapes, ce qui peut certainement faire gagner du temps. Par exemple, nous pouvons immédiatement construire un cuboïde, un cylindre, une sphère et d'autres éléments avec la commande respective. Il suffit de sélectionner la commande, d'esquisser la base sur un plan de l'espace 3D et d'extruder l'élément. Et maintenant, passons au chapitre suivant !

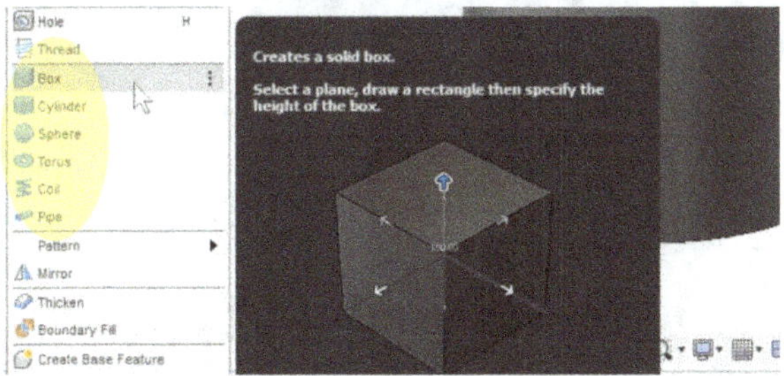

Figure 35: Commandes du menu "Create" pour la création rapide d'un solide

3.3 Méthodes de travail de la construction

Comme déjà brièvement mentionné dans le chapitre précédent, il existe différentes approches de la conception d'objets 3D. Une approche possible de la conception consiste, par exemple, à concevoir comme l'usinage réel - par exemple, le fraisage ou le tournage d'un matériau de départ, le fameux produit semi-fini - aurait lieu. Dans le programme de CAO, vous créez d'abord la matière première, dans ce cas par exemple un matériau cuboïde, puis vous la traitez successivement au cours d'autres étapes - à l'aide de découpes, de trous, de filets et d'autres caractéristiques de conception virtuelles - pour obtenir l'élément final. C'est pourquoi cette méthode de construction est appelée soustractive. Vous réduisez le matériau d'origine par des étapes de traitement individuelles jusqu'à obtenir l'objet souhaité. Mais il existe aussi d'autres approches, comme la méthode additive. Ici, le modèle CAO ou l'objet réel - comme c'est le cas avec l'impression 3D, par exemple - est construit élément par élément au lieu d'enlever de la matière. Nous allons voir comment cela fonctionne concrètement dans un instant.

Nous traitons d'abord de l'approche soustractive classique. Dans les étapes suivantes, nous voulons réaliser un trou et une découpe de forme rectangulaire dans un cube simple. J'ai déjà préparé le cube. La dimension est, par exemple, de 50 mm dans toutes les directions. Pour créer le trou, nous pouvons utiliser la fonction "Hole" de la section "Create" . Il suffit de sélectionner la commande et la surface sur laquelle vous souhaitez placer la foreuse dans la réalité.

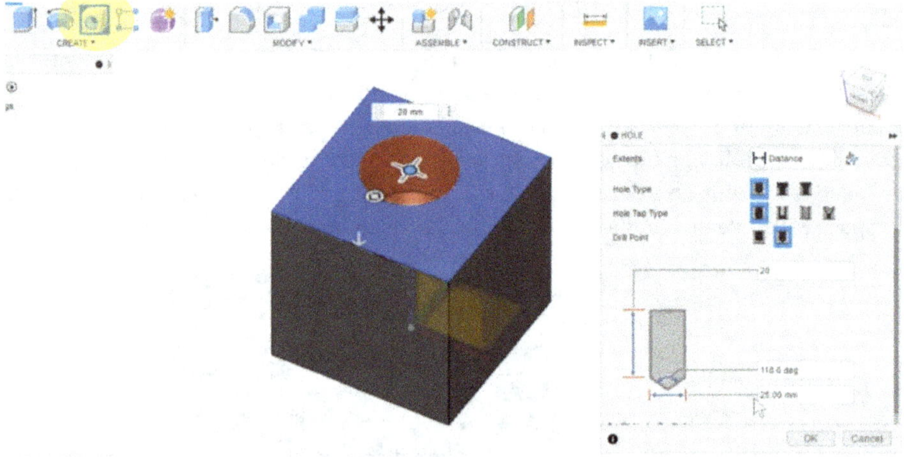

Figure 36: Création d'un trou simple dans un cube

Dans la fenêtre d'options qui apparaît, vous pouvez alors sélectionner le type de trou, la dimension du trou et les paramètres spécifiques du trou. Nous choisissons, par exemple, un trou simple, dit "aveugle", d'un diamètre de 10 mm et d'une longueur de 20 mm. Nous pourrions également créer des fils de discussion ici, mais nous en reparlerons plus tard.

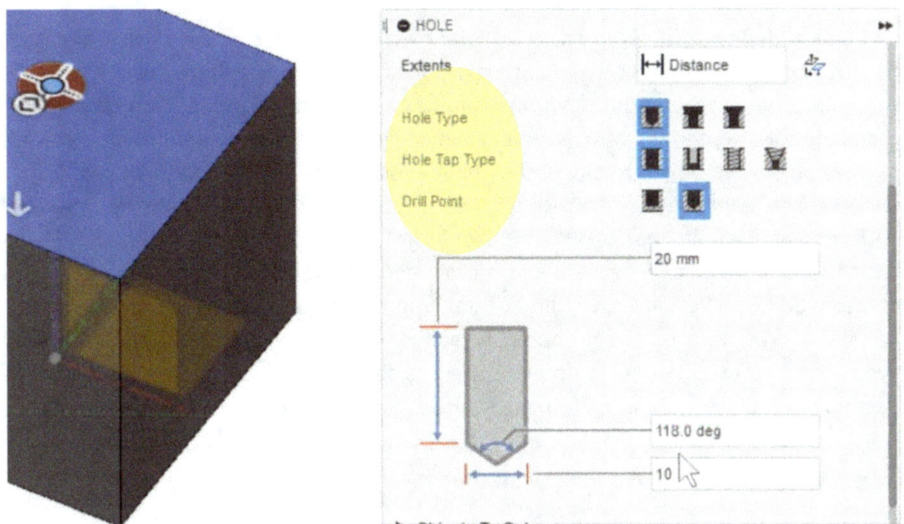

Figure 37: Sélection dans la fenêtre de l'option "Hole"

Pour la découpe, nous devons d'abord refaire un croquis en 2D de la géométrie. Pour ce faire, cliquez sur "Create Sketch" et sélectionnez, par exemple, la surface supérieure du cuboïde, car nous voulons faire entrer la section dans le cuboïde de haut en bas.

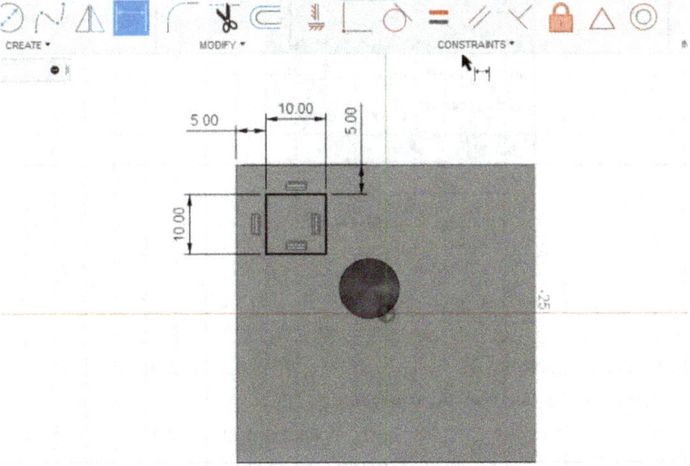

Figure 38: Réalisation de l'esquisse 2D sur la surface supérieure pour la découpe

Placez un rectangle sur la surface dans la zone du cube avec un clic et entrez une dimension de 10 mm chacun. Confirmez avec "Enter". Ensuite, nous définissons la position du rectangle sur la surface avec la fonction "Sketch Dimension". Puisque nous sommes dans un espace bidimensionnel, c'est-à-dire que nous esquissons sur une parallèle du plan x-y, nous avons besoin d'une dimension x et d'une dimension y pour finalement définir complètement l'esquisse, c'est-à-dire le rectangle, c'est-à-dire pour déterminer la position et la géométrie. Saisissez les dimensions souhaitées, par exemple 5 mm chacun à partir du bord gauche et du bord supérieur du cuboïde. Le rectangle est maintenant complètement dimensionné. Vous avez peut-être remarqué que le profil est devenu noir. Cela indique que tous les degrés de liberté sont entièrement contraints, c'est-à-dire que la position du profil dans le plan est entièrement définie par les dimensions et les dépendances, c'est-à-dire les "constraints", et qu'elle ne peut pas simplement se déplacer d'elle-même lors des étapes d'édition ultérieures. Un dimensionnement complet et un croquis entièrement défini sont très importants pour obtenir de bons résultats, soignez toujours cela. Après avoir terminé l'esquisse, nous pouvons créer la section avec la fonction "Extrude". La découpe doit traverser complètement la pièce, par exemple.

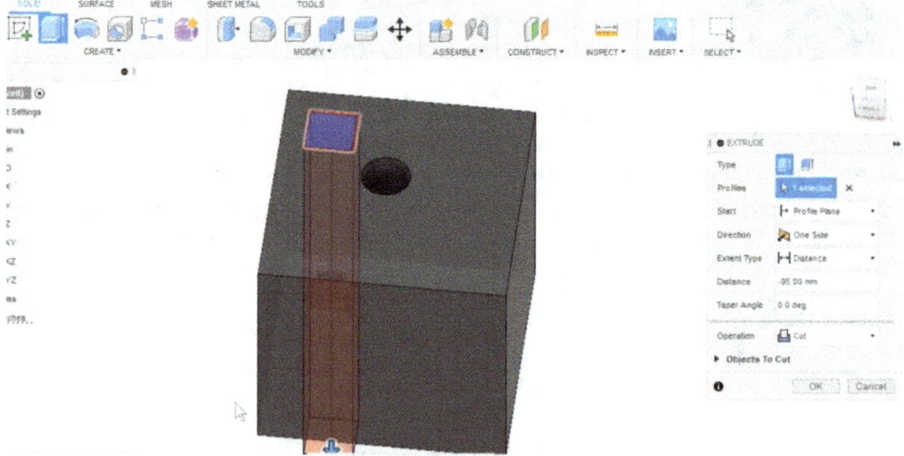

Figure 39: Création de la section avec "Extrude"

Cependant, il est désormais possible d'ajouter du matériau à partir de l'esquisse créée avec la fonction "Extrude" au lieu de l'enlever. De cette façon, vous pouvez utiliser "Extrude" dans la construction pour une approche soustractive mais aussi pour la manière additive de travailler. Pour que la différence entre les deux méthodes de travail soit claire, nous allons maintenant construire notre première pièce utile très simple, à savoir un crochet de manteau à accrocher à une porte. D'abord avec la méthode additive, puis avec la méthode soustractive. D'ailleurs, peu importe la méthode que vous choisissez, les deux mènent au but. La seule différence ici est en termes d'effort et de temps requis.

Pour la méthode de travail additive, nous dessinons simplement la section transversale de la pièce. Dans ce cas, nous pouvons même le faire en une seule étape. Bien sûr, nous pourrions aussi décomposer le crochet en ses cinq corps rectangulaires et les aligner corps par corps, ce qui serait plus conforme à la méthode additive réelle. Mais cela serait très encombrant. Ainsi, en mode 2D, nous commençons par dessiner la section transversale du crochet sur un plan du système de coordonnées. Commencez la construction en sélectionnant une nouvelle esquisse et le plan. À propos, vous pouvez également cliquer avec le bouton droit de la souris sur le plan souhaité dans l'arbre de structure, puis sélectionner "Create Sketch". Nous traçons ensuite la première ligne comme indiqué :

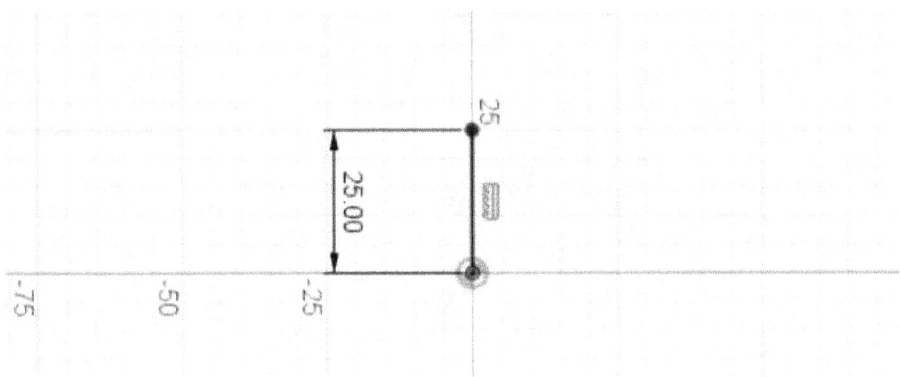

Figure 40: La première ligne du croquis 2D de la section transversale pour la patère simple

Complétez le profilé avec les lignes et les dimensions suivantes. Tout simplement la trace !

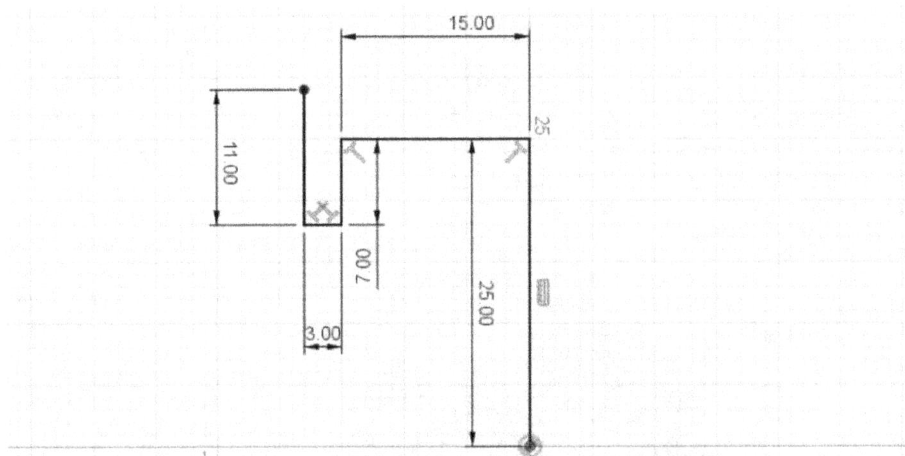

Figure 41: Lignes continues pour le profil de la section transversale

Complétez ensuite le profil de la section transversale avec d'autres lignes comme suit :

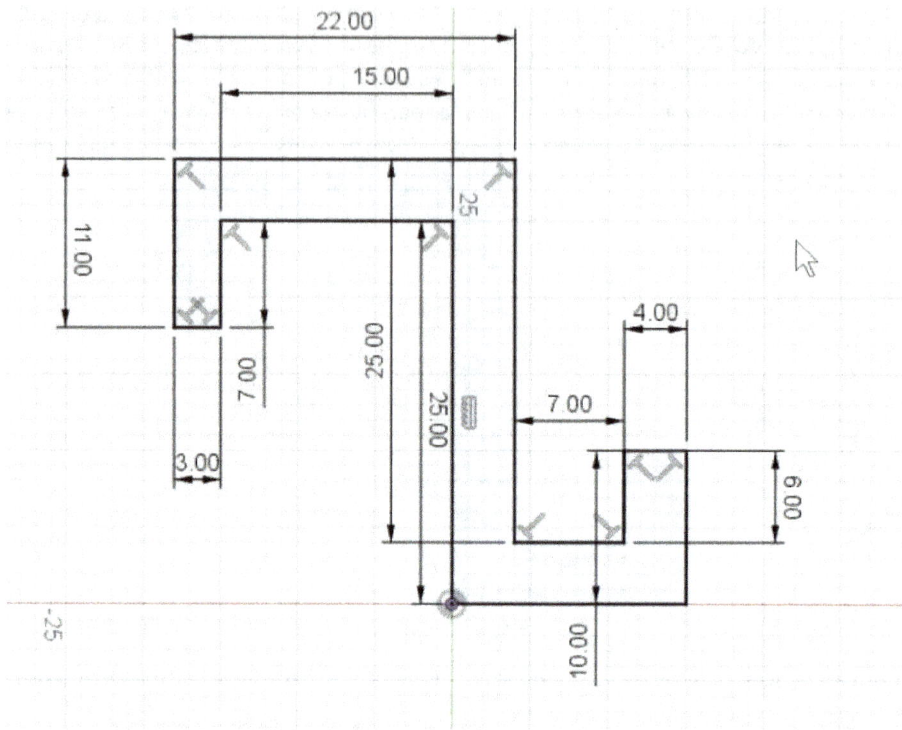

Figure 42: Section transversale complète du crochet à linge dans le croquis 2D

Vous pouvez alors quitter l'environnement d'esquisse 2D et passer ainsi en mode 3D. Sélectionnez la fonction "Extrude" et créez un corps tridimensionnel à partir de la section transversale 2D en faisant glisser dans la direction de la flèche affichée. Saisissez une dimension de 15 mm à l'aide du clavier.

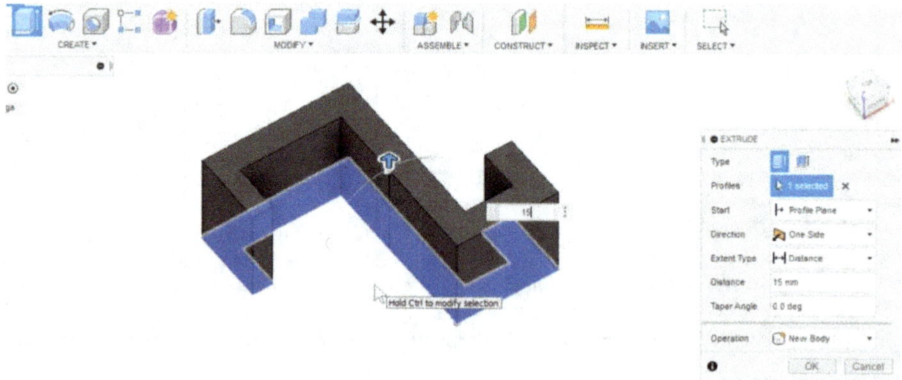

Figure 43: Création de la patère avec la commande "Extrude" dans l'environnement 3D

C'est ça ! Nous aimerions maintenant utiliser la méthode de construction soustractive pour le même crochet à titre d'illustration.

Pour ce faire, nous dessinons un rectangle de dimensions 33mm et 29mm en mode esquisse 2D dans un nouveau document et créons un cuboïde d'une épaisseur de 15 mm à l'aide de la fonction "Extrude". De cette manière, nous créons virtuellement d'abord le matériau de base, ce que l'on appelle le produit semi-fini, à partir duquel le crochet serait par exemple poinçonné dans la réalité, ou découpé au laser ou au jet d'eau. Dans ce cas, cependant, le crochet serait probablement découpé dans une pièce en tôle et créé à l'aide d'une machine à plier, ce qui serait plus logique.

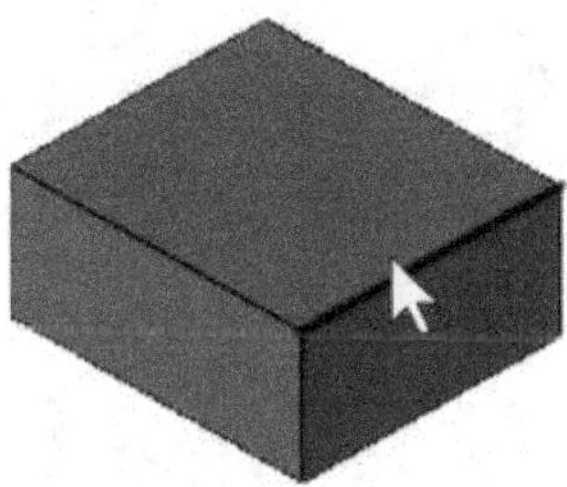

Figure 44: Le matériel source pour la méthodologie de conception soustractive

Ensuite, nous dessinons les découpes dans le matériau solide. Pour ce faire, nous créons d'abord une esquisse 2D sur la surface supérieure - ou, bien sûr, inférieure. Commencez par dessiner la moitié gauche de la découpe pour la géométrie de la patère.

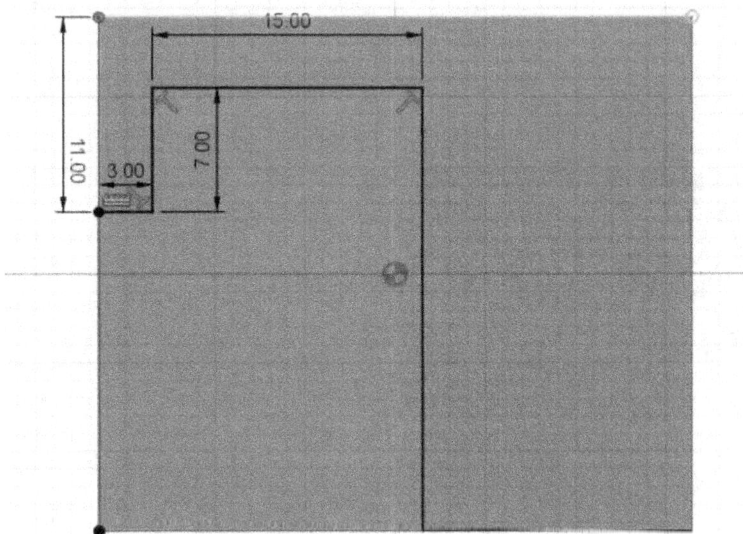

Figure 45: La moitié gauche de la découpe pour le portemanteau

Et ensuite la moitié droite. Nous dessinons le négatif de la patère dans le matériau solide, pour ainsi dire. Assurez-vous qu'il y a des surfaces, c'est-à-dire que vous fermez les profils aux bords du rectangle avec des lignes.

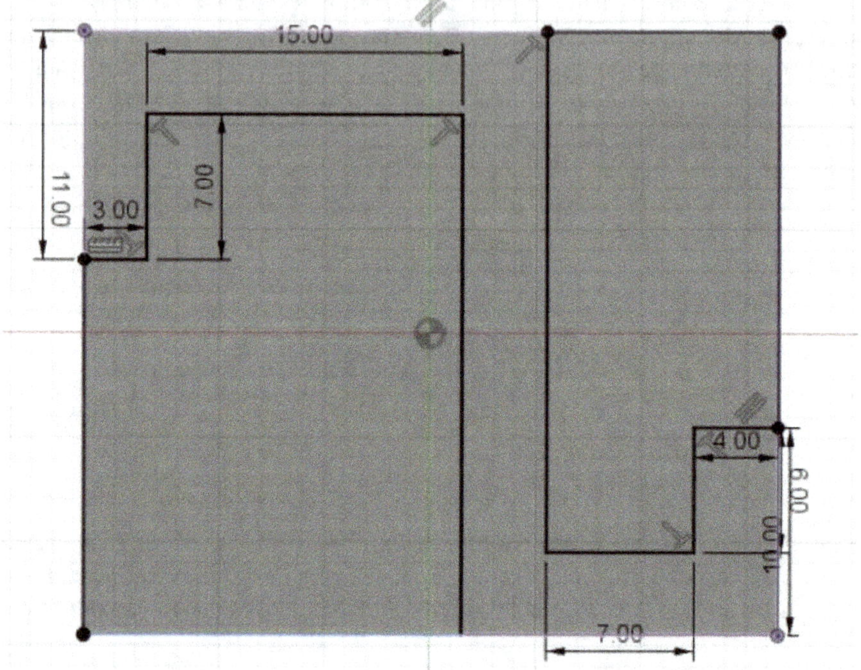

Figure 46: La moitié droite de la découpe pour la patère ajoutée

Ensuite, vous pouvez à nouveau utiliser la fonction "Extrude" pour découper les deux surfaces dessinées dans le solide.

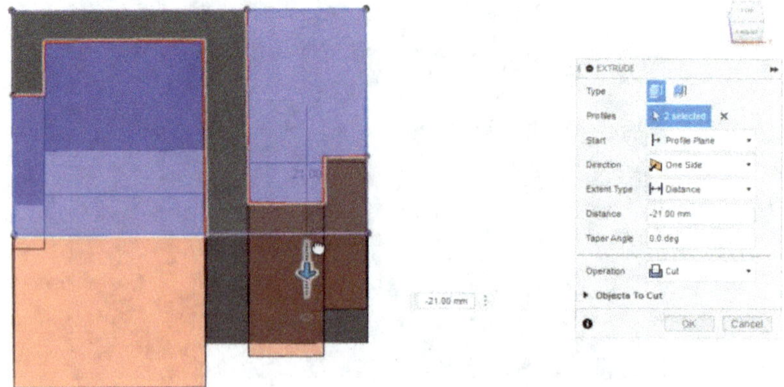

Figure 47: Découpe des surfaces dessinées en mode 3D

Deux approches pour une solution identique. L'une assez simple, l'autre un peu plus élaborée. Examinons maintenant quelques autres façons possibles de travailler dans la construction.

En plus des fonctions "Hole" et "Extrude", il existe quelques autres fonctions dans la section "Create" que nous aimerions examiner brièvement dans ce chapitre. D'une part, il y a la commande "Revolve". Vous pouvez l'utiliser chaque fois que vous voulez construire une pièce avec un axe de rotation, par exemple une pièce qui, en réalité, serait usinée mécaniquement par tournage. Pour ce faire, il suffit de dessiner une section transversale sur l'un des plans, par exemple le plan x-z ou y-z. Pourquoi ces avions ? Parce que nous voulons avoir "z" comme axe de rotation. Mais vous pouvez également utiliser le plan x-y et utiliser y comme axe de rotation. Regardons de plus près. N'hésitez pas à dessiner en même temps. Par exemple, nous créons le profil de base suivant d'une vis dans l'environnement 2D. Petite astuce : nous devons dessiner une moitié de la section transversale du corps 3D.

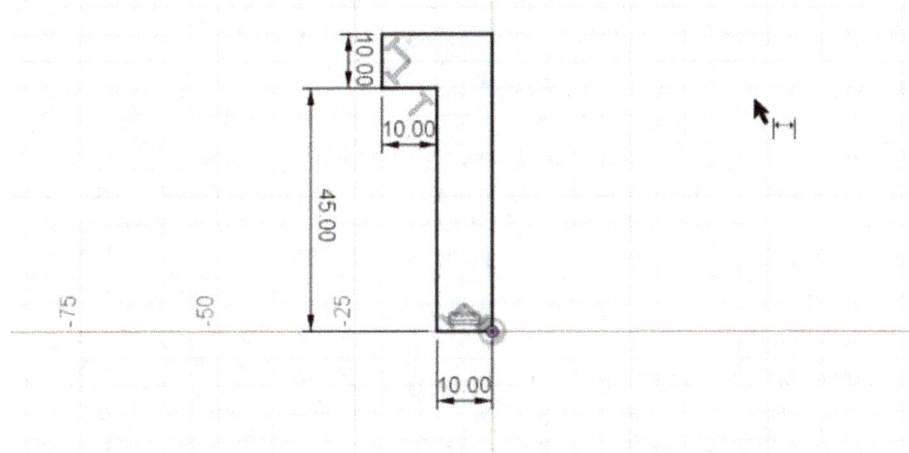

Figure 48: la demi-section transversale d'une vis en mode croquis 2D

Après avoir terminé l'esquisse et sélectionné la commande "Revolve", nous devons d'abord définir notre axe de rotation, dans notre cas l'axe z.

Figure 49: Sélection de la fonction "Revolve" dans le menu "Create"

Comme vous pouvez le voir, le programme crée le solide. En saisissant un nombre de degrés, vous pouvez définir la plage de rotation.

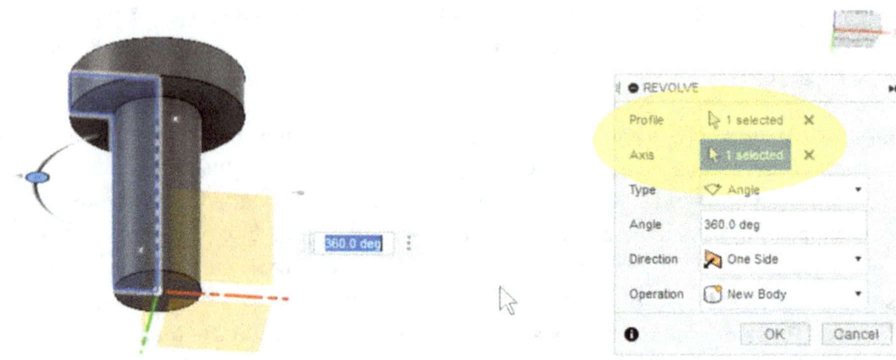

Figure 50: Rotation après sélection de l'axe et du profil (rotation de 360°)

Bien entendu, une telle vis pourrait également être créée à l'aide de plusieurs croquis, de manière additive, avec la fonction "Extrude". Réfléchissez un instant à la manière dont cela pourrait fonctionner dans ce cas. Voyez-vous la solution ?

Mais la méthode par rotation est généralement beaucoup plus rapide et plus élégante pour une telle pièce rotative. C'est ce que je voulais dire lorsque j'ai mentionné qu'il existe plusieurs façons de travailler - même pour une seule et même pièce. En fonction de la pièce, elles sont plus rapides, plus lentes ou simples ou encombrantes, mais elles mènent généralement toutes au but. En réalité, d'ailleurs, les vis ne sont pas produites par tournage, mais roulées dans la production de masse. Le fil est produit en roulant entre deux rouleaux.

La commande "Sweep" est toujours utile lorsque vous souhaitez créer une pièce qui suit une trajectoire un peu plus complexe. Voyons comment cela doit être compris. Pour la commande "Sweep", vous avez toujours besoin d'un profil de section transversale 2D esquissé et d'une trajectoire. Cela signifie simplement une ligne ou un arc ou une "spline" ou une courbe de forme libre.

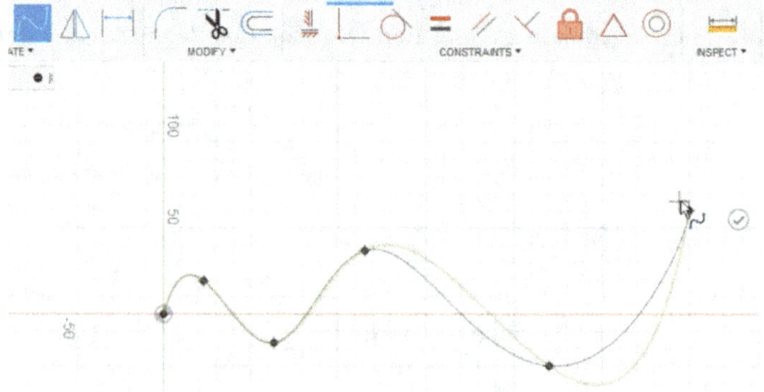

Figure 51: Une "spline" ou courbe de forme libre (librement sélectionnable)

Par exemple, créons une "spline" dans laquelle nous sélectionnons la commande dans une esquisse 2D et dessinons plusieurs points à notre guise. Mais assurez-vous que le point final ou le point de départ est le centre de coordonnées. Plus il y a de points, plus le contour est détaillé. Pour le profil de la section transversale, nous devons maintenant changer le plan. Pour ce faire, nous fermons l'esquisse et commençons une nouvelle esquisse sur le plan y-z. Nous dessinons par exemple un cercle ou un rectangle et sélectionnons le point final du profil déposé précédemment dessiné dans le plan x-y (centre de coordonnées).

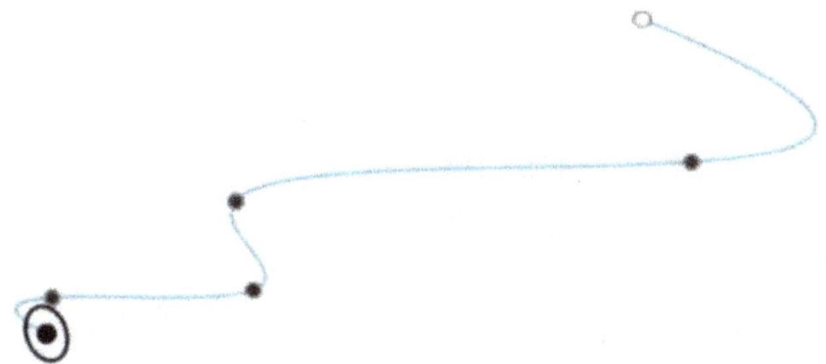

Figure 52: Profil terminé : cercle dans le plan y-z déjà dessiné et esquisse terminée

Ensuite, lorsque nous terminons l'esquisse, en mode 3D, nous pouvons exécuter la commande "Sweep" et nous devons d'abord sélectionner le profil et ensuite la trajectoire.

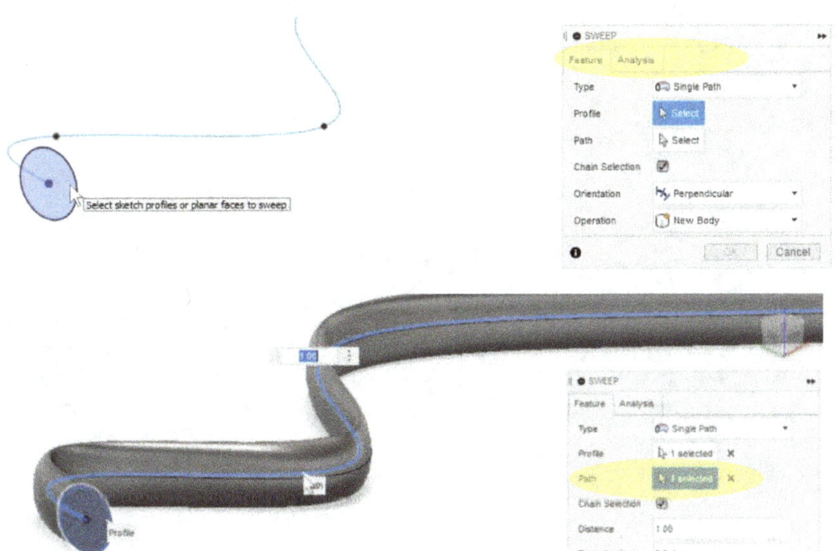

Figure 53: Sélectionnez d'abord le profil (cercle ; image du haut), puis la trajectoire ("spline" ; image du bas) Basculez entre les deux options de sélection dans la barre de menu de droite.

Ensuite, le programme crée le solide. Dans la barre située sur le côté droit, nous pouvions encore effectuer divers réglages, par exemple modifier l'orientation.

La dernière commande importante de cette section et pour ce chapitre est "Loft". Avec "Loft", vous pouvez, pour faire simple, avoir deux surfaces connectées l'une à l'autre dans l'espace 3D. Essayons-le ! Nous dessinons un profil dans le plan x-y, par exemple un rectangle ou une autre forme.

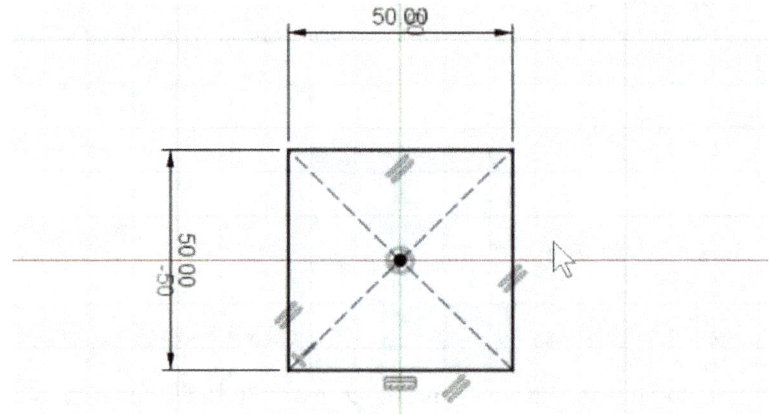

Figure 54: Première esquisse d'un rectangle sur le plan x-y (dimension de 50 mm chacun)

Ensuite, nous créons d'abord un nouveau plan parallèle au plan x-y avec un décalage ou un décalage par rapport à celui-ci. Cela se fait facilement en cliquant avec le bouton droit de la souris sur le plan x-y et en sélectionnant "Offset Plane".

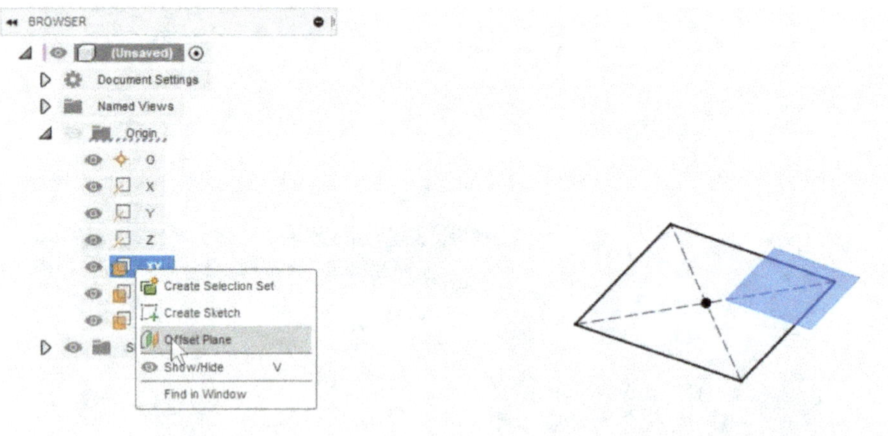

Figure 55: Création d'un plan de décalage (également possible dans le menu ci-dessus à "Construct")

Nous faisons ensuite glisser la flèche bleue ou entrons une dimension avec le clavier.

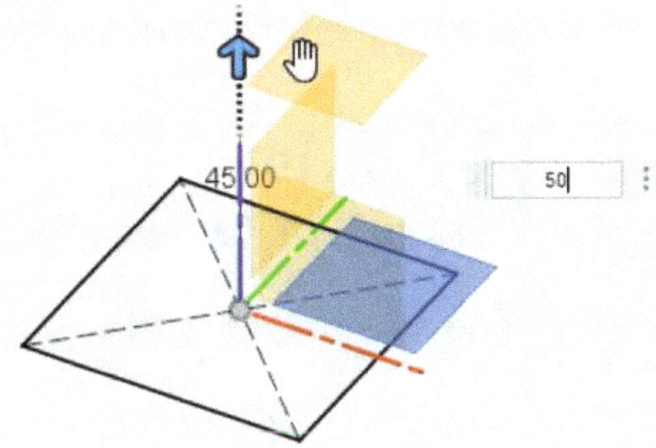

Figure 56: Création du plan de décalage de 50 mm par rapport au plan x-y

Sur ce nouveau calque, nous dessinons la deuxième surface de notre projet à l'étape suivante. Par exemple, un rectangle légèrement plus grand. Les centres doivent être congruents.

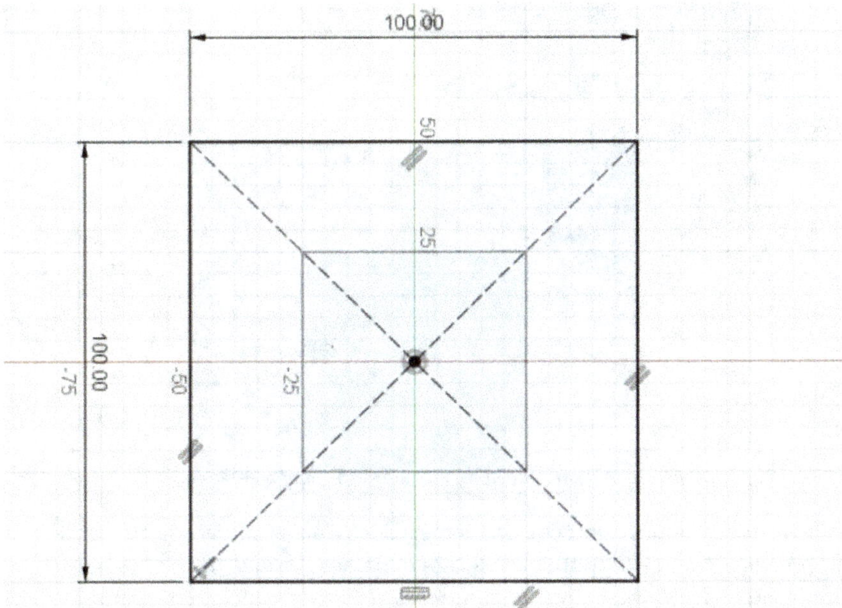

Figure 57: Dessinez le deuxième rectangle sur le plan de décalage (le premier rectangle est également visible)

Ensuite, nous terminons l'esquisse et sélectionnons la fonction "Loft" et les deux surfaces esquissées. Le programme relie ensuite les deux surfaces pour former un solide en 3D. Avec les réglages, nous pouvions encore contrôler ce processus en détail.

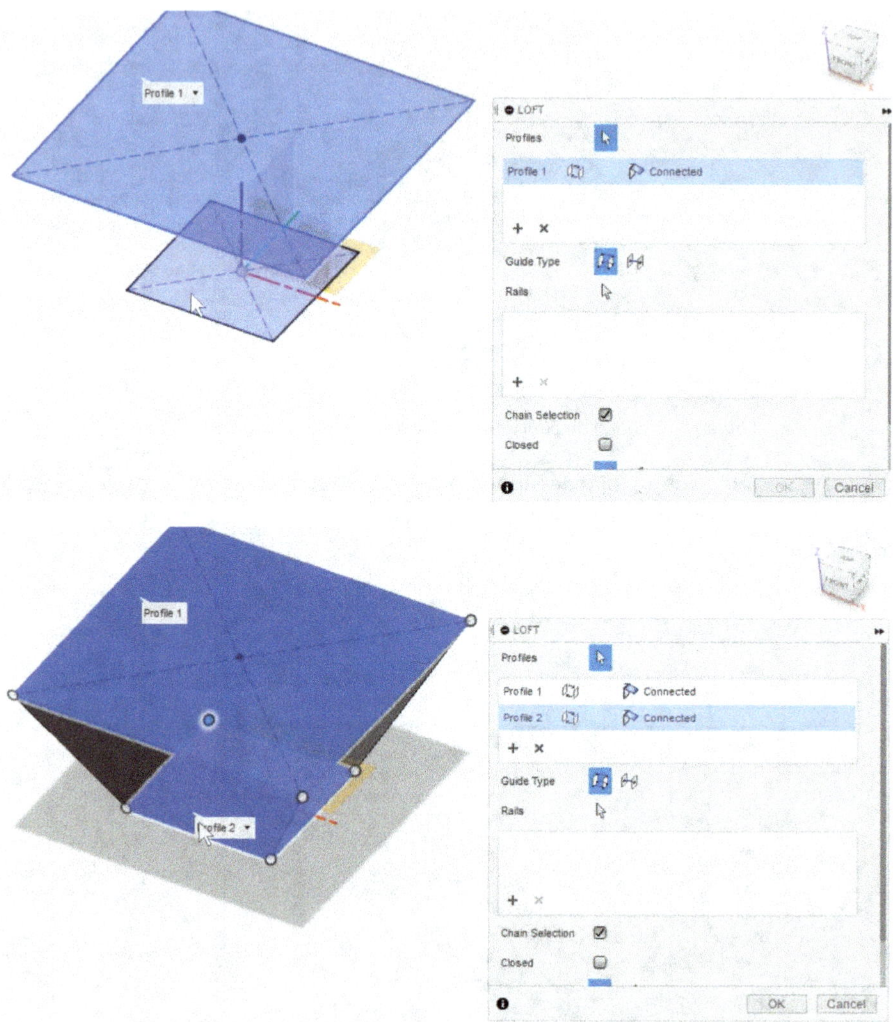

Figure 58: Utilisation de la commande "Loft" pour créer le corps 3D

Très bien ! Voilà pour l'approche et les méthodes de travail dans la conception CAO. Nous pouvons clore ce chapitre avec succès et passer au suivant. Dans ce qui suit, nous allons examiner de plus près la différence entre les pièces individuelles et les assemblages.

3.4 Pièces individuelles ou assemblages

Comme dans le monde réel, vous pouvez également assembler virtuellement un composant ou un ensemble à partir de plusieurs pièces individuelles dans l'environnement CAO. Pour concevoir une machine complexe ou une autre pièce complexe, vous concevez d'abord les pièces individuelles de cette pièce complexe, puis vous assemblez ces pièces individuelles virtuellement dans le logiciel. Pour ce faire, vous utilisez des liens, des connexions ou des relations. Dans Fusion 360, vous utilisez également des "Joints". Mais nous en reparlerons plus tard.

Dans Fusion 360, vous créez les pièces individuelles directement dans un environnement, puis vous les connectez dans le même environnement pour former un assemblage. Chaque pièce individuelle a sa propre origine et son propre dossier dans l'arborescence. D'autres programmes de CAO ont ici une structure légèrement différente. Il existe des formats de fichiers distincts pour les assemblages et les pièces individuelles et chaque pièce individuelle est créée séparément.

Lorsque vous avez terminé la conception de la première pièce, par exemple une simple pièce tournée, il vous suffit de créer une nouvelle pièce unique avec le bouton "New Component" de la barre de menu ou en cliquant avec le bouton droit de la souris sur le dossier de la pièce et en sélectionnant "New Component" et en choisissant le corps "Parent", c'est-à-dire la pièce déjà existante comme référence.

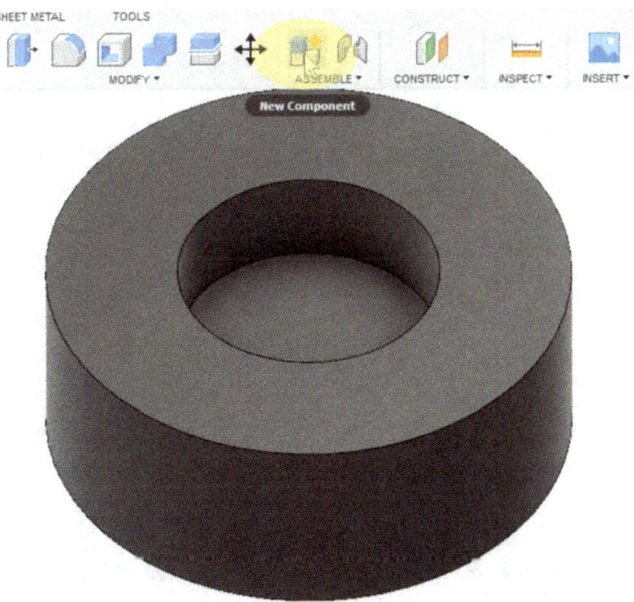

Figure 59: Une simple pièce tournée (dimensions librement sélectionnables) et "New Component"

Celui-ci devient alors transparent et vous pouvez commencer à créer le nouveau composant. Le nouveau composant apparaît alors dans l'arborescence et peut être nommé. À propos, chaque composant possède son propre système de coordonnées.

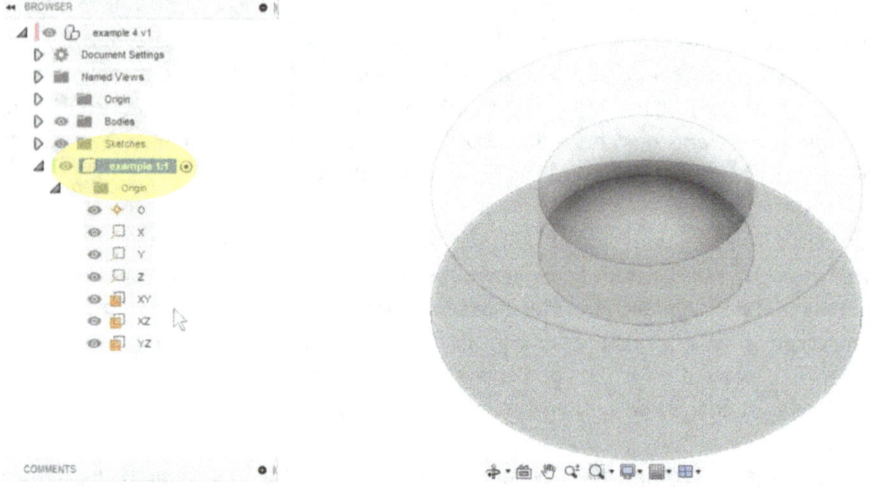

Figure 60: Composant parent transparent et nouveau composant dans l'arborescence (à gauche)

Par exemple, nous commençons une esquisse sur le plan x-z du nouveau composant, et utilisons le premier composant comme référence pour notre nouvelle pièce. Nous pouvons, par exemple, dessiner un tel profil pour une nouvelle pièce tournée, que nous créons ensuite avec la fonction "Revolve".

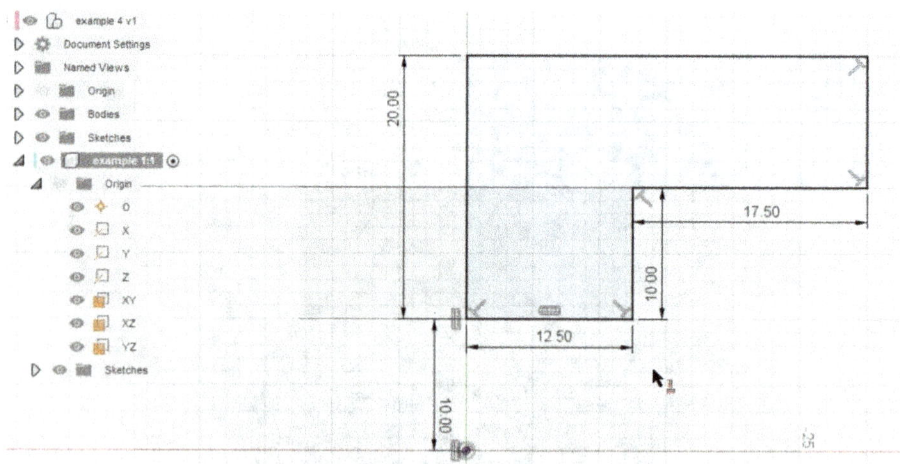

Figure 61: Une esquisse sur le plan x-z du nouveau composant

Il est pratique que nous ayons le premier composant ici de manière transparente comme référence et que nous puissions ainsi dessiner les dimensions de la nouvelle pièce relativement facilement pour l'adapter exactement. L'esquisse de la nouvelle pièce est maintenant bien sûr également placée dans la zone du nouveau composant.

Examinons maintenant l'assemblage de ces deux composants individuels. Nous avons dessiné le deuxième composant de manière à ce qu'il s'adapte déjà exactement au premier composant, mais une liaison n'a pas eu lieu, nous pouvons déplacer le deuxième composant librement dans l'espace, nous devons donc relier les deux parties individuelles à l'étape suivante.

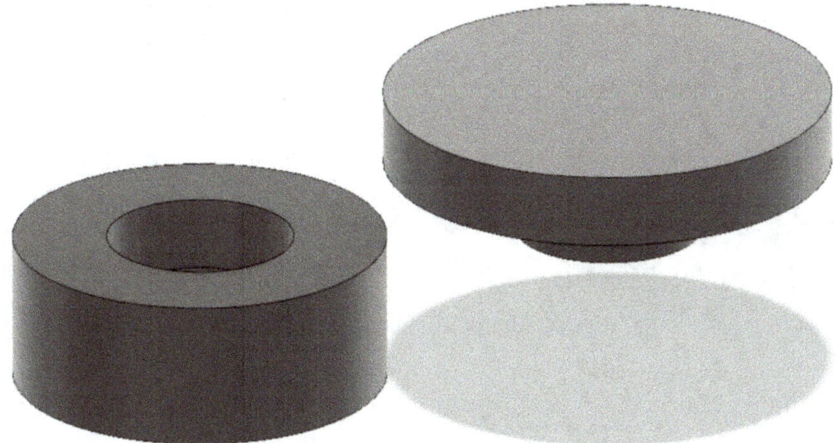

Figure 62: Le composant a été créé à partir de l'esquisse avec une rotation de 360° et décalé

Ici, nous avons besoin du menu "Assemble" et de la fonction "Joints". Dans d'autres programmes de CAO, l'assemblage des pièces individuelles est généralement structuré de manière quelque peu différente. Les contraintes sont généralement créées, par exemple avec un lien de distance ou par exemple une contrainte concentrique entre deux pièces, pour obtenir un assemblage. Dans Fusion 360, une approche légèrement différente est adoptée. Vous créez ici des articulations qui définissent l'amplitude de mouvement souhaitée. Cependant, vous pouvez également relier de manière rigide une seule pièce. Voyons cela dans notre exemple simple. Dans le menu "Assemble", nous sélectionnons d'abord la commande "Joint".

Figure 63: La commande "Joint" du menu "Assemble"

Ensuite, nous devons procéder à deux étapes. D'une part, définissez les positions des origines des articulations, par exemple en sélectionnant les points sur les surfaces que nous voulons relier, et d'autre part, définissez l'amplitude de mouvement de l'articulation. Essayons quelques possibilités. D'une part, nous pourrions sélectionner ces deux origines de joint sur ces surfaces et créer par exemple une connexion rigide avec "Rigid".

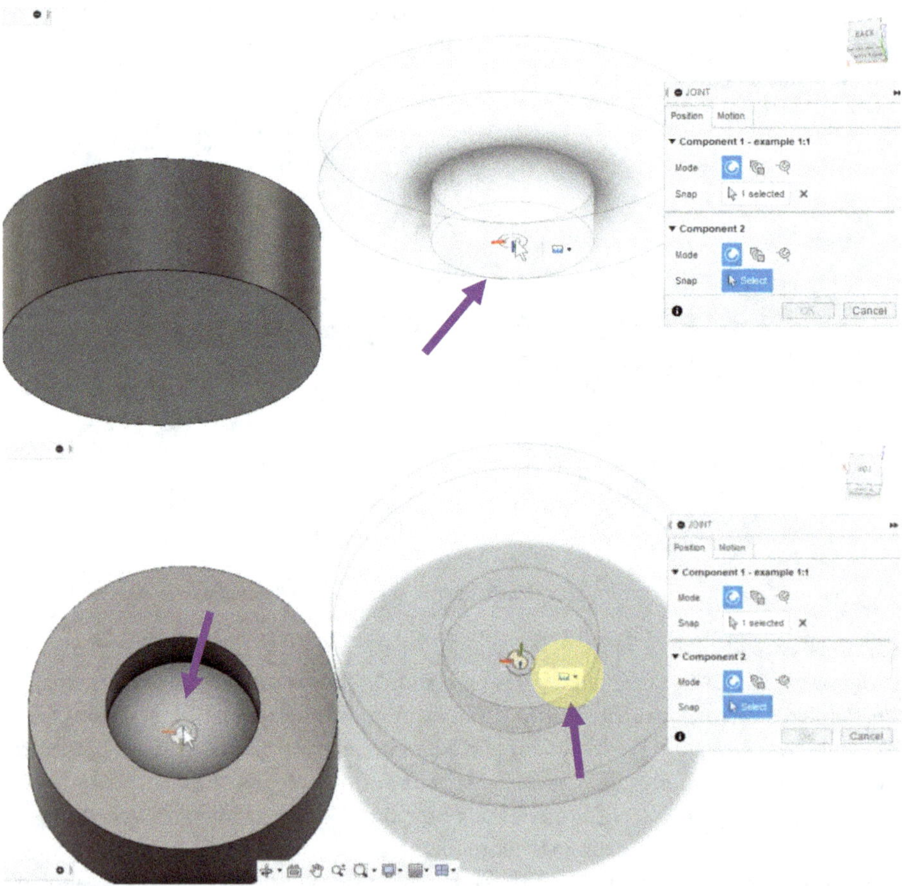

Figure 64: Sélectionnez une origine de jointure sur chaque composant et sélectionnez "Rigid"

Lors de la sélection de l'articulation, une courte animation de l'amplitude de mouvement possible est diffusée, ce que je trouve personnellement très réussi et utile. Une fonctionnalité vraiment géniale qui rend ce programme très clair.

D'autre part, nous pourrions autoriser une rotation autour de l'axe z avec "Revolute". Avec "Slider", nous pouvons autoriser un mouvement le long de l'axe z et avec

"Cylindrical", nous pouvons autoriser à la fois un mouvement le long de l'axe z et une rotation autour de cet axe. Avec "Pin", nous pouvons autoriser une rotation autour d'un axe et un mouvement linéaire le long d'un autre axe, mais cela n'a pas beaucoup de sens dans cet exemple. Il en va de même pour "Planar". Avec "Planar", le composant peut se déplacer linéairement dans un plan et tourner autour d'un axe. Très intéressante est également la fonction "Ball", qui crée une articulation à rotule.

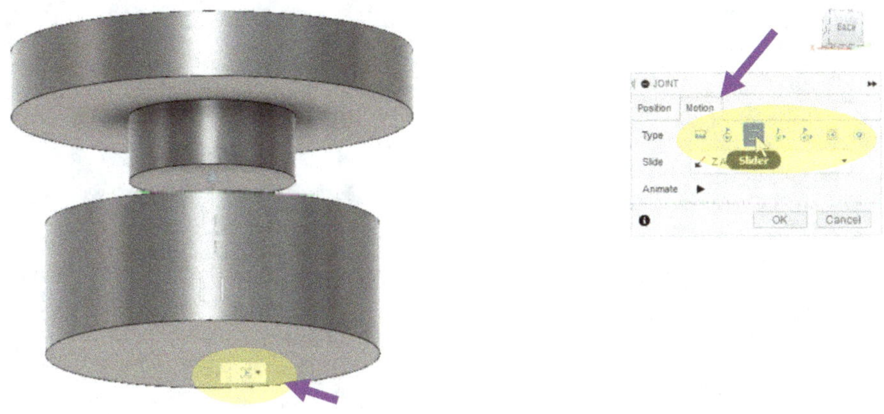

Figure 65: La sélection des différents types d'articulation dans l'onglet "Motion".

Dans le champ "Rotate", l'axe ou la surface respective peut être sélectionné pour le mouvement et si nous revenons à l'onglet "Position", d'autres réglages peuvent être effectués, comme un décalage, ou l'orientation du composant peut être reflétée sur la surface de liaison avec "Flip".

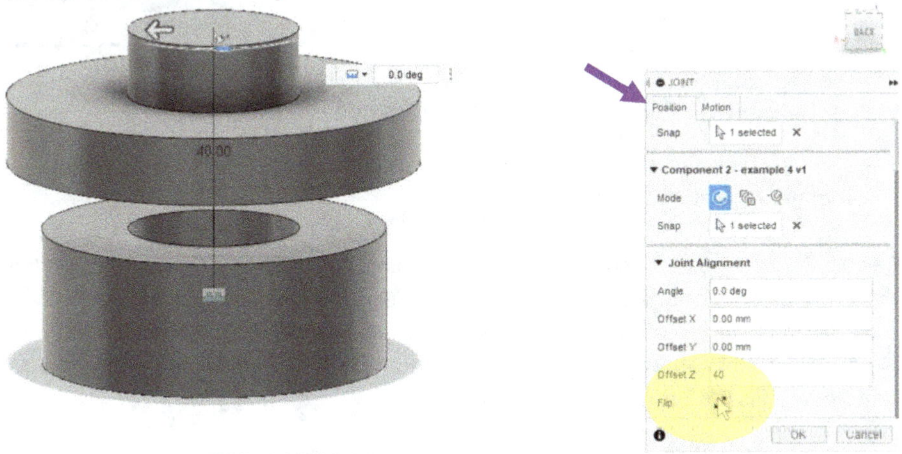

Figure 66: Ajout d'un décalage et inversion de l'alignement des joints

Si nous sélectionnons maintenant le type de mouvement "Cylindrical", par exemple, nous voyons que nous ne pouvons déplacer le composant que dans les degrés de liberté définis. La relation apparaît également dans le dossier "Joints" de l'arborescence et peut être supprimée, supprimée ou modifiée d'une autre manière en cliquant dessus avec le bouton droit de la souris.

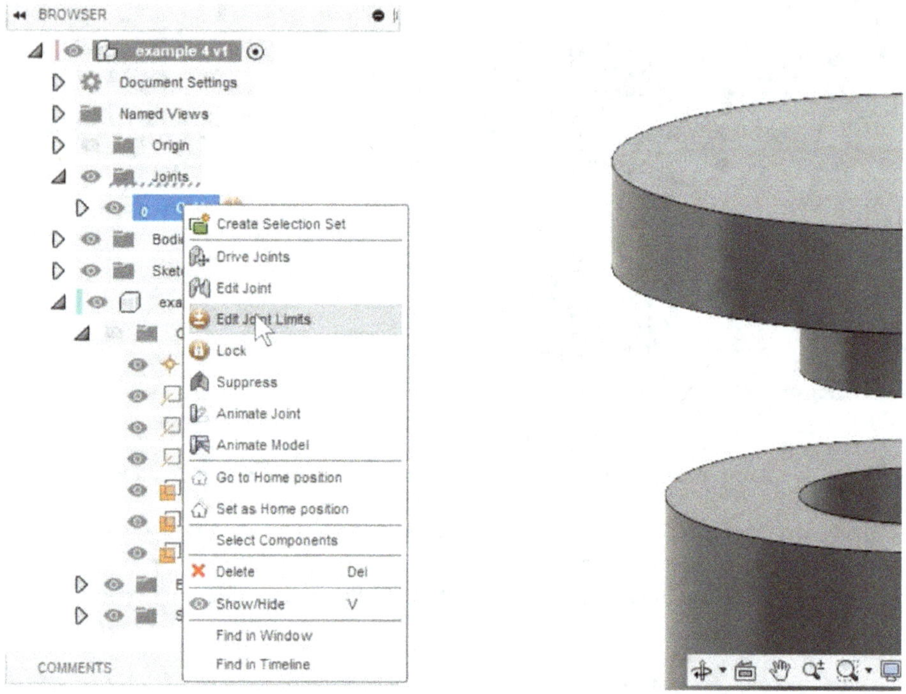

Figure 67: Cliquez avec le bouton droit de la souris sur l'articulation dans le dossier "Joints" de l'arborescence (à gauche)

Par ailleurs, si aucune marge de manœuvre n'est souhaitée, il suffit généralement de sélectionner la relation "Rigid".

Parfait ! Dans cette leçon, nous avons appris à créer plusieurs pièces dans l'environnement Fusion 360 et à les relier entre elles ou à les assembler virtuellement. Dans la prochaine leçon, nous examinerons les différentes vues et représentations. Nous aurons alors appris toutes les bases importantes et pourrons enfin nous lancer dans les grands projets de construction !

3.5 Vues et représentations (vues de base, vue en coupe, etc.)

Dans cette leçon, nous examinerons brièvement les vues et représentations possibles dans Fusion 360, qui peuvent souvent être très utiles. Les vues de base se trouvent à gauche dans l'arborescence, dans le dossier "Named Views". Dans ce dossier, nous pouvons choisir entre "Top", "Front", "Right" et "Home".

Figure 68: "Named views" dans l'arbre structurel

Si nous voulons regarder une surface spécifique, nous pouvons sélectionner une surface dans la barre de menu de la zone inférieure avec la fonction "Look at". Cette surface est ensuite affichée verticalement par le haut. Avec la fonction "Zoom Window", également à partir de cette barre, nous pouvons agrandir une zone définie. Pour ce faire, il suffit de faire glisser une petite fenêtre autour de la zone souhaitée.

Figure 69: Les fonctions "Look at" et "Zoom Window" dans la barre de la zone inférieure

Dans cette barre se trouve également le menu de sélection "Display Setting", avec lequel nous pouvons modifier l'affichage de nos composants, ce que nous faisons avec "Visual Style" ou l'environnement de construction, ce que nous faisons avec "Environment". Avec "Object Visibility", nous pouvons généralement déterminer quels éléments, tels que les plans et les axes, doivent être affichés ou non.

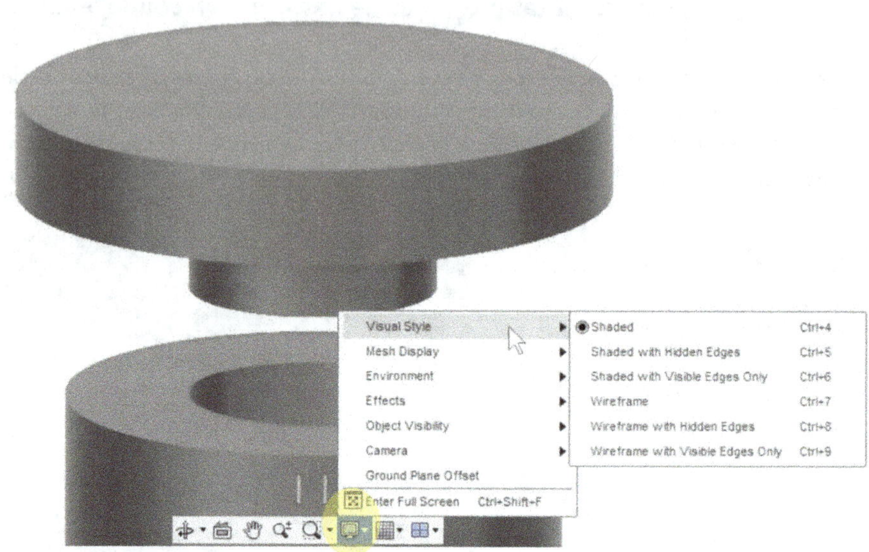

Figure 70: le menu de sélection "Visual Style" dans l'onglet "Display Setting" de la barre inférieure

Avec "Multiple Views", vous pouvez afficher plusieurs vues en parallèle, ce qui peut parfois s'avérer très utile.

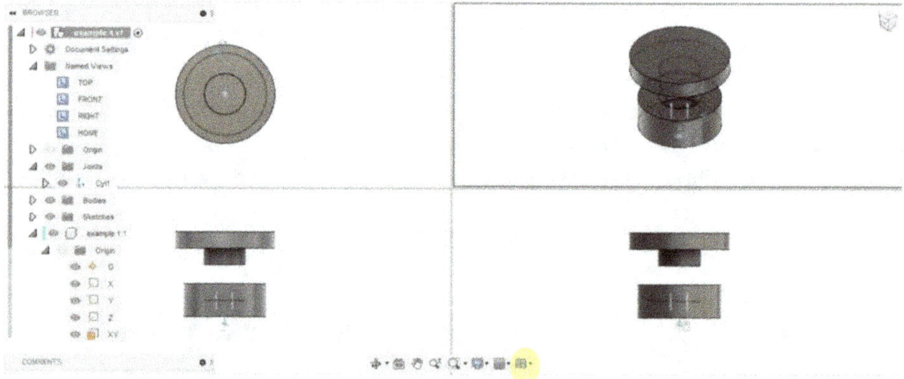

Figure 71: Affichage après avoir sélectionné "Multiple Views" dans la barre inférieure

Enfin, nous ferons connaissance avec quelques affichages utiles du menu "Inspect". Tout d'abord, la plus importante, la vue dite en coupe. À l'aide de la commande "Section Analysis", nous pouvons visualiser la section transversale d'un composant ou d'un assemblage. Imaginez simplement que vous coupez un gâteau et que vous regardez à l'intérieur. Après avoir sélectionné la fonction, nous devons sélectionner le plan dans lequel nous voulons couper la pièce.

Nous pouvons également sélectionner une surface. Par exemple, nous sélectionnons le plan y-z. La pièce sera ensuite découpée dans ce plan. Nous pouvons maintenant confirmer ou déplacer la surface découpée à l'aide de la flèche bleue ou en saisissant une cote.

Après confirmation, la vue de section apparaît dans le dossier de menu "Analysis" à gauche dans l'arborescence, où nous pouvons la modifier, la masquer ou la supprimer par un clic droit.

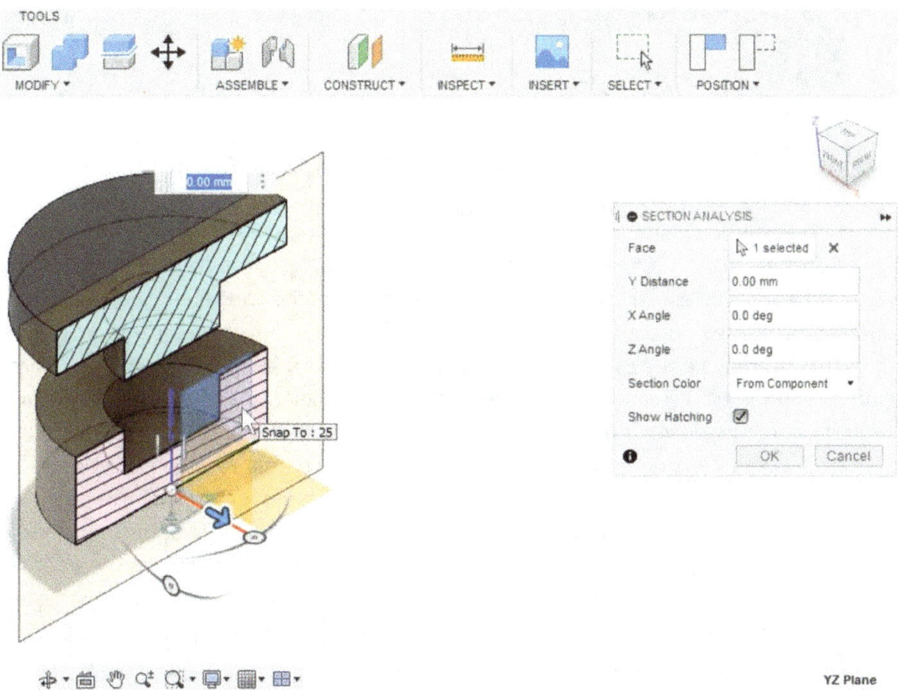

Figure 72: Vue en coupe de l'environnement 3D (onglet de menu "Inspect" →"Sectional view")

Dans le menu "Inspect", vous trouverez également des fonctions d'analyse telles que l'analyse zébrée. Vous pouvez ainsi vérifier les transitions entre les surfaces au moyen de bandes noires et blanches projetées sur la surface et, par exemple, examiner la surface d'une aile d'avion pour voir si elle est continue ou lisse. Ceci est important pour la résistance à l'écoulement, par exemple.

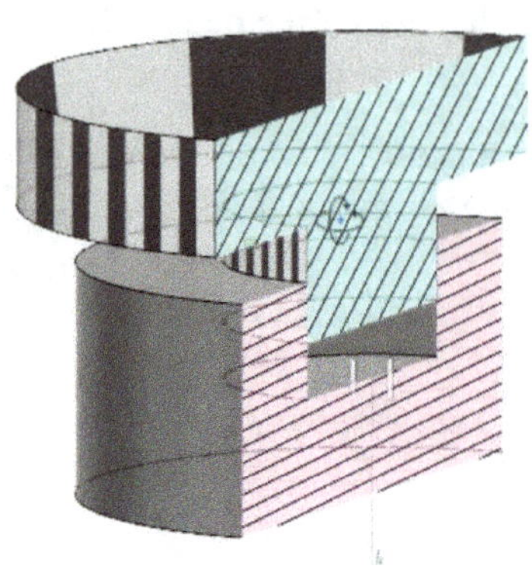
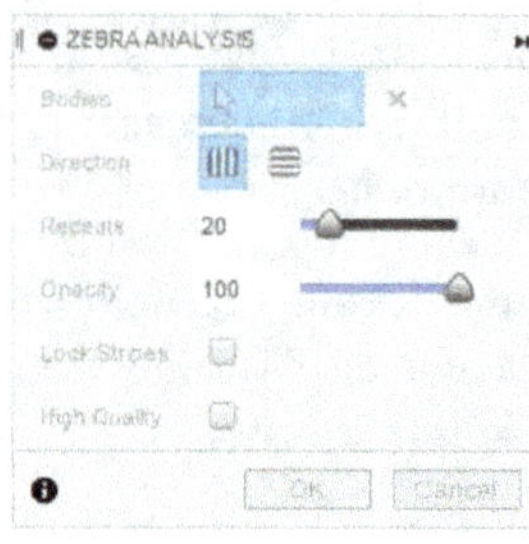

Figure 73: Analyse Zebra appliquée à la pièce représentée dans la vue en coupe

Pour conclure ce chapitre, nous aborderons la chronologie du programme mentionnée au tout début. Elle est située tout en bas de la fenêtre. Ici, l'ordre chronologique des différentes étapes de construction est indiqué et nous trouvons les caractéristiques individuelles telles que "Esquisse", "Extrusion" etc., selon la construction, l'une après l'autre. Ce qui est génial, c'est qu'avec cette chronologie, la construction peut être facilement retracée. Vous pouvez afficher les différentes étapes à l'aide d'une courte animation. Pour ce faire, il suffit de placer le curseur au début de la construction et de cliquer sur Play. Vous pouvez également cliquer entre les différentes étapes pour passer à une étape antérieure de la construction. En cliquant avec le bouton droit de la souris sur les différentes étapes de construction, vous pouvez également modifier les étapes respectives, par exemple changer un profil ou une relation. Cette barre est également très utile pour ne pas perdre la vue d'ensemble, surtout avec des constructions plus complexes.

Figure 74: La chronologie de Fusion avec les commandes de construction réalisées jusqu'à présent

Si vous cliquez sur le petit symbole de roue dentée en bas à droite, vous pouvez également activer l'option "Component Color Swatch", qui nous offre encore plus de clarté avec des objets de construction plus complexes en donnant aux composants individuels un marquage de couleur et en affectant ainsi les étapes de construction dans la ligne de temps.

Figure 75: Activez "Component Color Swatch" pour afficher les marqueurs de couleur

La classe ! Maintenant que nous avons appris toutes les bases pertinentes et importantes et le maniement général de la section CAO du programme, nous allons passer à la construction de projets d'exemple.

Dans le premier projet, nous nous lançons vraiment, nous voulons apprendre la procédure de construction avec un mousqueton très simple. Elle est suivie d'une tasse, qui est un peu plus difficile à construire, puis d'un modèle simplifié de camion avec un habitacle et enfin d'un modèle simplifié de moteur de voiture à 4 cylindres, qui est un peu plus complexe. Mais ne vous inquiétez pas, nous allons procéder étape par étape.

D'ailleurs, grâce aux travaux pratiques, nous apprendrons davantage de nouvelles fonctions et commandes, tout en consolidant les bases.

Restez à l'écoute, ça va être passionnant !

4 Application pratique de la CAO : projets de conception

4.1 Projet de conception I : Mousqueton simple

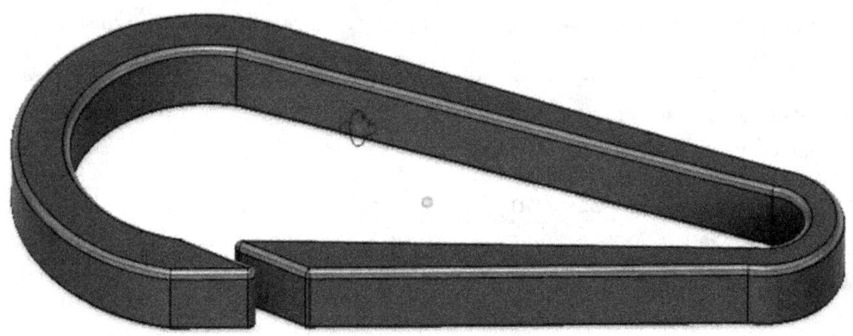

Figure 76: Un simple mousqueton comme premier projet de construction

Pour le mousqueton, nous commençons dans un nouveau projet "Design" avec le bouton "Create Sketch" et la sélection d'un plan, par ex. le plan x-y. Réfléchissons d'abord à la manière dont le mousqueton est construit et à la meilleure façon de le construire. Si nous regardons le mousqueton d'un peu plus près, nous remarquons que vous pouvez placer une forme circulaire dans les zones gauche et droite respectivement et que les entretoises du mousqueton représentent des connexions tangentielles entre ces cercles.

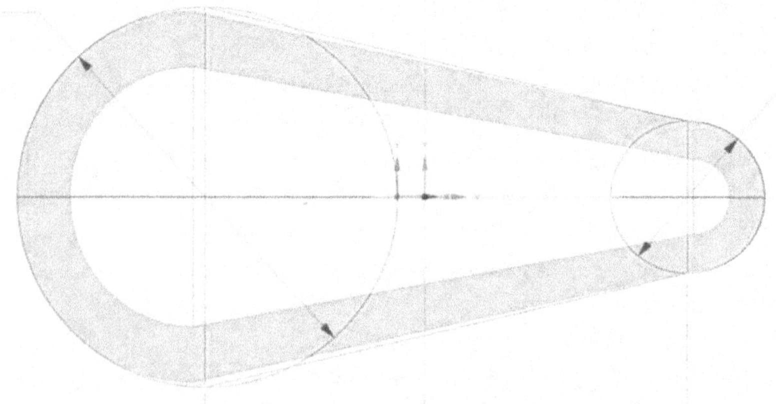

Figure 77: L'approche avec les cercles et les lignes de connexion

Construisons le mousqueton de cette manière. Commençons donc par dessiner le premier cercle avec un point de départ sur la ligne rouge horizontale, qui dans ce cas, est l'axe des x. Par exemple, nous choisissons un diamètre de 50 mm. Créez ensuite un autre cercle d'un diamètre de 20 mm un peu plus loin sur la droite. Nous dimensionnons alors la distance entre les deux cercles à 70 mm. Afin de définir complètement l'esquisse précédente, ce que vous constaterez par la coloration noire, nous avons maintenant besoin d'une référence dans la direction de l'axe des x et de l'axe des y par rapport à l'origine. Nous définissons la position de notre croquis dans la direction x, par exemple, en ajoutant une autre dimension de 35 mm du centre du premier cercle à l'origine. La position y simplement avec la dépendance ou la "constraint" horizontalement.

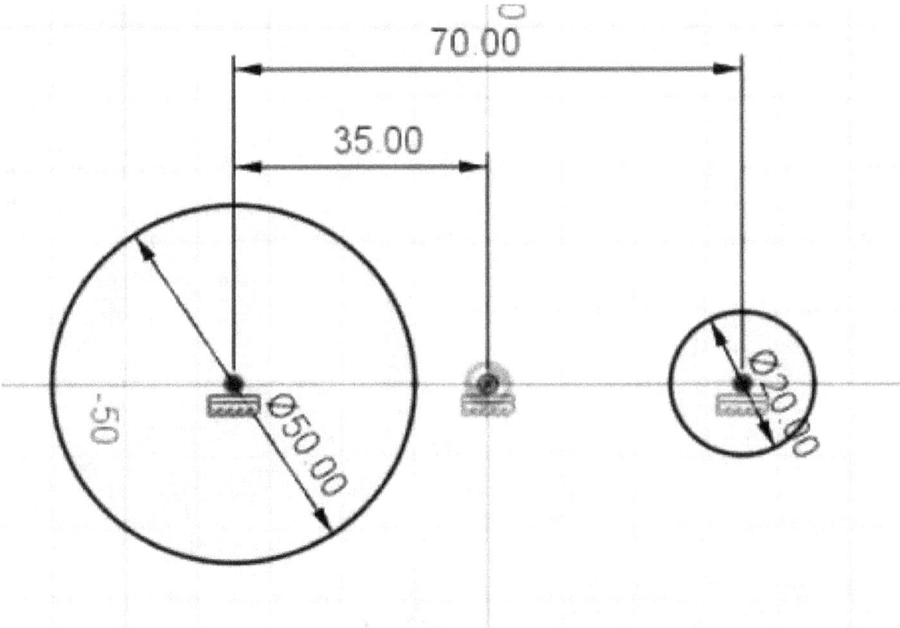

Figure 78: Les deux cercles de la géométrie de base, déjà cotés et dépendants horizontalement

Vous pouvez soit définir une esquisse entièrement par les dimensions uniquement, soit choisir une combinaison de dimensions et de conditions, comme ici. Pour la condition, nous choisissons le centre de chacun des deux cercles, puis l'origine. Maintenant, l'esquisse est noire et entièrement définie, c'est-à-dire qu'elle ne peut plus être déplacée dans le plan sans autre forme de procès.

Ensuite, nous traçons des lignes auxiliaires horizontales et verticales passant par les centres des deux cercles pour faciliter l'application des dimensions et des lignes tangentes. Tracez les lignes et cliquez dessus avec le bouton droit de la souris pour sélectionner la commande "Normal/Construction Line".

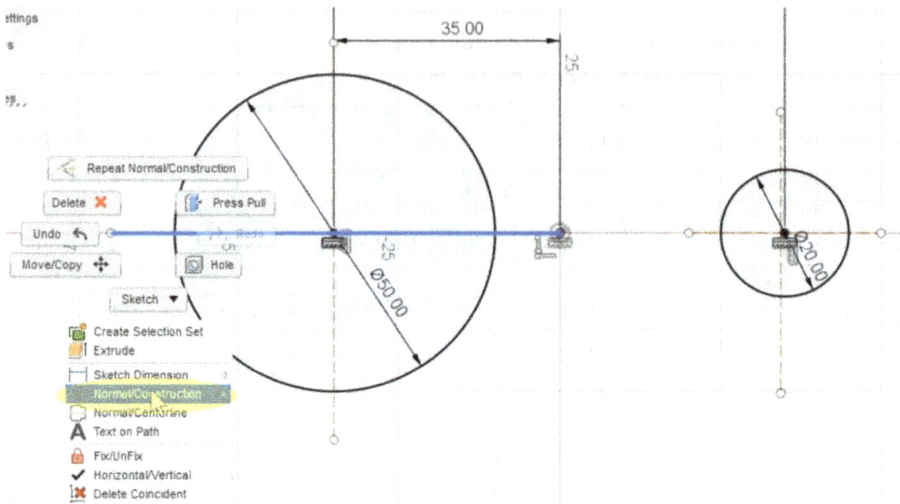

Dans l'étape suivante, nous relions les intersections des guides verticaux avec les cercles par deux lignes. Pour obtenir une forme autonome, nous n'avons besoin que du contour extérieur, nous utilisons donc l'outil "Trim".

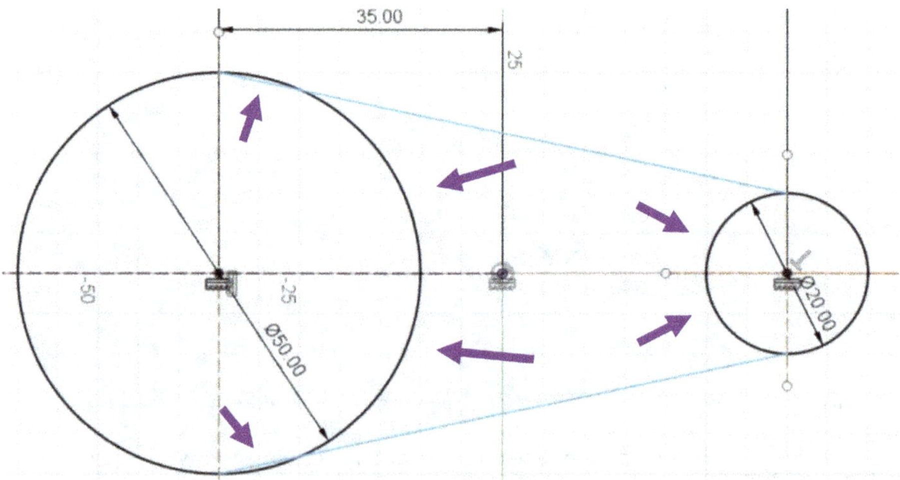

Figure 79: Les deux lignes de connexion tangentielles (bleu clair) ont été dessinées ; les lignes/arcs en excès sont marqués par des flèches

À l'aide de l'outil, supprimez tous les segments de ligne superflus comme suit :

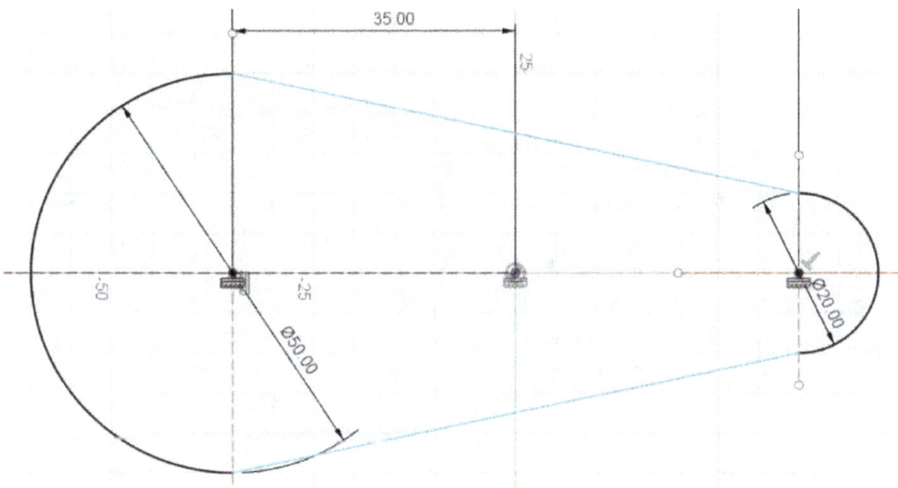

Figure 80: L'outil "Trim away" utilisé pour supprimer les lignes/arcs en excès

Maintenant, nous pouvons déjà extruder la surface. Mais nous devrions alors encore faire une découpe pour obtenir le mousqueton final. Mais nous pouvons aussi appliquer tout de suite une solution plus rapide et dessiner la section transversale du mousqueton en une seule étape. Pour ce faire, ajoutez deux cercles supplémentaires de 35 et 10 mm de diamètre dans la zone intérieure du mousqueton et, de manière analogue aux étapes précédentes, tracez à nouveau deux lignes à partir des intersections des cercles avec les lignes auxiliaires, puis supprimez tous les segments de ligne superflus en utilisant à nouveau la fonction "Trim".

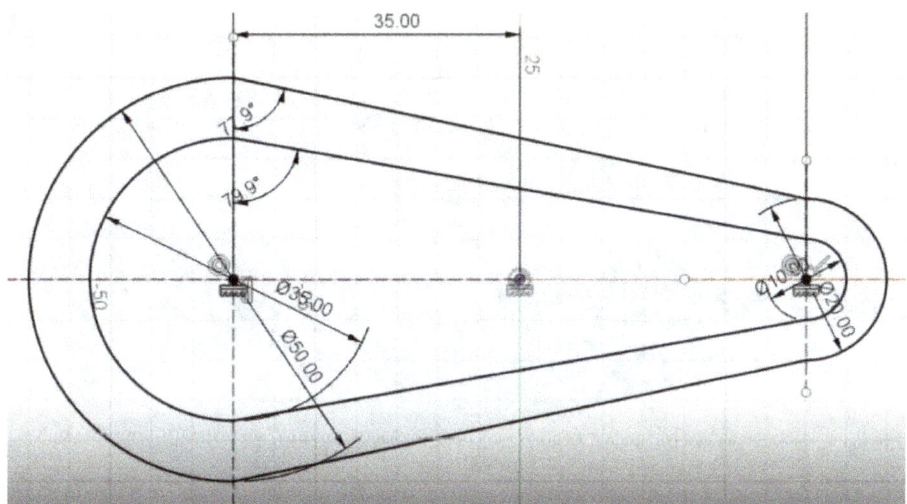

Figure 81: Croquis 2D complété ; les angles pour la définition complète sont déjà indiqués

Comme vous pouvez maintenant le voir, nous nous sommes épargnés une étape d'édition et pouvons maintenant extruder immédiatement la forme de base finie du mousqueton. Cependant, afin de définir complètement l'esquisse à l'avance, dans ce cas, nous entrons simplement les angles entre les lignes de connexion tangentielles et la ligne auxiliaire verticale. Acceptez simplement la valeur qui s'affiche. Sinon, nous aurions pu spécifier les longueurs des lignes de connexion ou définir complètement les lignes auxiliaires au préalable. Pour transformer la surface 2D en un corps 3D, nous passons en mode 3D avec "Finish Sketch" et utilisons la fonction "Extrude". Pour ce faire, sélectionnez uniquement la surface extérieure comme profil pour l'extrusion dans les options et saisissez une valeur de 10 mm. Vous pouvez soit extruder dans une seule direction, soit symétriquement ou indépendamment dans deux directions. Sélectionnez cette option sous "Direction". Si vous souhaitez obtenir une forme conique, vous pouvez également saisir un angle dans "Taper Angle". Cependant, nous n'en avons pas besoin ici.

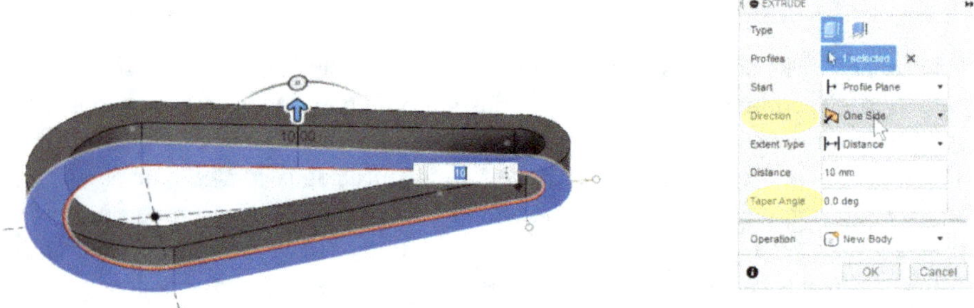

Figure 82: Extrusion du mousqueton de 10 mm dans une direction

Pour créer maintenant une découpe pour l'ouverture du mousqueton, nous commençons à nouveau une esquisse 2D, cette fois sur la face supérieure ou inférieure du mousqueton.

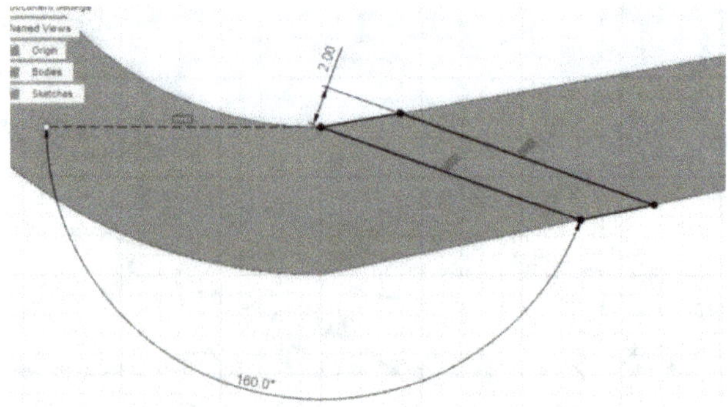

Figure 83: Le croquis 2D de la section

Nous traçons une ligne à 160° de la base de la ligne de connexion tangentielle intérieure à la ligne de connexion extérieure du mousqueton. La mesure résulte automatiquement de la spécification de l'angle et des points d'arrivée. Vous pouvez passer de la saisie de la cote à celle de l'angle à l'aide de la touche de tabulation. Tracez ensuite une deuxième ligne parallèle et mesurez une distance de 2 mm. Si le parallélisme n'est pas créé automatiquement - attention aux petits caractères derrière - vous devrez le créer vous-même. Reliez ensuite les deux lignes parallèles avec d'autres lignes pour créer un parallélogramme et terminer le croquis. Utilisez "Extrude" pour créer la section. Il suffit de faire glisser la flèche jusqu'à ce qu'il n'y ait plus de matériau ou, sinon, de saisir l'épaisseur du mousqueton comme dimension. Bien sûr, nous aurions déjà pu intégrer cette étape dans le premier croquis, comme vous venez de le remarquer.

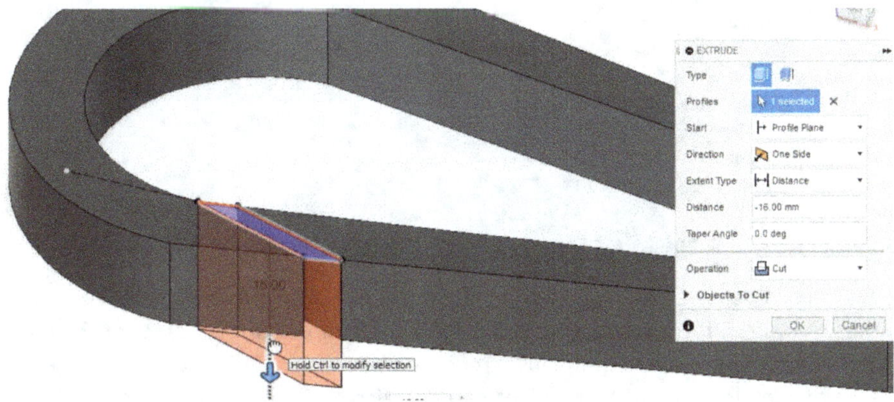

Figure 84: Section de la géométrie 2D dessinée avec "Extrusion

Enfin, nous arrondissons quelques bords à l'aide de la commande "Filet" de la section "Modify". 20 mm pour le bord supérieur arrière.

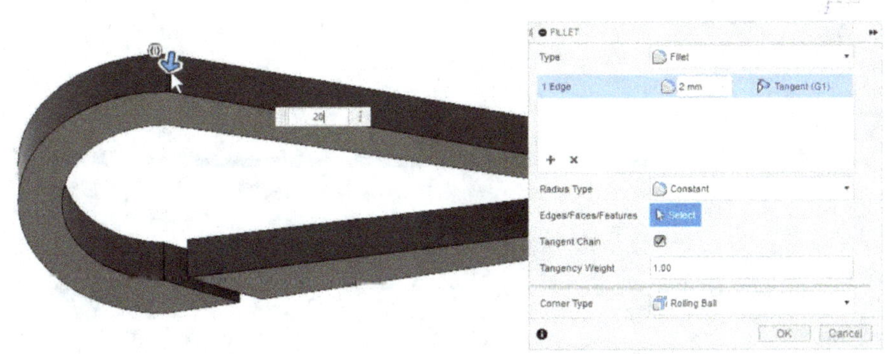

Figure 85: Filetage du bord supérieur arrière avec 20 mm

Et 1 mm pour les bords de l'ouverture et les côtés. Sélectionnez plusieurs bords en maintenant la touche CTRL ou Shift enfoncée. Pour les bords latéraux, vous pouvez simplement sélectionner les deux faces latérales.

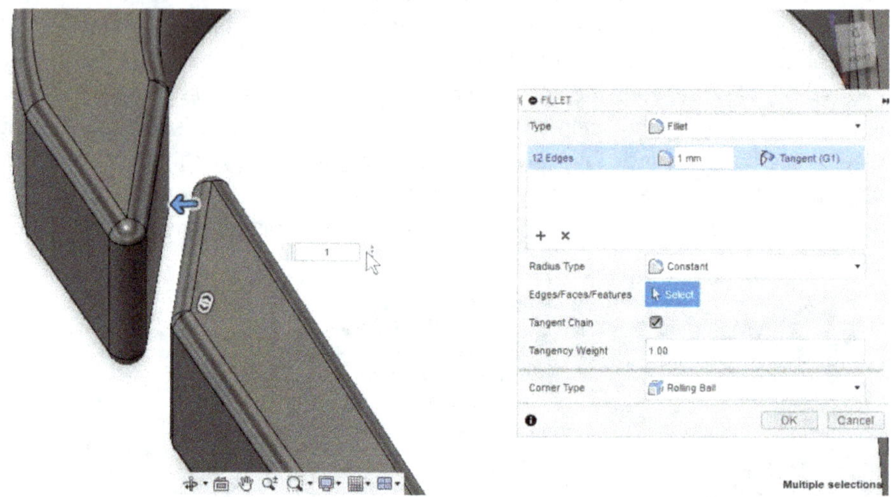

Figure 86: Arrondir les bords de l'ouverture et des côtés avec 1 mm

Sans faille ! Avant de passer au projet de conception suivant, enregistrons le fichier. Si nous voulons un format de fichier différent, par exemple pour l'impression 3D ou un autre programme, nous pouvons créer ce fichier en utilisant "Export" et en sélectionnant le format et l'emplacement du fichier. Vous avez le choix entre les formats "Fusion" et "Inventor", ainsi que les formats de fichiers "stl" et "step" communément connus.

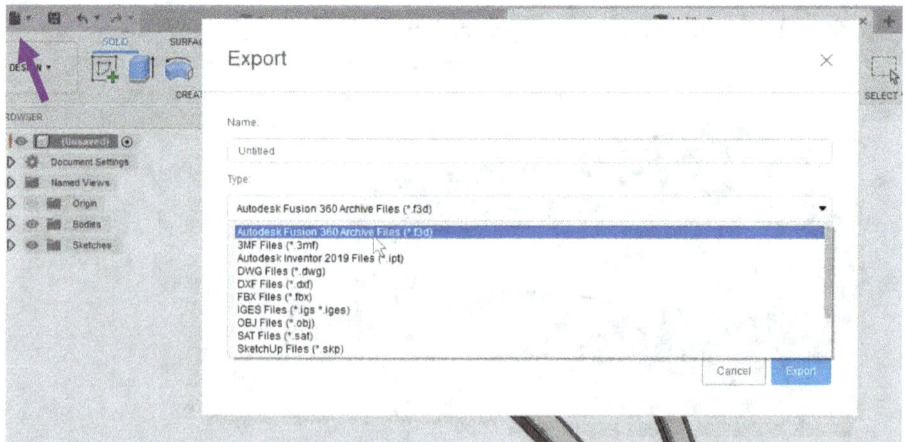

Figure 87: "Export" d'un fichier dans un format spécifique ; "File" (voir flèche) → "Export"

4.2 Projet de construction II : Tasse avec anse

Figure 88: Une tasse avec une anse comme prochain projet de conception

Avant de passer aux deux projets un peu plus excitants, nous aimerions ensuite construire une tasse comprenant une anse. Dans ce qui suit, prêtez attention à la combinaison ciblée des méthodes de construction additives et soustractives dans ce projet. Nous allons d'abord construire la forme de base, c'est-à-dire la tasse sans l'anse, puis nous ajouterons l'anse. Commencez par une géométrie de cercle sur une esquisse 2D, par exemple sur le plan x-y, dans un nouveau projet. Le diamètre du cercle peut être par exemple de 90 mm, le centre doit se trouver sur l'origine du système de coordonnées afin que le croquis soit entièrement défini. Passez ensuite à l'environnement 3D et créez un cylindre à partir de l'esquisse en utilisant la fonction "Extrude". Nous utiliserons ici une dimension de 80 mm.

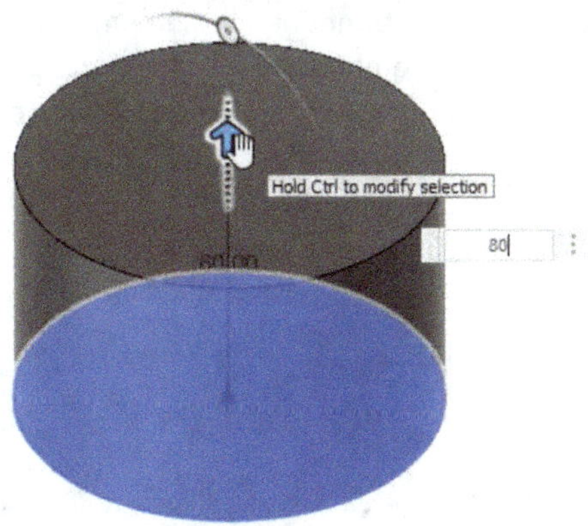

Figure 89: Extruder un cercle de 90 mm sur 80 mm pour la forme de base

Pour évider la tasse, nous utilisons la fonction "Shell" de la section "Modify". Nous choisissons ici une épaisseur de paroi de 5mm. Sélectionnez la surface supérieure, saisissez l'épaisseur du mur et le mur est prêt. Dans la rubrique "Direction" des options, nous pouvons spécifier dans quelle direction le mur doit aller, vers l'intérieur, l'extérieur ou symétriquement dans les deux directions. Par défaut, nous utilisons "inside" afin de ne pas modifier le diamètre extérieur.

Figure 90: Creuser le cylindre pour former une tasse ; épaisseur de la paroi 5 mm

À propos, dans la chronologie en bas, nous pouvons voir la progression de la construction avec les caractéristiques individuelles. Comme nous le voyons ici, nous avons commencé par une esquisse, nous avons poursuivi avec l'extrusion puis nous avons évidé. Lorsque nous sélectionnons un élément dans le modèle, nous voyons également une petite référence ombrée pour le retrouver dans la ligne de temps. Avec un clic droit sur une fonctionnalité, nous pouvons également la modifier avec "Edit Feature" si nous voulons changer quelque chose. Vous pouvez également trouver les croquis dans l'arborescence.

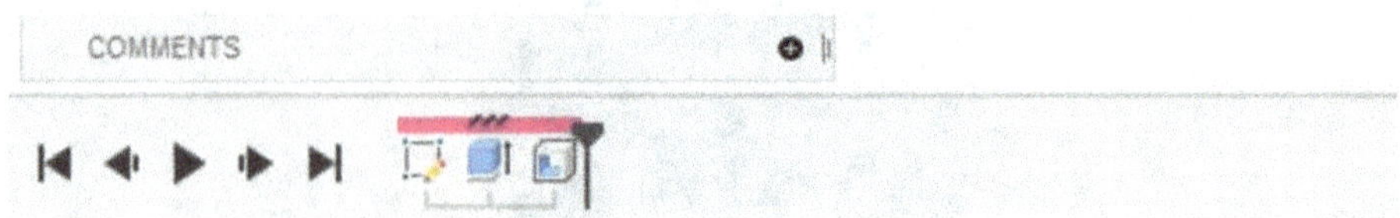

Figure 91: La chronologie de notre projet ; croquis de l'extrusion → coque/mur

Nous avons donc maintenant la forme de base de la tasse. Pour l'anse, nous avons d'abord besoin d'un plan parallèle au bord de la tasse, de sorte que l'anse se trouve un peu plus bas que le bord de la tasse. Dans le menu "Construct", nous sélectionnons "Offset Plane" et cliquons sur le bord de la tasse. Ensuite, nous déplaçons le plan vers le bas de 15 mm.

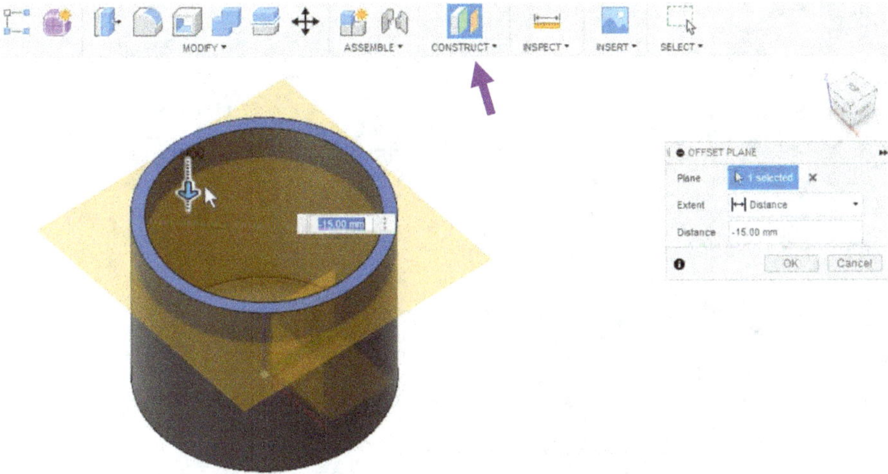

Figure 92: Création d'un plan parallèle 15 mm plus bas par rapport au rebord du gobelet

Créez ensuite une esquisse sur ce calque (cliquez avec le bouton droit de la souris sur créer une esquisse) et tracez une ligne verticale de 20 mm sur le calque précédemment créé. Cette ligne doit avoir une condition verticale. S'il n'existe pas déjà, il suffit de l'ajouter et de placer les deux points en coïncidence, c'est-à-dire congruents, sur le bord de la tasse.

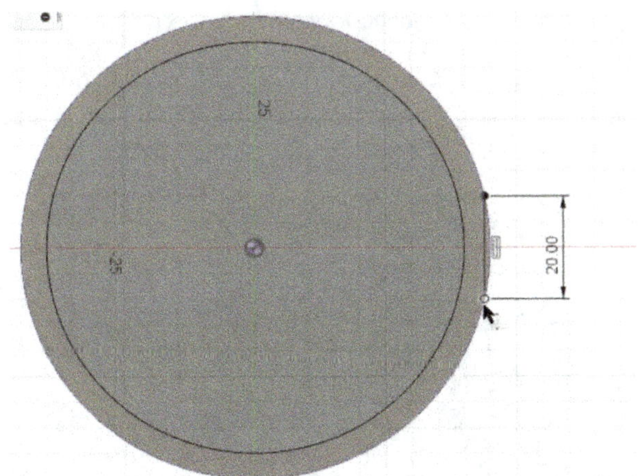

Figure 93: Tracez une ligne verticale de 20 mm sur le rebord de la tasse

Complétez le profilé avec deux lignes horizontales de 30 mm de long et une ligne verticale pour créer un rectangle. Vous pouvez également dessiner un rectangle tout de suite. Maintenant, vous pouvez peut-être déjà deviner la forme de la poignée. Dans ce cas, l'élément est ajouté à l'élément cylindrique de base, c'est-à-dire la tasse.

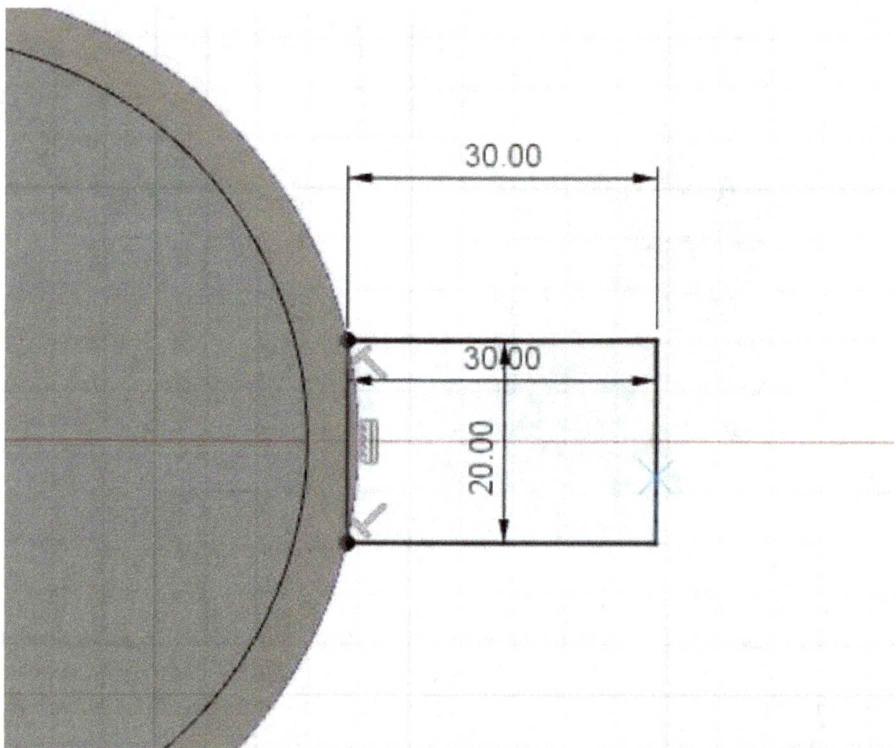

Figure 94: Compléter la forme de base de la tasse et la ligne verticale

En mode 3D, vous pouvez concevoir le profil de la poignée de manière tridimensionnelle avec "Extrude" vers le bas, c'est-à-dire à nouveau dans la direction de l'axe z négatif. Nous choisissons une dimension de -50 mm.

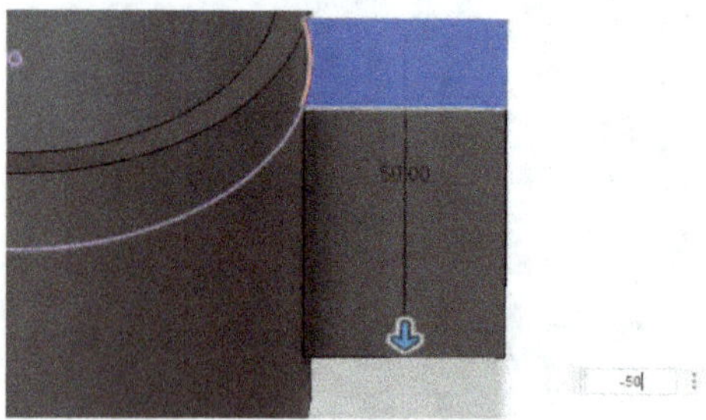

Figure 95: -50 mm d'extrusion de la poignée

Dans l'étape suivante, nous recommençons une esquisse et cette fois, nous sélectionnons la surface latérale de la poignée comme couche de dessin (clic droit sur Créer une couche d'esquisse). Tracez un rectangle de 20 mm de large et 40 mm de haut à partir d'un point central et ajoutez les dimensions 15 mm et 25 mm pour définir complètement la position x et y du rectangle.

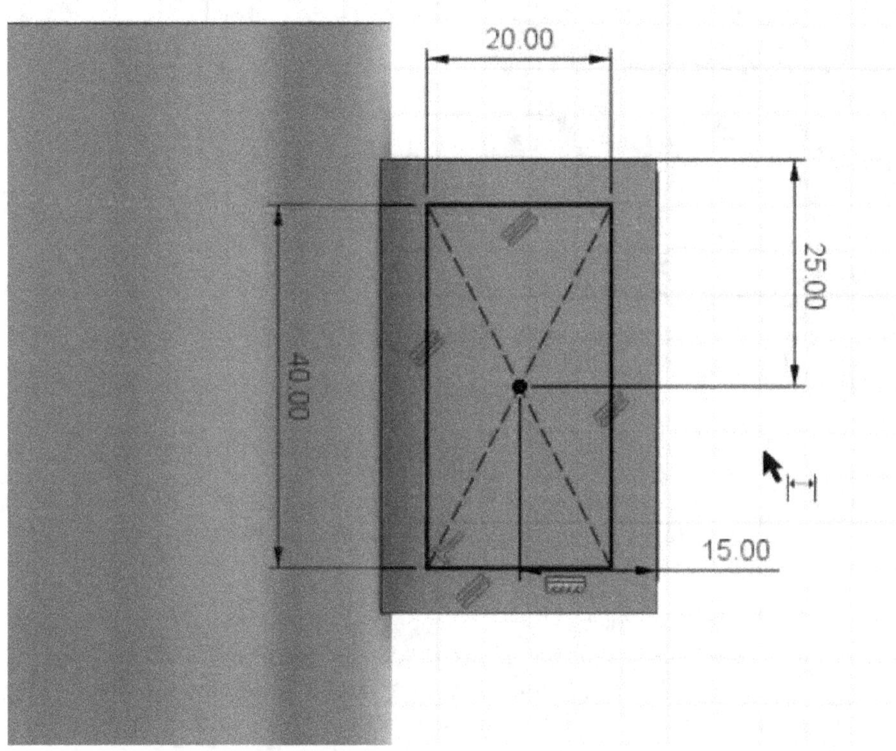

Figure 96: Esquisse de la découpe de la poignée sur la géométrie précédemment extrudée

Si vous ne savez pas pourquoi une esquisse n'est pas encore complètement définie, c'est-à-dire noire, vous pouvez simplement faire glisser la géométrie esquissée - sélectionnez d'abord "Select" - pour voir dans quelle direction les mouvements sont encore possibles.

Vous pouvez ensuite réaliser la découpe en mode 3D pour compléter la poignée. À propos, pour la découpe, nous aurions également pu esquisser sur le plan x-z de notre tasse au lieu de la surface latérale de l'anse. Nous aurions alors simplement sélectionné "Symmetric" pour "Direction" et enlevé du matériau de manière symétrique de l'intérieur vers l'extérieur. Comme souvent, il existe de nombreuses manières différentes.

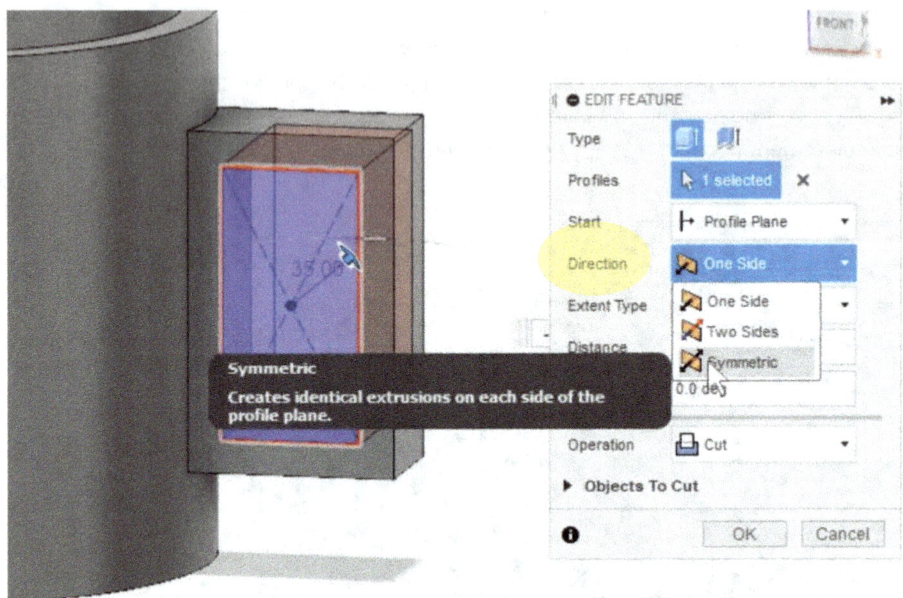

*Figure 97: Section symétrique ; si nous **avions** esquissé sur le plan x-z*

Enfin, nous arrondissons certains bords de l'anse et de la tasse. Vous êtes invités à l'essayer selon vos propres idées. Au fond, cela ne sert que le design ici et c'est une question de goût.

Comme avant-dernier projet de construction du chapitre suivant, nous allons construire l'avant d'un camion avec une cellule de passagers ou une cabine de conducteur. Cela sera un peu plus exigeant, mais ensemble, ce n'est pas un problème ! Nous allons à nouveau procéder étape par étape ! Continuez et s'il vous plaît, continuez, cela devient de plus en plus excitant !

4.3 Projet de construction III : Partie avant du camion/de la camionnette

Figure 98: Une partie avant de camion sera notre prochain projet de construction

Pour la partie avant du camion, nous commençons par un nouveau projet de construction ("Design"). Réfléchissons d'abord à la meilleure façon de construire le modèle. Nous avons besoin d'une section trapézoïdale pour le capot, d'un cuboïde pour la cabine proprement dite et de pièces complémentaires telles que les ailes, les phares, la grille de radiateur et le pare-chocs. Cela signifie que nous pourrions commencer par la section pour le capot, par exemple.

Pour ce faire, nous commençons une esquisse sur le plan x-z et dessinons un simple rectangle. Le point de départ doit être le centre et les dimensions doivent être de 140 mm en largeur et 90 mm en hauteur.

Ensuite, nous créons un plan parallèle au plan x-z avec une distance de 120 mm.

Sur ce plan, nous esquissons maintenant un autre rectangle qui sera un peu plus petit, 75 mm de large et 80 mm de haut pour être précis. La distance du point central doit être de 5 mm par rapport à l'origine des coordonnées afin que les deux bords inférieurs des rectangles soient congruents.

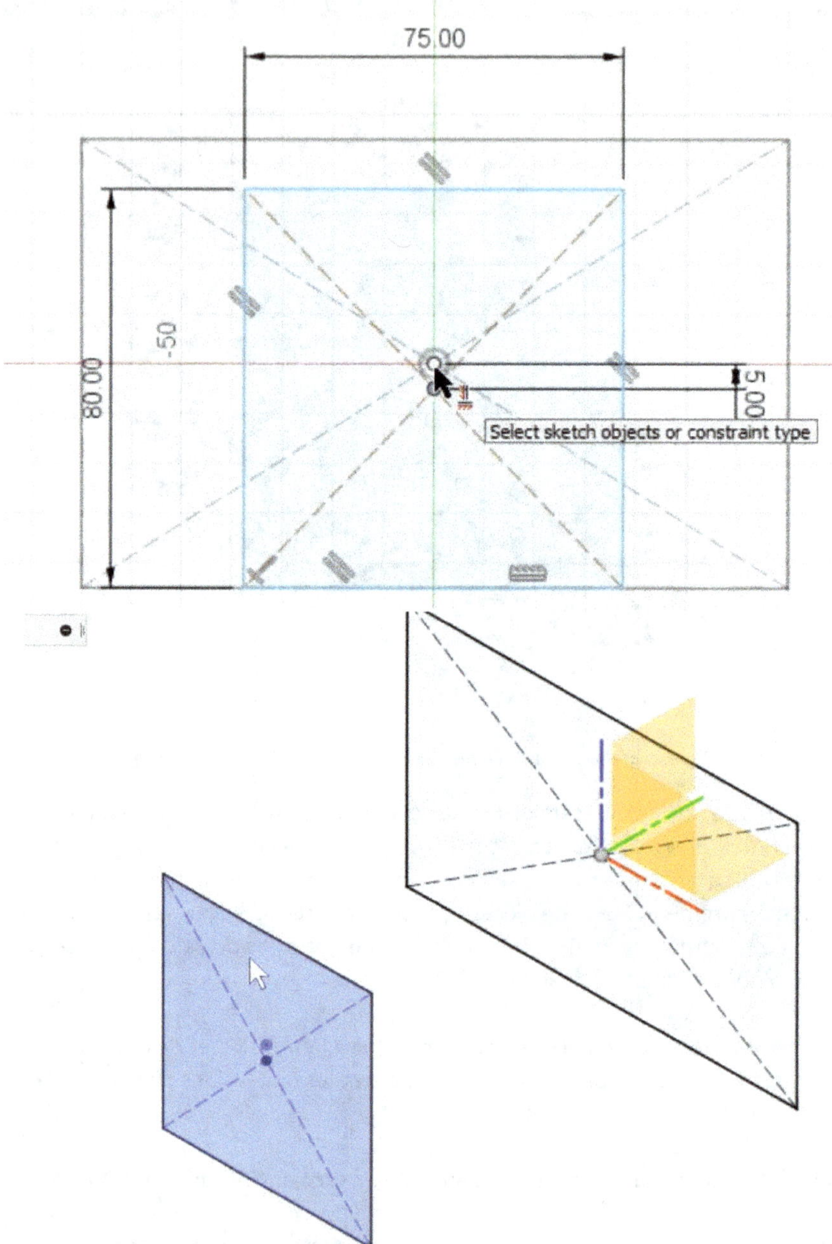

Figure 99: Le deuxième rectangle (75 x 80 mm) sur le plan décalé de 120 mm (photo du haut) et les deux rectangles terminés en mode 3D (photo du bas)

Avec la fonction "Loft", nous pouvons maintenant faire en sorte que les deux rectangles soient reliés en mode 3D pour former un solide.

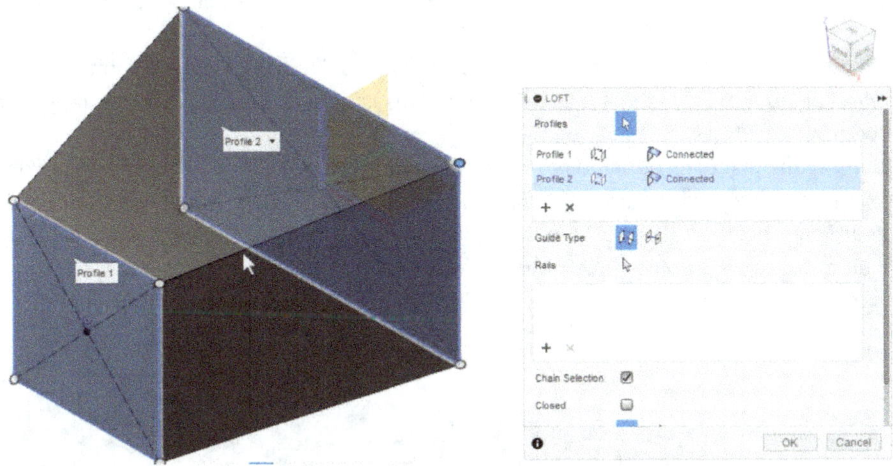

Figure 100: Utilisation de la fonction "Loft" pour créer un solide

Pour la cabine du conducteur, nous dessinons ensuite une nouvelle esquisse avec un rectangle de 140 mm de large et 170 mm de haut sur le plan arrière de ce solide.

Nous extrudons ensuite ce rectangle sur 120 mm. Maintenant, nous avons déjà les deux formes de base pour notre objet.

Figure 101: le corps de base de l'avant du camion

Pour les deux garde-boue ou passages de roue, nous dessinons une esquisse sur le plan y-z à l'étape suivante, car nous voulons les extruder symétriquement à partir du centre.

Après avoir commencé une esquisse, nous dessinons d'abord un arc à 3 points avec un rayon de 50 mm et une distance de 72 mm dans la direction horizontale par rapport à l'origine.
Nous avons placé les deux points restants en coïncidence avec l'angle gauche et une fois avec la ligne inférieure du compartiment moteur. Ensuite, nous avons besoin de deux lignes horizontales, de 2,5 mm de long chacune, qui partent des points d'angle, et d'un autre arc à 3 points, que nous plaçons concentriquement au premier arc et qui commence ou se termine au niveau des lignes de 2,5 mm de long.

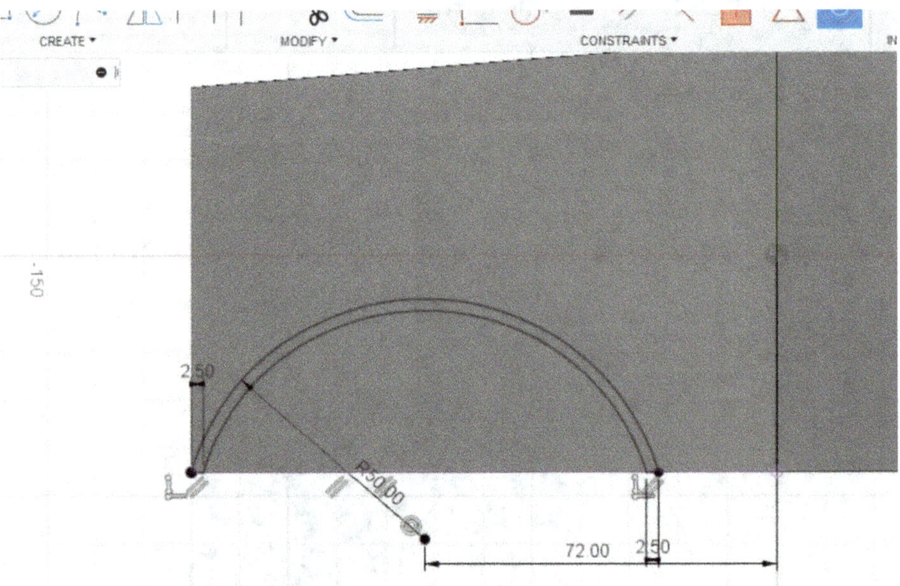

Figure 102: Le profil des deux passages de roue ; dessiné sur le plan y-z

Pour pouvoir extruder le profil en mode 3D, nous devons d'abord masquer le corps précédent, sinon nous ne pouvons pas sélectionner le profil car il se trouve à l'intérieur.

Figure 103: Masquer un corps : Cliquez sur le petit symbole de l'œil dans l'arbre de structure

Nous prenons une dimension de 70 mm avec une direction symétrique ou "Direction", "Symmetric". Si nous voulons créer un corps indépendant pour l'élément de volume, nous sélectionnons "New Body" pour "Operation", sinon simplement "Join", alors il est simplement fusionné avec le corps précédent. Dans ce cas, nous choisissons "Join", car ces ailes doivent toujours appartenir à notre corps de base.

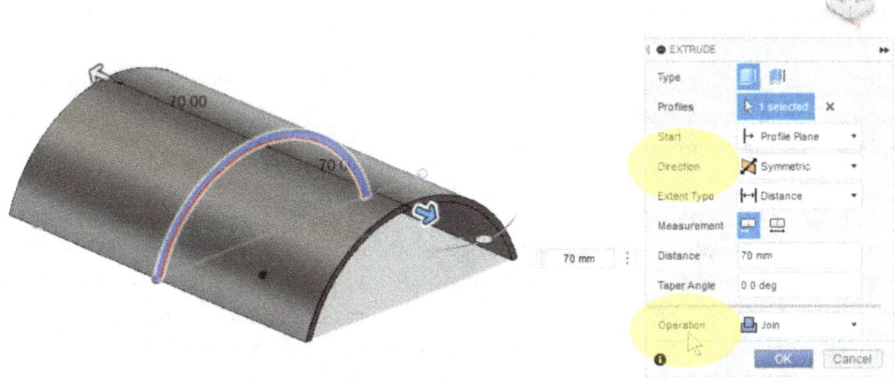

Figure 104: Extrusion symétrique de la surface 2D pour les passages de roue/les ailes.

Figure 105: L'état d'avancement de la construction jusqu'à présent, après que le corps ait été fondu à nouveau.

Dans ce chapitre, nous voulons seulement créer un nouveau corps pour chaque pièce rapportée telle que la calandre, les phares et le pare-chocs, mais aucun composant comme nous le ferions dans un assemblage normal. Nous avons déjà abordé brièvement la manière de traiter les composants et de les lier aux articulations dans un assemblage dans un chapitre précédent et nous en apprendrons davantage à ce sujet dans le chapitre suivant.

Notez que dans ce contexte, le corps et le composant sont des termes différents. Confus par les corps, les composants et les assemblages ? Faisons une courte digression sur le corps par rapport au composant :

La différence entre les corps et les composants est que chaque assemblage est constitué de composants individuels et que chaque composant est à son tour constitué de corps. Il s'agit donc d'une sorte de détail hiérarchique. Dans une voiture, par exemple, les pièces du châssis, les portes, les roues et toutes les autres pièces individuelles, jusqu'aux plus petites vis, sont des composants. Chacun de ces composants d'un ensemble principal peut, à son tour, être subdivisé en plusieurs corps, voire en solides. Mais ce n'est pas forcément le cas, vous pouvez aussi construire une pièce unique, c'est-à-dire un composant, à partir d'un seul corps, surtout s'il est conçu très simplement.

Dans ce cas, nous construisons notre modèle à partir d'un seul composant, mais puisque le composant est un peu plus complexe, à partir de plusieurs corps. Cela offre l'avantage, par exemple, de pouvoir délimiter clairement les différents corps et, par exemple, de les cacher ou de modifier légèrement l'apparence de certains corps. Nous le faisons également parce que nous ne travaillerons qu'avec des composants dans le prochain projet de conception.

Pour résumer brièvement en conclusion : Un corps est, pour ainsi dire, une démarcation plus détaillée au sein d'un composant, qui est à son tour une pièce unique d'un ensemble. Un corps est avant tout une partie d'une pièce ou d'un composant, alors qu'un composant peut être déplacé librement au sein de l'ensemble parent et est relié par des articulations au sein d'un ensemble. Ne vous inquiétez pas si vous ne le comprenez pas tout de suite, vous le comprendrez encore mieux pendant le cours grâce à la mise en œuvre pratique.

Retour à notre camion. Dans l'étape suivante, nous voulons évider notre solide, nous le faisons avec la commande "Shell", un clic sur la surface inférieure et la saisie d'une paroi de 5 mm.

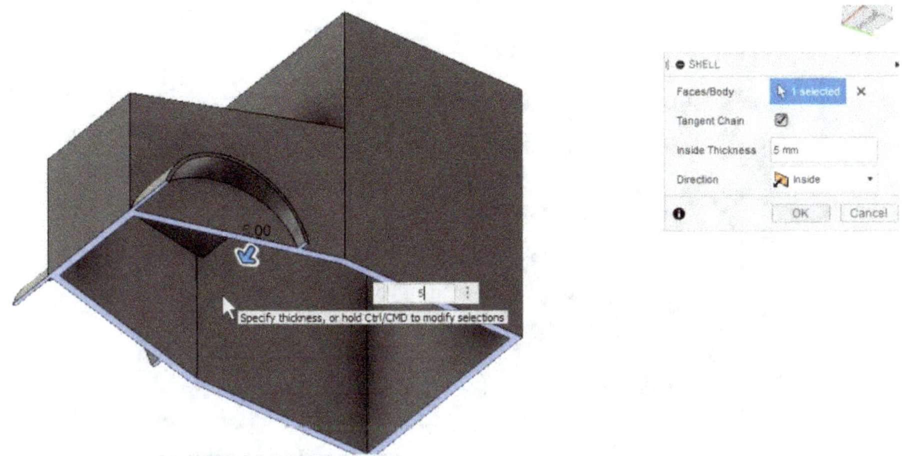

Figure 106: Appliquez la commande "Shell" à la surface inférieure (paroi de 5 mm)

Nous aimerions également retirer les surfaces à l'intérieur des passages de roue. D'une part, nous pourrions lancer une extrusion telle que nous la connaissons. D'autre part, nous pouvons simplement faire un clic droit sur l'élément de surface et le supprimer avec "Delete".

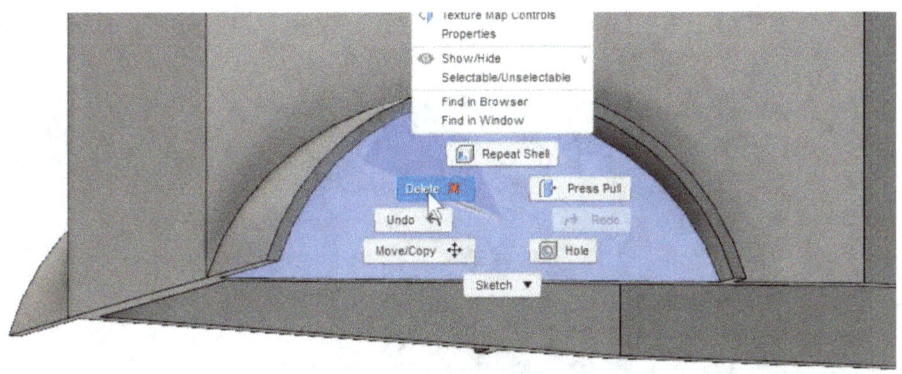

Figure 107: Supprimez les sections de surface superflues avec "Delete" (clic droit sur la surface)

Ensuite, nous nous occupons du pare-brise en deux parties. Nous voulons le construire à partir de deux simples rectangles. Prenez les dimensions du profil suivant.

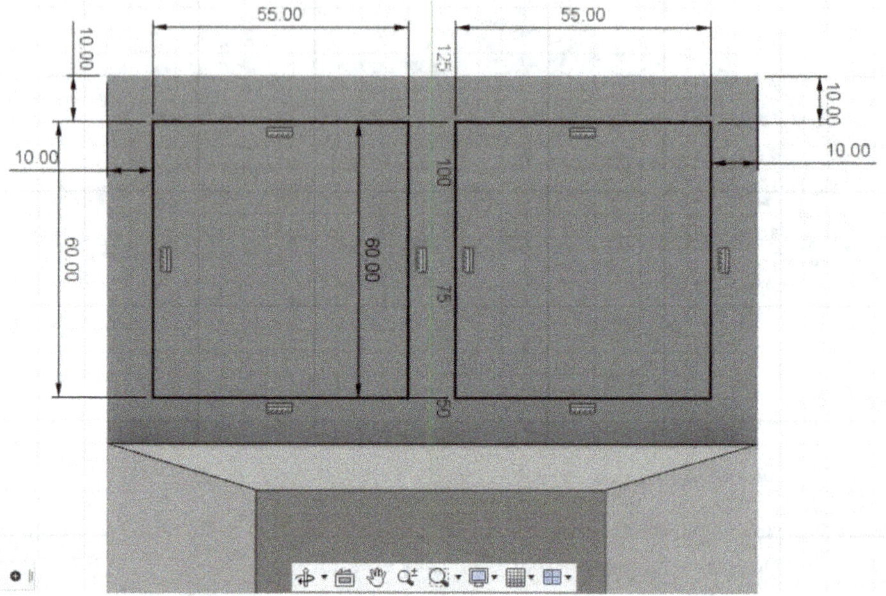

Figure 108: Les deux géométries rectangulaires pour la découpe du pare-brise

Terminez ensuite l'esquisse et découpez-la avec "Extrusion". Nous arrondissons les bords des fenêtres de 5 mm.

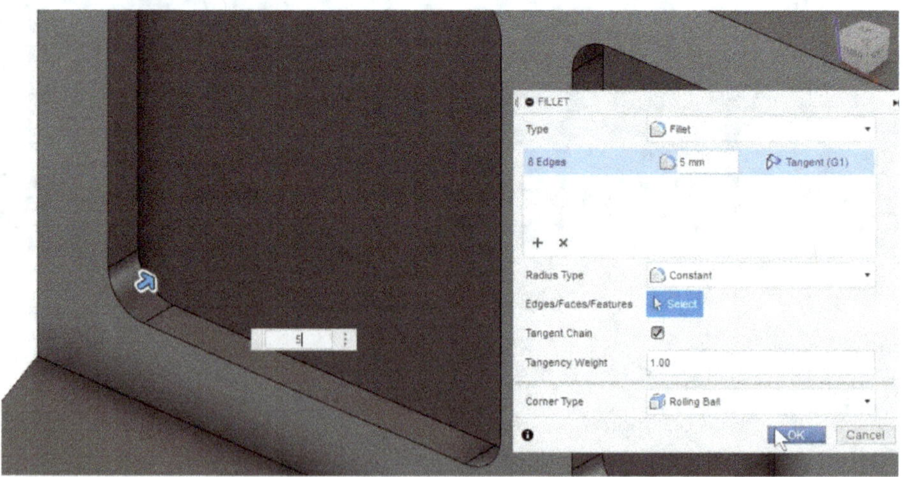

Figure 109: Les bords intérieurs des deux découpes sont arrondis avec 5 mm

Nous procédons de la même manière pour les fenêtres latérales. Pour cela, cependant, nous ne dessinons un rectangle que sur un côté et nous coupons simplement sur toute la largeur, puisque la cabine est de toute façon creuse. Les dimensions et la position du rectangle doivent être les suivantes :

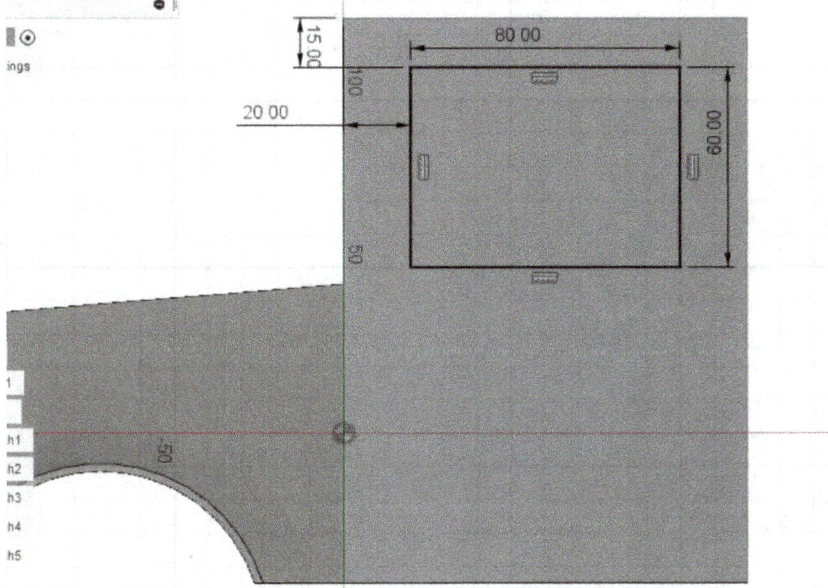

Figure 110: Les dimensions pour la découpe des deux fenêtres (extrusion à travers le corps complet)

Pour donner à notre modèle au moins l'apparence d'une porte, nous allons faire connaissance avec une nouvelle fonction, la commande "Emboss". Pour cette commande, nous avons d'abord besoin d'un croquis. Nous dessinons donc un rectangle pour embosser la porte sur la surface latérale de la cabine du conducteur. Le point de départ doit se trouver dans le coin inférieur gauche de la fenêtre et le rectangle doit avoir une hauteur de 90 mm et une largeur égale à celle de la fenêtre.

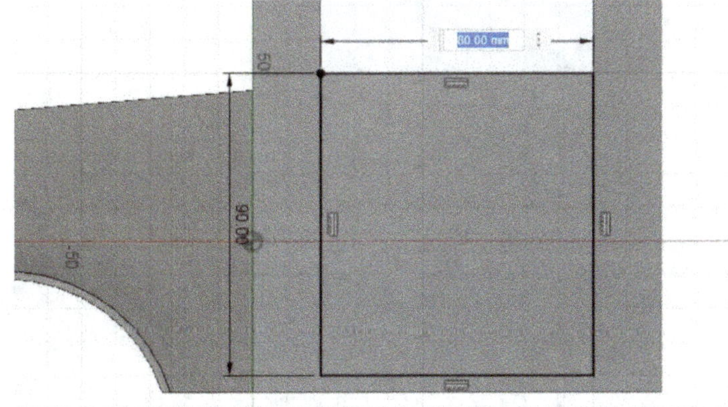

Figure 111: rectangle de 80 x 90 mm sur la surface latérale du camion pour la porte

Ensuite, nous sélectionnons la commande "Emboss" (menu : "Create") et le profil esquissé et sélectionnons "Deboss" comme effet, car nous ne voulons pas une élévation mais une dépression et entrons 1 mm comme profondeur.

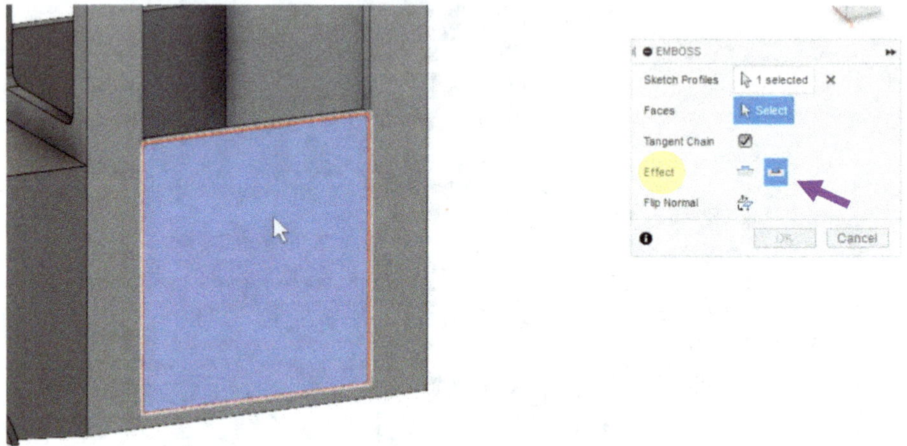

Figure 112: La commande "Emboss" avec l'option "Deboss".

Comme vous l'avez peut-être compris, cette étape aurait également été possible avec "Extrude".

Pour la poignée de la porte, nous dessinons maintenant un autre rectangle sur cette surface.
Cette fois, avec les dimensions suivantes :

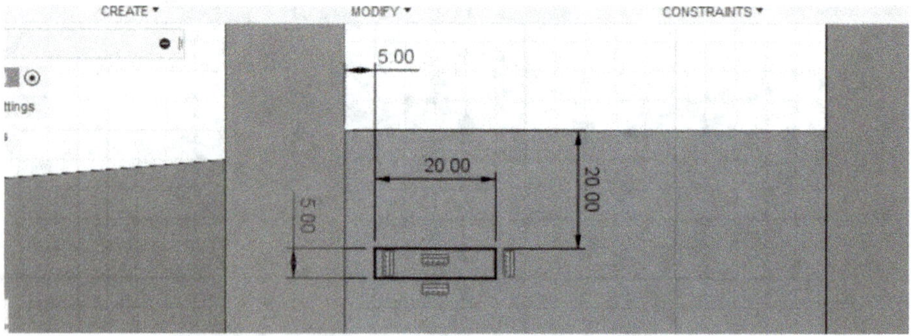

Figure 113: Le rectangle pour la poignée de porte

Ensuite, nous extrudons le profilé sur 5 mm et sélectionnons "New Body" dans Operation, car nous voulons créer un nouveau corps pour cela.

Figure 114: Extrudez la poignée de la porte sur 5 mm et créez un nouveau corps.

Pour nous faciliter la tâche, nous reflétons simplement ces deux caractéristiques de l'autre côté. Pour ce faire, nous sélectionnons la commande "Mirror" (menu : "Create") et dans ses options, nous choisissons d'abord "Type" : "Features". Nous sélectionnons ensuite simplement le gaufrage et la poignée de porte dans la ligne de temps (ci-dessous), puis nous changeons dans les options de miroir à l'élément : "Mirror Plane" et sélectionnons le plan y-z comme plan miroir.

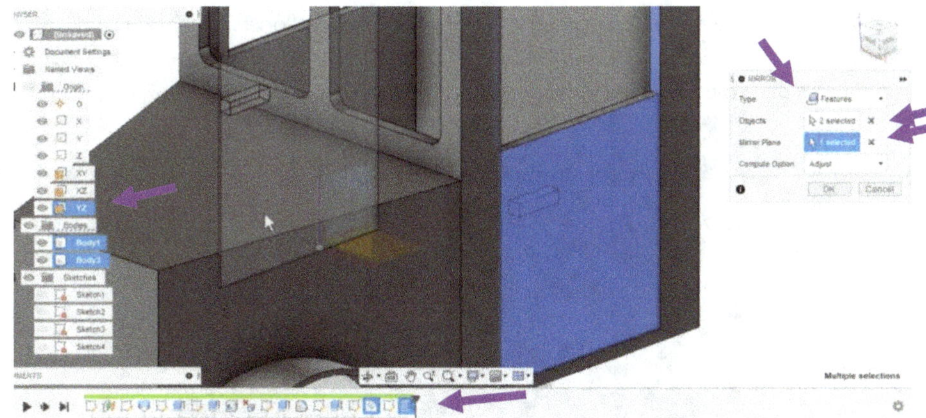

Figure 115: La commande "Mirror" (miroir) Sélectionnez d'abord les caractéristiques de la ligne de temps, puis le plan miroir.

La fonction Miroir permet généralement de gagner beaucoup de temps avec les pièces et les caractéristiques symétriques, soit dit en passant, également dans l'environnement d'esquisse 2D, alors essayez de l'utiliser aussi souvent que possible.

Continuez avec deux filets, un pour les deux poignées de porte avec 1,5 mm chacun et les deux bords supérieurs des fenêtres latérales avec 5 mm chacun.

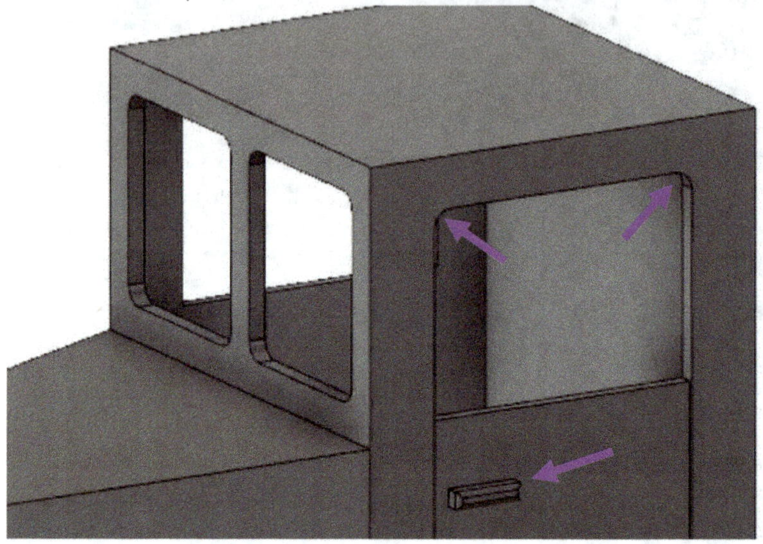

Figure 116: Ajout de filets (pour les poignées de porte, il suffit de sélectionner la surface supérieure)

Maintenant, nous dessinons le pare-chocs. Celle-ci doit se situer à l'avant avec les dimensions 140 mm et 15 mm. Pour ce faire, nous utilisons à nouveau la dépendance colinéaire pour la ligne horizontale supérieure, que nous relions à l'avant du camion, et par exemple la ligne verticale gauche, que nous relions au côté du camion, afin de définir complètement l'esquisse.

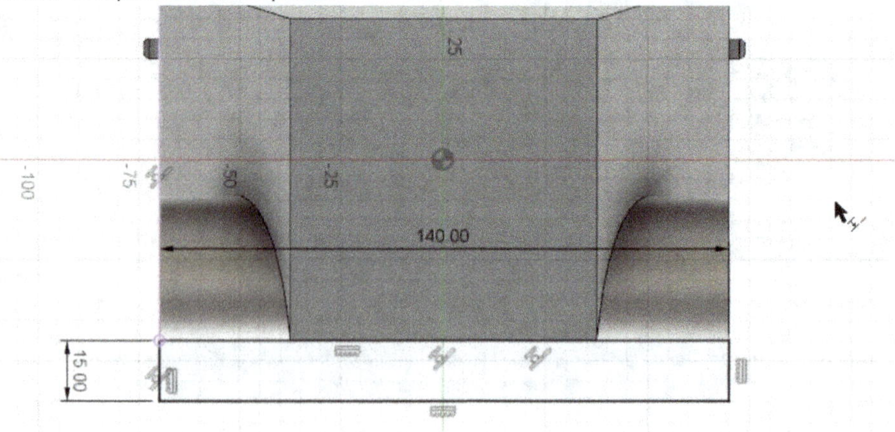

Figure 117: L'esquisse 2D pour le pare-chocs à l'avant du camion (il suffit de créer l'esquisse à l'avant)

Ensuite, nous pouvons extruder le profilé sur 8 mm, nous créons à nouveau un nouveau corps ("New Body") pour celui-ci, et nous l'arrondissons sur 4 mm.

Figure 118: Pare-chocs terminé (il suffit de sélectionner la surface supérieure pour l'arrondir)

Pour les phares, nous dessinons d'abord l'un des deux requis, sur la surface avant, puis nous le reflétons à nouveau. Le profilé doit avoir les dimensions suivantes, par exemple:

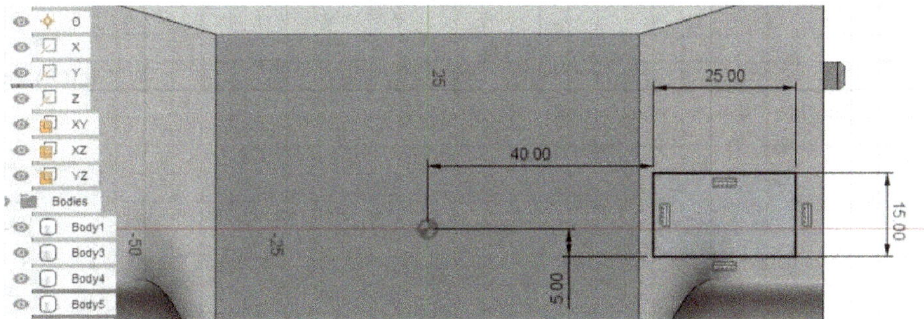

Figure 119: L'esquisse d'un des deux phares (esquisse sur la face avant du camion)

Nous l'extrudons ensuite avec 10 mm. En outre, nous dessinons une autre découpe de 2 mm avec une distance de 2 mm par rapport au corps du phare (dessinez un rectangle avec une distance de 2 mm par rapport au bord du phare dans un croquis) pour améliorer un peu le design.

Figure 120: Pour la découpe, dessinez un rectangle à 2 mm de distance du bord sur la surface du spot et extrudez-le de 2 mm vers l'intérieur ("Cut").

Et une jambe de force de connexion pour suggérer un peu plus de stabilité. Pour cette jambe de force, nous avons besoin d'une géométrie circulaire sur la surface latérale avant du camion avec un diamètre de 6 mm à une distance de 83 mm et horizontale par rapport à l'origine.

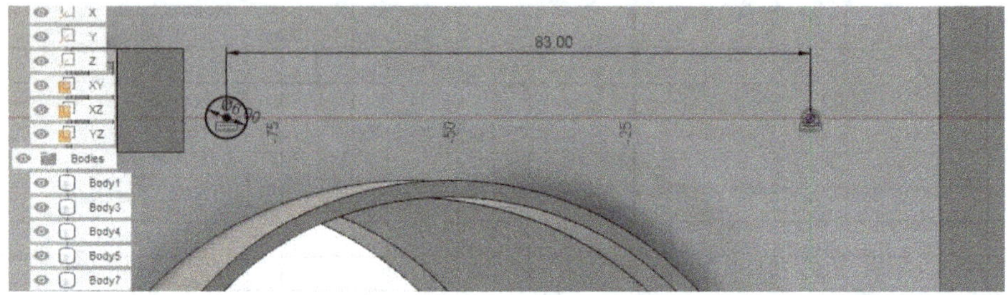

Figure 121: Créez une géométrie circulaire sur la surface latérale avant du camion (cliquez avec le bouton droit de la souris sur la surface → Créer une esquisse)

En outre, une autre géométrie circulaire à l'arrière du phare, également de 6 mm de diamètre, que nous avons simplement dimensionnée à partir des bords supérieurs et latéraux à 8 mm et 12 mm.

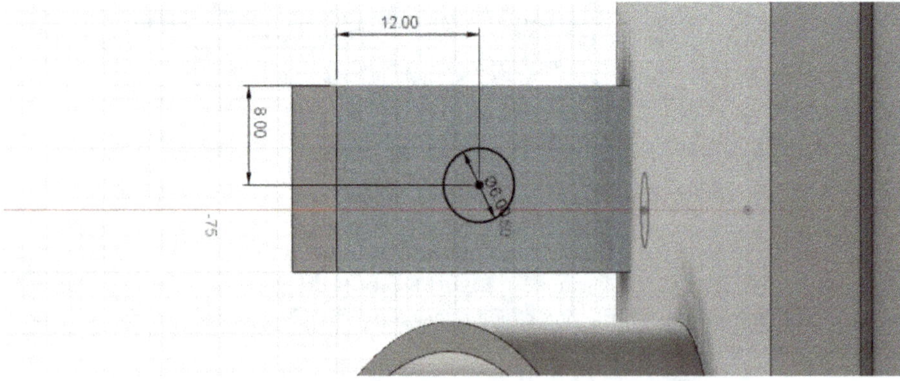

Figure 122: La deuxième géométrie de cercle à l'arrière du projecteur

Ensuite, nous utilisons la commande "Loft" et connectons les deux surfaces circulaires pour former une entretoise de connexion tridimensionnelle.

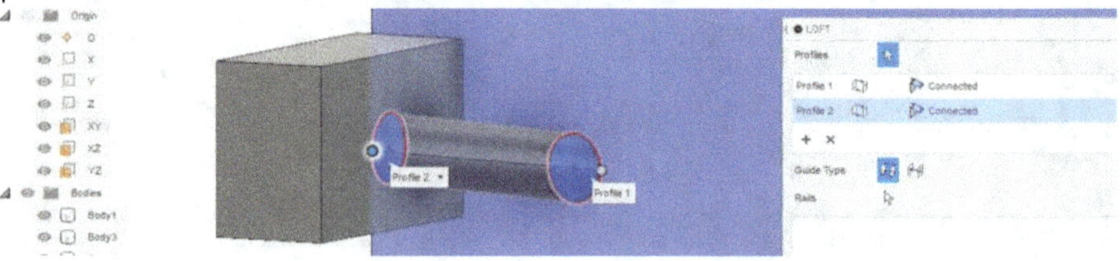

Figure 123: Commande "Loft" du menu "Create"

Maintenant, nous pouvons inverser le phare et la jambe de force de l'autre côté.

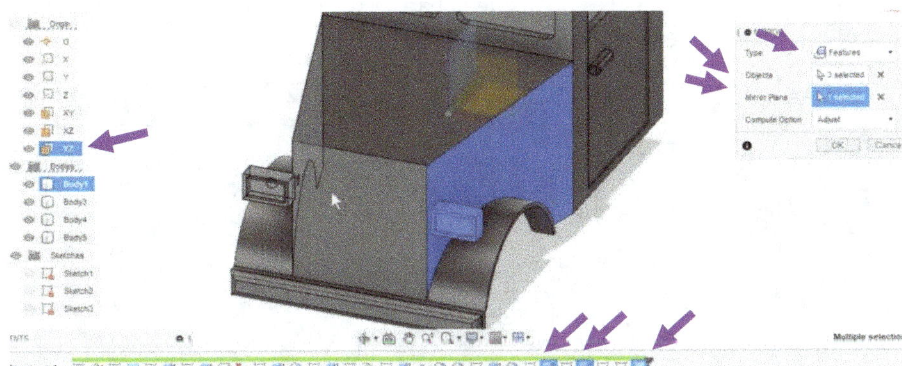

Figure 124: Mise en miroir : Sélectionnez les caractéristiques à "Type" dans les options (en haut à droite), puis passez à "Objects" et sélectionnez les caractéristiques dans la ligne de temps (en bas), enfin passez à "Mirror Plane" dans les options (en haut à droite) et sélectionnez le plan y-z dans l'arbre de structure. C'est fait !

Comme dernier détail de l'avant de notre camion, nous aimerions dessiner une grille de radiateur. Pour ce faire, nous commençons d'abord une nouvelle esquisse sur la surface avant. Ensuite, nous dessinons d'abord un rectangle d'une largeur de 75 mm et d'une hauteur de 80 mm. La ligne latérale et la ligne supérieure doivent être colinéaires aux lignes de la surface frontale. A l'étape suivante, un autre rectangle, avec une distance de 4 mm par rapport au bord du premier rectangle, qui borde nos découpes de glacières.

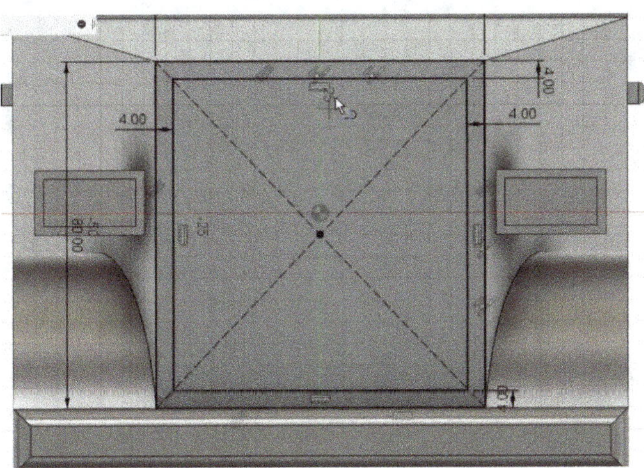

Figure 125: Dessinez les deux rectangles sur la surface frontale - l'un d'eux est congruent et l'autre a une distance de 4 mm du bord.

Ensuite, nous traçons une ligne verticale congruente à la ligne centrale. Ensuite, à une distance de 1 mm de la ligne centrale, nous traçons une ligne à gauche et une ligne à droite de la ligne centrale. Les points de départ et d'arrivée doivent se trouver sur le deuxième rectangle dessiné.

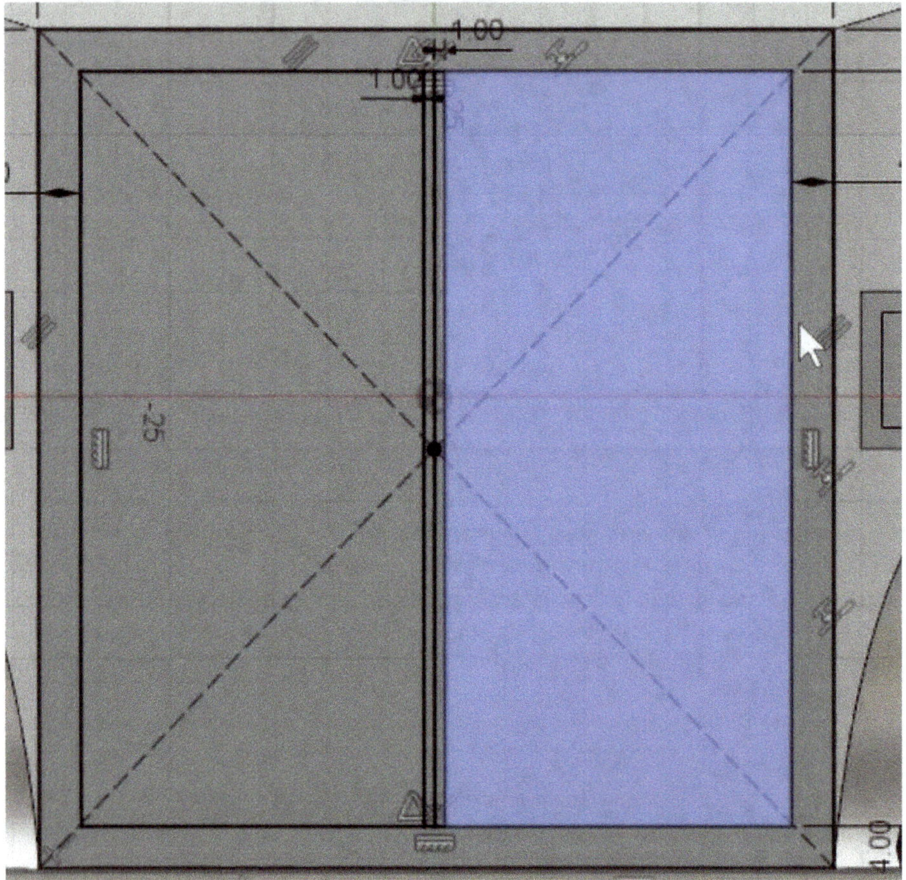

Figure 126: La ligne centrale et une ligne à gauche et à droite de celle-ci, chacune espacée de 1 mm

Maintenant, nous devrions dessiner un grand nombre de ces lignes, car nous voulons extruder chaque deuxième espace d'entre elles pour obtenir la forme de la grille de radiateur.

Pour nous faciliter la vie, nous utilisons une nouvelle commande, la commande "Pattern", ou aussi "Rectangular Pattern", dans ce cas.

Pour ce faire, nous sélectionnons les éléments de la ligne verticale, saisissons une distance de 1 mm entre les éléments.

Ensuite, nous sélectionnons pour "Distance Type" : "Spacing" et pour "Direction Type" pour l'axe des x : "Symmetric", car nous voulons les deux directions x, et augmentons le nombre à 65. Tada, le programme fait le travail pour nous.

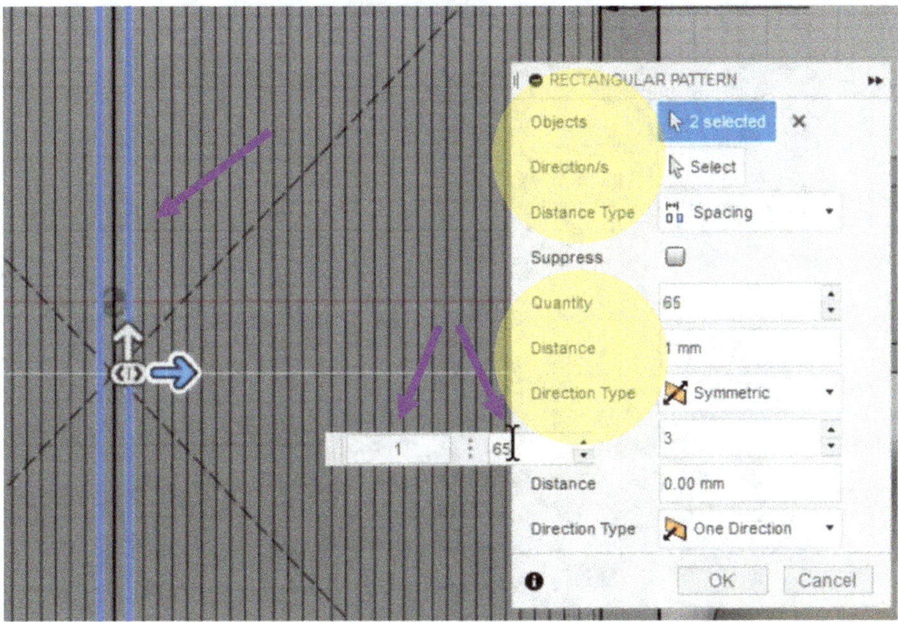

Figure 127: Commande "Rectangular Pattern" (Sur cette image, les lignes noires souhaitées ont déjà été créées par le programme)

Pour créer le corps solide de la calandre, nous extrudons maintenant la zone entre les deux grands rectangles et un rectangle long et étroit sur deux de 2 mm vers l'extérieur pour créer le corps suivant :

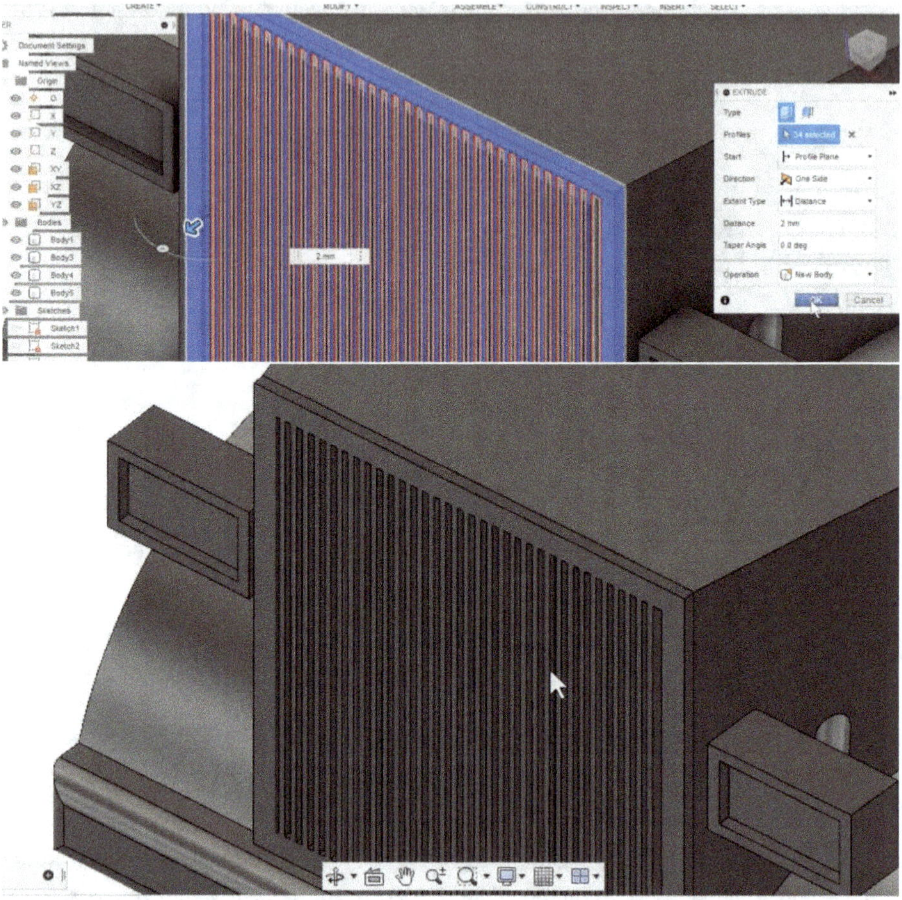

Figure 128: Extrusion de la grille de radiateur

Très bien ! Après avoir arrondi les surfaces de la cabine du conducteur de 2 mm chacune, nous jetons un coup d'œil rapide aux corps individuels et nous avons terminé cette leçon ! Super, si vous avez tenu bon !

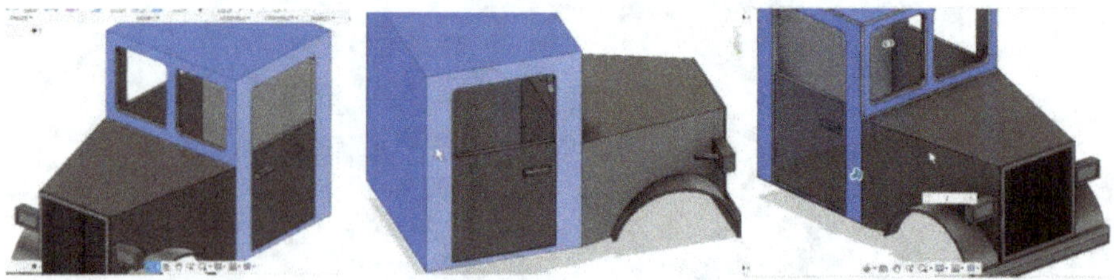

Figure 129: Arrondi des surfaces pour la cabine du conducteur (surfaces bleu clair et rayon de 2 mm)

Comme nous pouvons le constater, nous avons maintenant créé plusieurs corps dans le dossier "Bodies" de l'arborescence. Plus précisément, un pour chacune des poignées de porte, la cabine du conducteur, les phares, les jambes de force, le pare-chocs et la grille de radiateur. Nous pouvons maintenant cacher/afficher ces corps comme nous le souhaitons ou changer le matériau ou l'apparence par corps avec un clic droit.

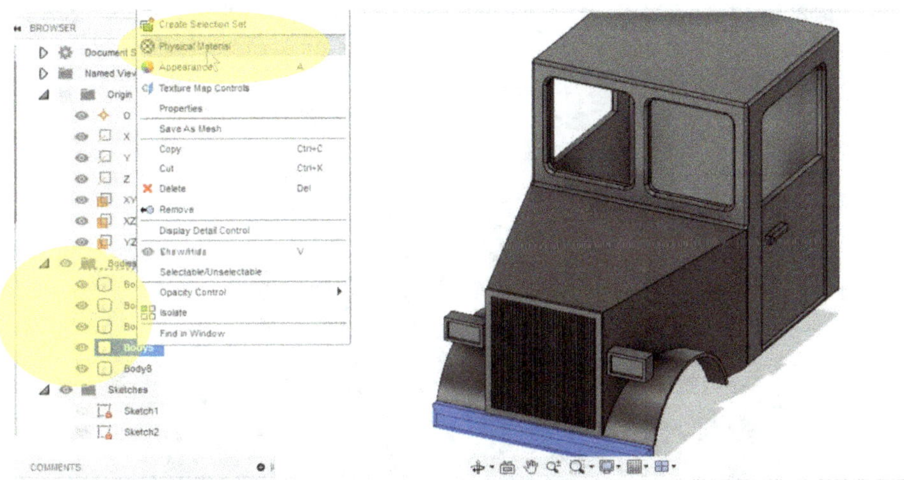

Figure 130: Modification du matériau d'un corps (cliquez avec le bouton droit de la souris sur le corps et sélectionner "Physical Material". Dans le menu, il suffit de "glisser" un matériau sur le corps en appuyant sur le bouton de la souris).

Si nous voulons, nous pouvons imprimer le modèle tel quel avec une imprimante 3D. Si l'impression 3D vous intéresse, jetez un coup d'œil au livre "L'impression 3D | un guide étape par étape ".

Si vous préférez construire le pare-chocs, la grille de radiateur et les phares en tant que composants indépendants et les assembler ensuite dans le montage, vous devriez d'abord jeter un coup d'œil à la leçon suivante. Dans cette leçon, nous allons examiner pas à pas et en détail comment fonctionne la manipulation des composants dans un assemblage. Nous allons construire un modèle simplifié d'un moteur à combustion interne à 4 cylindres. Ça va être plutôt cool ! Commençons tout de suite !

4.4 Projet de conception IV : modèle de moteur de voiture à 4 cylindres

Dans ce chapitre, comme annoncé, nous voulons construire un modèle simplifié d'un moteur à 4 cylindres. Nous voulons d'abord construire ce modèle à partir de plusieurs composants principaux, comme dans la réalité, mais nous négligerons ensuite certains détails pour que la construction ne devienne pas trop complexe. Il nous faut un carter, quatre pistons, quatre bielles, quatre axes de piston et un vilebrequin. Dans ce cours, nous nous passerons du carter d'huile et de la culasse avec cache-soupape.

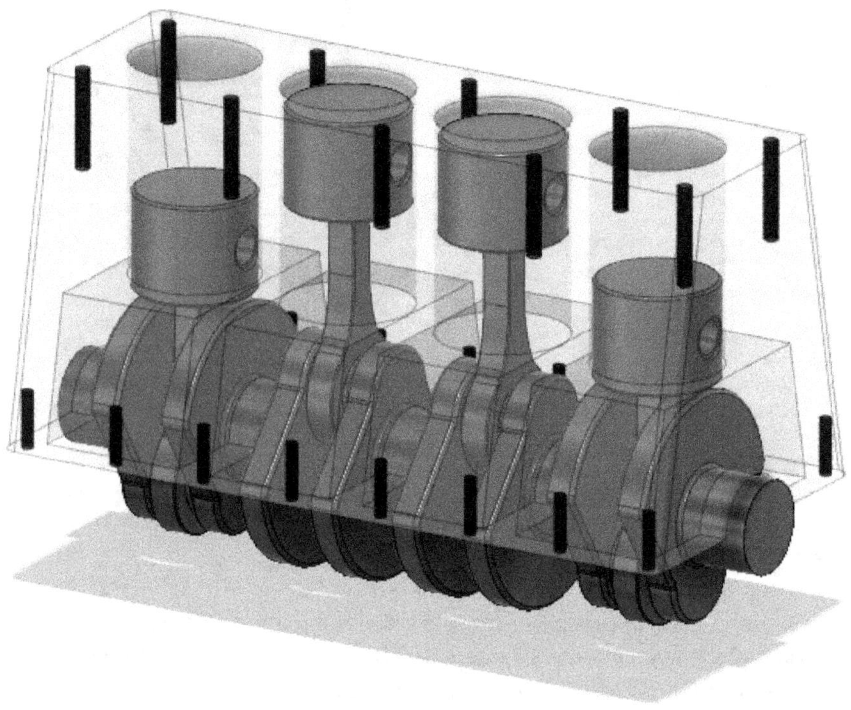

Figure 131: Le modèle du moteur à 4 cylindres que nous allons construire dans ce chapitre

4.4.1 Partie 1 : carter moteur

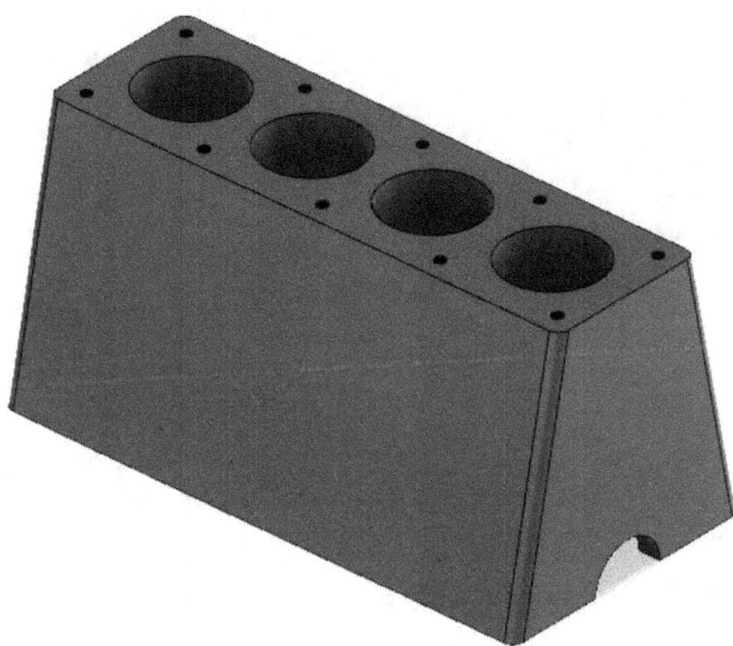

Figure 132: Le carter du moteur à 4 cylindres

Le premier composant que nous construisons est le carter, car il crée un point de départ central. Pour ce faire, nous commençons sur le plan x-y par une esquisse.

Pour créer la forme du carter en tant que corps de base, nous traçons d'abord un rectangle à partir du point central (origine des coordonnées sur le plan) et pouvons immédiatement entrer 500 mm comme largeur et 150 mm comme hauteur comme dimensions. Comme nous pouvons le voir, le profil esquissé devient noir après avoir entré les dimensions, c'est-à-dire qu'il est complètement défini.

Ensuite, nous terminons l'esquisse et créons un plan parallèle au plan x-y en mode 3D avec une distance de -250 mm, comme nous l'avons déjà appris dans l'une des leçons précédentes.

Sur ce plan, nous dessinons ensuite un rectangle de largeur identique, c'est-à-dire 500 mm, et de hauteur égale à 250 mm (le point de départ est à nouveau le centre de coordonnées).

Après avoir fermé l'esquisse, nous utilisons la commande "Loft" pour créer un solide trapézoïdal.

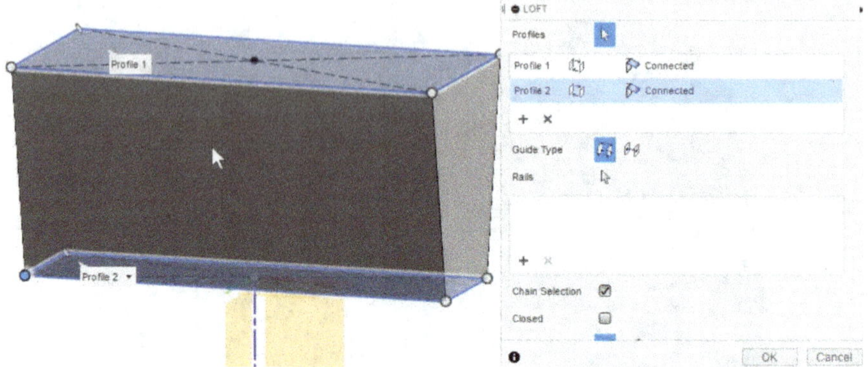

Figure 133: Relier les deux esquisses sur les niveaux avec la commande "Loft"

Nous nous occupons maintenant des trous pour les pistons, c'est-à-dire les cylindres. Nous pouvons les insérer de deux façons, soit avec la fonction "Hole", soit comme une découpe circulaire avec "Extrude".

Comme les trous doivent traverser complètement le cuboïde, nous utilisons simplement la découpe dans ce cas. Pour ce faire, nous commençons une esquisse sur la surface supérieure.

Nous aimerions créer des cylindres d'un diamètre de 90 mm et construire un moteur à 4 cylindres. Nous avons donc besoin des dimensions et géométries suivantes :

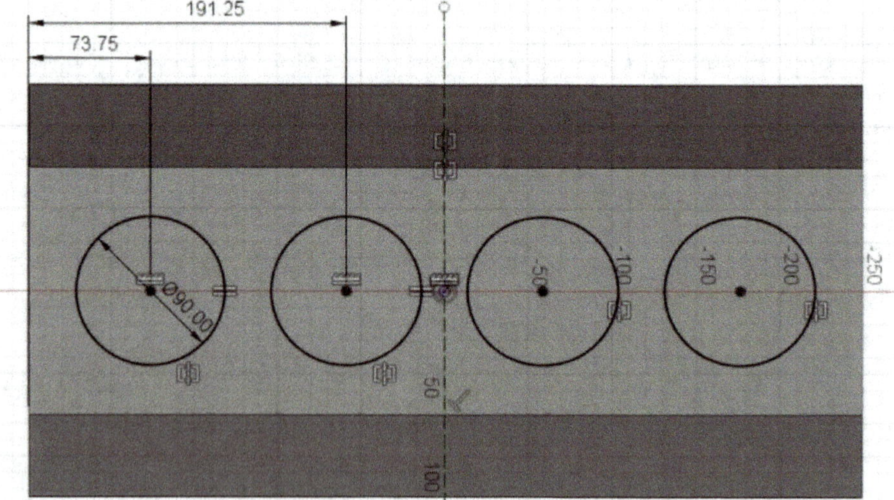

Figure 134: Les cercles pour les découpes des cylindres ; esquissés sur la surface supérieure

Quelle est la façon la plus simple de dessiner ces cercles ? Tout d'abord, nous traçons un cercle d'un diamètre de 90 mm et déterminons sa position dans la direction de l'axe x avec une dimension de 73,75 mm du centre au bord. Pour définir complètement la position du cercle, nous avons besoin non seulement du diamètre et d'une dimension par rapport à un point fixe dans la direction x, mais aussi d'une position dans la direction y. Comme le centre du cercle doit se trouver sur l'axe des x, nous utilisons une condition au lieu d'une dimension. Sélectionnez le centre du cercle et l'origine, puis sélectionnez la condition horizontalement. Ensuite, le profil est noir et donc complètement défini.

Pour le deuxième cercle, nous utilisons à nouveau les conditions. Tout d'abord, il suffit de dessiner un cercle, puis de définir la condition "Equal", afin que le cercle obtienne la même dimension sans autre dimensionnement (sélectionnez la condition et les deux cercles). Puis de nouveau la condition "horizontal" pour la position y du cercle. Et une dimension en x, pour la position x dans le système de coordonnées. Dans ce cas, 191,25 mm, pour créer une distance égale de 117,5 mm entre les cylindres.

Puisque notre géométrie des quatre cercles est axisymétrique autour de l'axe des y, nous pouvons maintenant créer les deux autres cercles très rapidement et facilement avec la commande "Mirror". Pour la commande, nous devons d'abord créer un axe autour duquel nous voulons faire un miroir, car l'axe des y n'est pas sélectionnable dans ce cas. Pour ce faire, nous traçons une ligne congruente à l'axe des y et la relions à une coïncidence sur l'origine.
Nous convertissons ensuite cette ligne en une ligne de construction ou auxiliaire en faisant un clic droit et en sélectionnant "Normal/Construction". Cela peut être reconnu par le type de ligne en pointillés.

Nous ne définirons pas complètement les lignes de construction, car elles ne sont pas nécessairement pertinentes. Nous avons seulement besoin d'une position définie dans la direction x, nous l'avons déjà.

Sélectionnez ensuite la commande "Mirror" dans le menu "Create" et sélectionnez les deux cercles, passez la sélection dans les options sur "Mirror Line" et sélectionnez ensuite la ligne de construction qui vient d'être créée. Voila, les deux autres cercles sont créés et déjà entièrement définis.

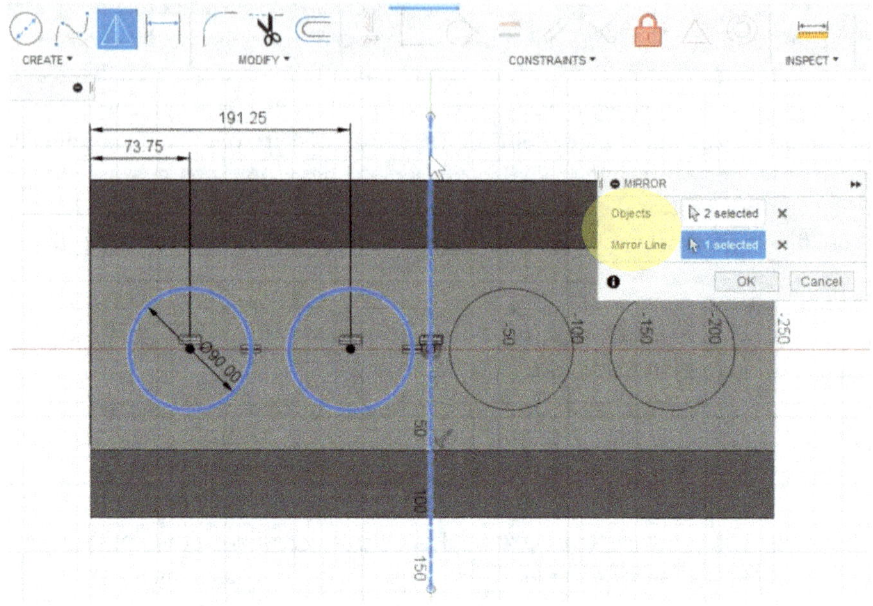

Figure 135: Sélectionnez "Mirror" ; sélectionnez les objets ; passez à "Mirror Line" (dans les options à droite) et sélectionnez ensuite la ligne de construction ; des cercles en miroir sont créés.

Nous fermons l'esquisse 2D et créons les sections avec "Extrude" en sélectionnant les quatre zones circulaires. Dans les options, nous pouvons sélectionner "To Object" pour "Extent Type", puis sélectionner la surface jusqu'à laquelle les découpes doivent être réalisées. Dans notre cas, nous sélectionnons la surface du sol. À propos, "Cut" doit être saisi sous "Operation".

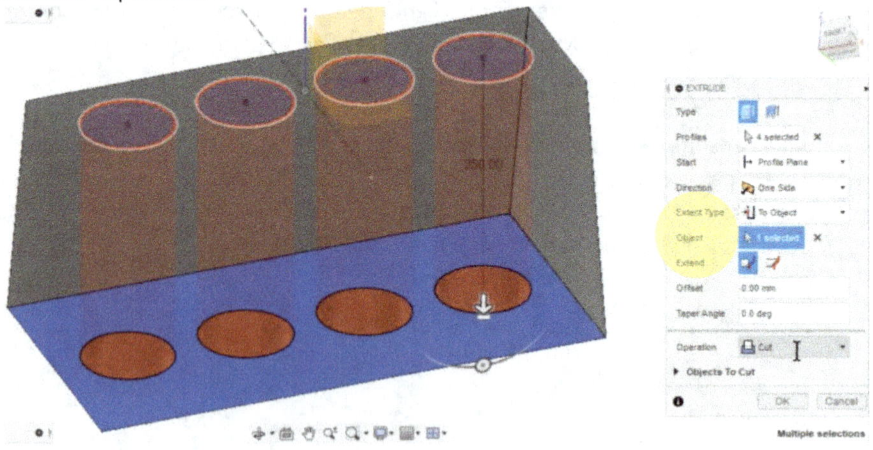

Figure 136: Découpe jusqu'à la surface du sol ("To Object")

D'ailleurs, nous aurions pu intégrer ces zones circulaires dès la première esquisse et ainsi nous épargner une étape.

Nous travaillons ensuite sur la partie inférieure du carter, dans laquelle le vilebrequin trouvera plus tard sa place. Pour ce faire, nous créons une découpe trapézoïdale qui s'étend symétriquement à partir du centre du boîtier (croquis sur le plan y-z).

Tout d'abord, nous traçons une ligne de base et la plaçons colinéaire avec le fond du carter. La longueur est sans importance pour l'instant.

Ensuite, nous dessinons le trapèze comme indiqué et dimensionnons la hauteur avec 100 mm.

Dimensionnez ensuite les points d'angle inférieurs à 25 mm du mur.

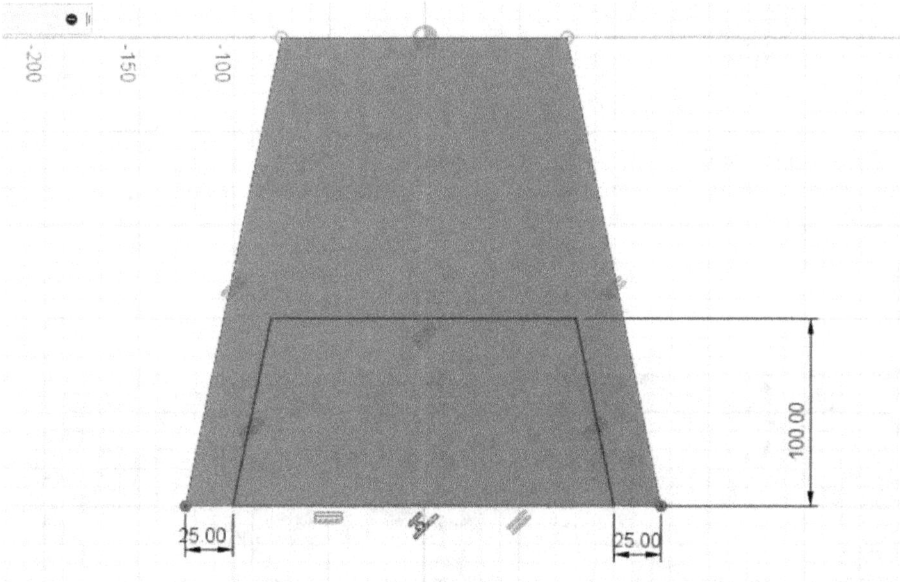

Figure 137: Le trapèze sur le plan y-z

Pour pouvoir sélectionner la surface en mode 3D, nous cachons brièvement le corps. En mode 3D, utilisez à nouveau la commande "Extrude" et sélectionnez la surface. Puis montrez à nouveau le corps. Ensuite, nous sélectionnons l'option "Symmetric" pour "Direction" et l'option "Cut" pour "Operation".

Nous entrons également une dimension de 230 mm, car nous avons une longueur de 500 mm et voulons laisser une épaisseur de paroi de 25 mm pour chacun. Le calcul est le suivant : 225 mm x 2 = 450 + 2x 25 fait 500 mm. Confirmez et vous avez terminé.

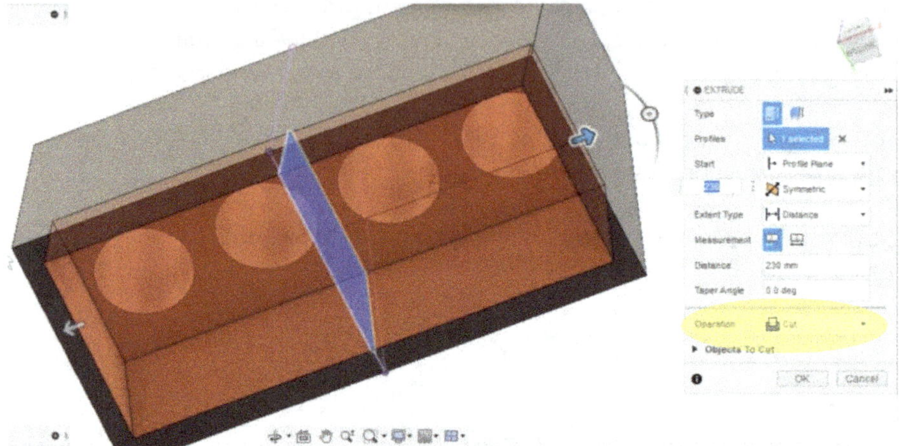

Figure 138: Réalisation de la découpe dans la partie inférieure du carter.

Nous devons maintenant ajouter à nouveau du matériel pour les supports du vilebrequin. Nous dessinons les trois profils rectangulaires suivants sur la surface inférieure du boîtier :

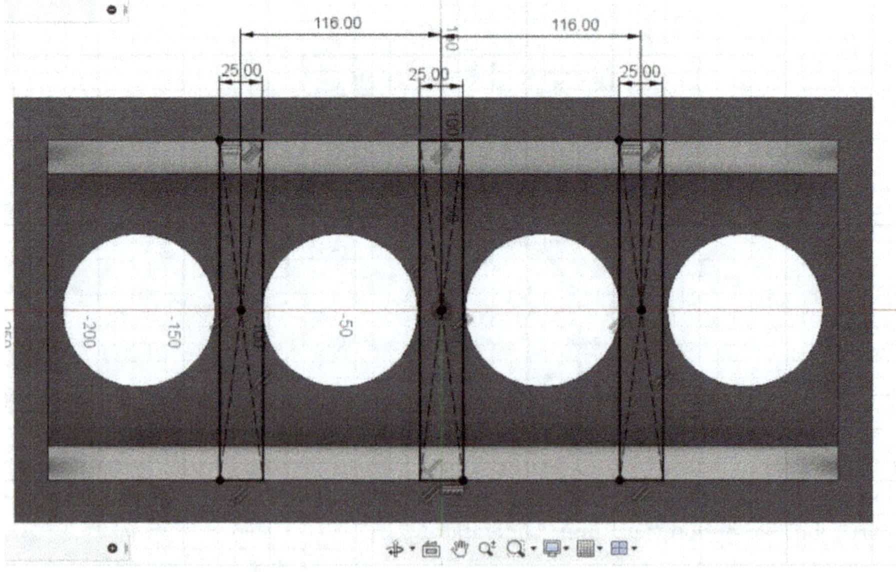

Figure 139: Les trois profils rectangulaires ; début de l'esquisse sur le bord inférieur du boîtier

Nous extrudons ensuite ceci en mode 3D en sélectionnant "To Object" dans "Extent Type", ainsi que "Join" dans "Operation", dans les options d'extrusion. De cette façon, nous pouvons sélectionner la surface inférieure du cylindre et y extruder les trois barres.

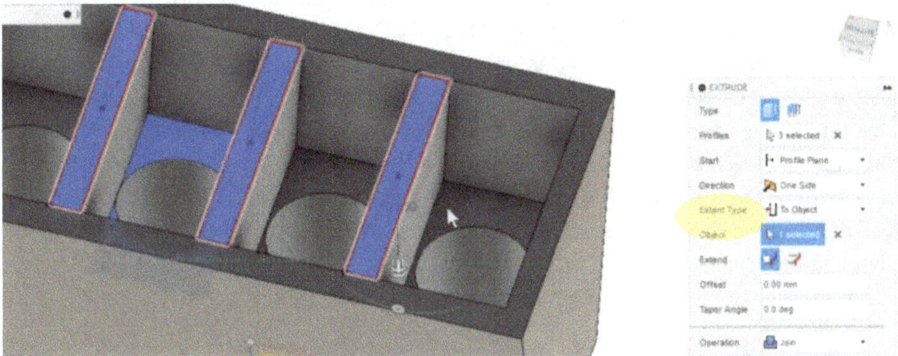

Figure 140: Extrudez les 3 barres sur la surface intérieure

À l'étape suivante, nous créons une découpe circulaire pour les surfaces d'appui du vilebrequin. Pour ce faire, nous traçons un cercle d'un diamètre de 70 mm et à une distance de 125 mm du point d'angle sur la paroi latérale du boîtier. Le centre du cercle doit être congruent avec la ligne du bas.

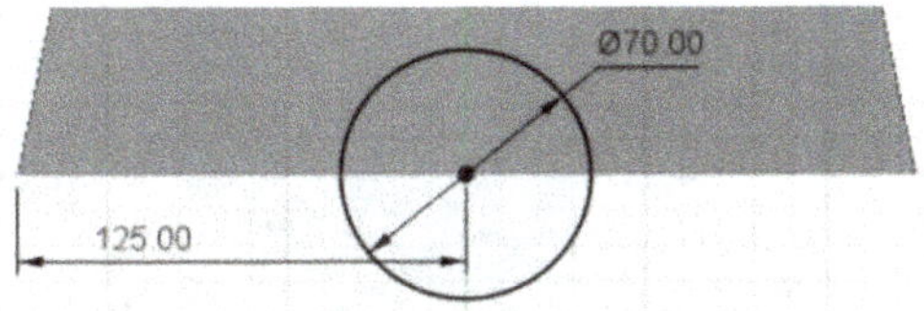

Figure 141: Géométrie circulaire pour le logement du vilebrequin ; esquisse sur la surface latérale

Nous l'extrudons ensuite complètement à travers toute l'enceinte en utilisant l'option "Cut".

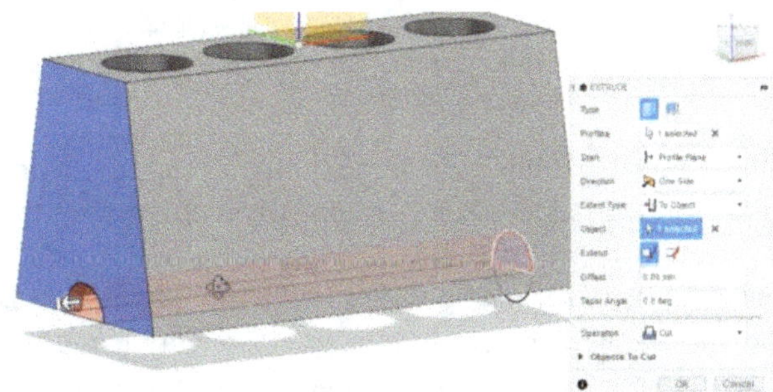

Figure 142: Création de la découpe pour le vilebrequin

Dans l'avant-dernière étape, nous aimerions créer des trous filetés pour le montage de la culasse et du carter d'huile dans notre carter très primitif. Tout d'abord, nous créons les trous pour la culasse. Pour ce faire, nous utilisons la fonction "Hole" en mode 3D.

Pour pouvoir placer les trous correctement, nous commençons d'abord par réaliser une esquisse en 2D sur la surface supérieure du boîtier. Nous avons besoin de dix trous pour la culasse. Pour les créer rapidement et facilement, nous utilisons la commande "Pattern" de la zone "Create". Dans ce cas, nous avons à nouveau besoin du "Rectangular Pattern". Nous créons d'abord un point à une distance de 20 mm de chacune des lignes latérales de la surface d'appui de la culasse. Ensuite, nous sélectionnons le point et la commande "Pattern". On nous montre deux flèches, ainsi que des options de saisie pour la distance et le nombre de l'arrangement ou du motif. Si nous faisons simplement glisser les flèches un peu plus grandes et dans la direction souhaitée, nous voyons qu'une matrice s'étend avec les points à créer.

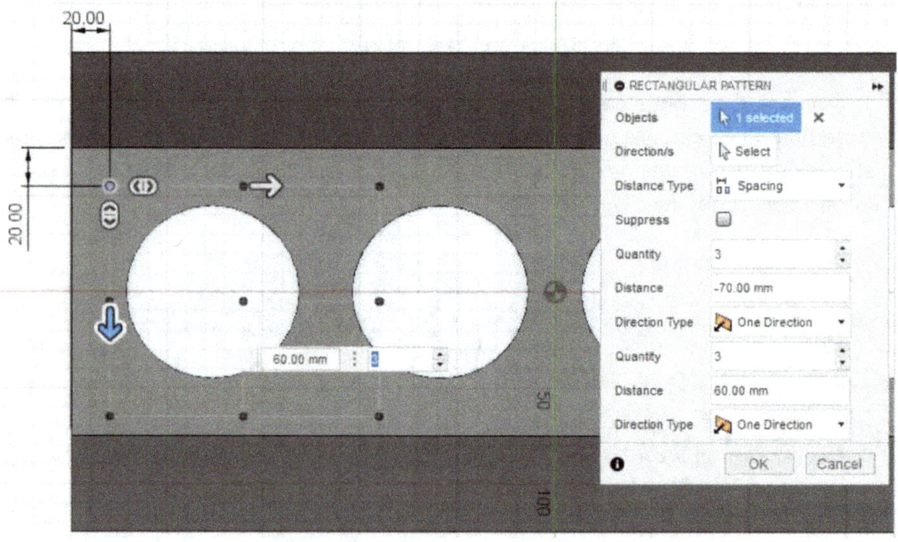

Figure 143: Un point (avec "Create" dans la zone 2D) avec un espacement de 20 mm a été créé, puis la commande "Rectangular Pattern" a été sélectionnée et les flèches ont été tirées dans la direction souhaitée

Pensez-y comme à une table. Dans la direction y, nous avons besoin de 2 rangées si l'on veut. Dans la direction x, 5 rangées. 2 x 5 égalent 10 points pour les trous.

Les points d'angle doivent avoir une distance de 20 mm par rapport au bord, c'est-à-dire que nous avons besoin d'une distance de -460 mm pour le motif dans la direction x et 110 mm dans la direction y. Nous pourrions également régler le "Distance Type" dans la barre d'options sur "Spacing", puis nous mesurerions de point à point. Nous confirmons ensuite avec Ok et obtenons le modèle souhaité.

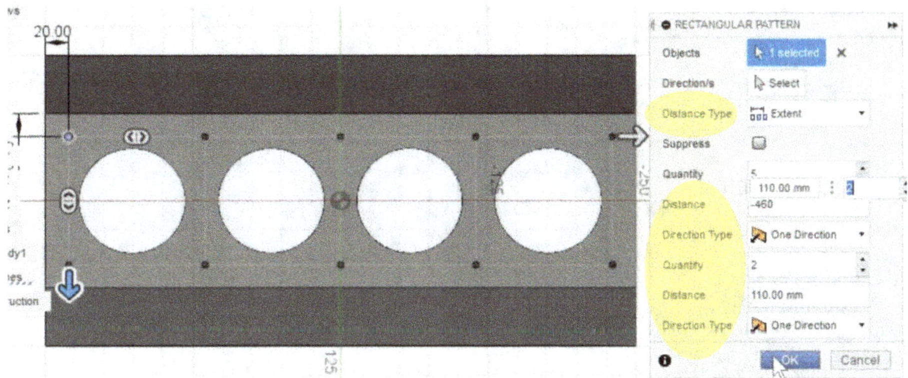

Figure 144: Pour le type de distance : sélectionnez "Extent" et entrez la distance et le nombre pour la direction x ou y dans les champs respectifs "Distance" (-460 mm en x ; 110mm en direction y)

Ensuite, nous sélectionnons la commande "Hole" en mode 3D et créons les trous en entrant les spécifications et en sélectionnant les points. L'option "From Sketch" doit être sélectionnée pour "Placement". Nous sélectionnons d'abord le type de trou, à savoir "simple", puis "tapped" (fileté), car nous voulons créer un trou fileté. Nous voulons un filetage complet et un trou dit borgne comme trou de perçage ("angle" pour "drill point").

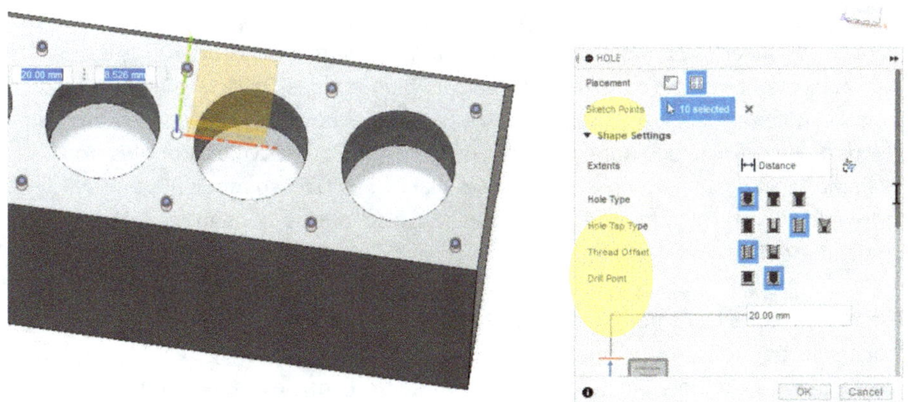

Figure 145: sélectionnez les spécifications des trous

Dans les champs de sélection inférieurs, nous pouvons ensuite choisir la dimension que doit avoir le trou fileté. Par exemple, nos trous doivent mesurer 70 mm de long et avoir un diamètre de 10 mm pour un filetage métrique M10. Nous voulons également un pas de vis de 1,5.

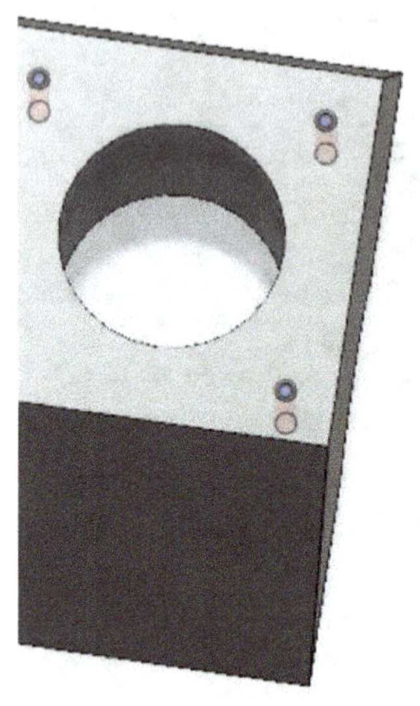
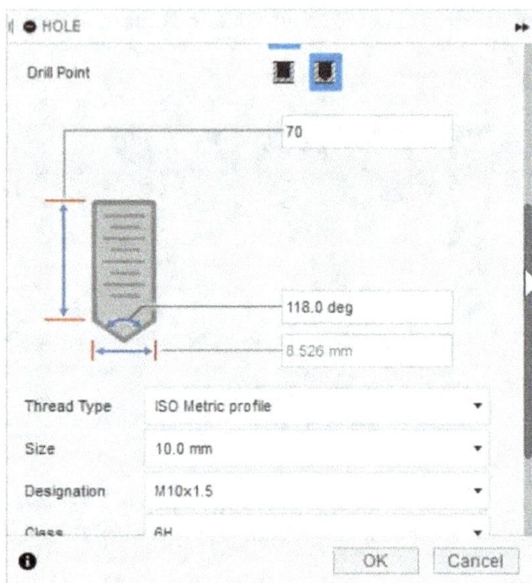

Figure 146: Donnez des spécifications supplémentaires pour les trous

Nous pouvons également cocher la case "Modeled" (faites défiler plus bas dans les options) pour que le fil soit réellement coupé et affiché comme tel. Toutefois, cela nécessite un peu plus de puissance de calcul et peut prendre un peu plus de temps. Confirmez avec "Enter" et les trous filetés sont créés.

Encore un conseil : comme nous l'avons déjà mentionné à plusieurs reprises, il existe plusieurs méthodes de construction, parfois plus rapides, parfois plus lentes, mais fondamentalement, toutes mènent au but. Alors, si possible, réfléchissez en même temps qu'eux afin de pouvoir également reconnaître d'autres voies. Pour les trous, par exemple, il est également possible de créer d'abord un trou en mode 3D, puis d'utiliser la fonction "Pattern" du mode 3D et de placer les trous de la même manière que les points d'esquisse.

Examinons ici les trous pour le montage d'un carter d'huile.
Nous sélectionnons "Hole", puis d'abord la surface de l'alésage, c'est-à-dire la face inférieure du boîtier. Ensuite, le type de trou et les spécifications comme précédemment. Cependant, nous ne voulons ici que des trous filetés M8, par exemple, et une dimension de 40 mm. Il suffit ensuite de sélectionner deux bords pour le positionnement du trou et de saisir la dimension souhaitée dans les directions x et y pour le positionnement du premier trou. Confirmez chaque 12,5 mm avec Enter et le trou est créé.

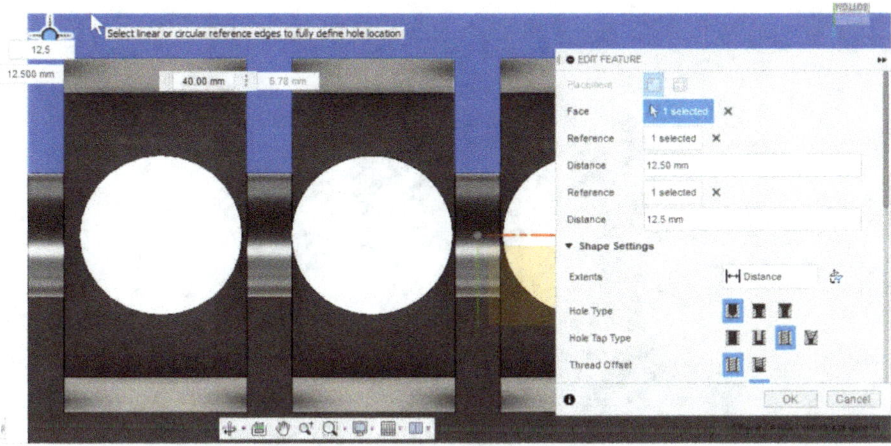

Figure 147: Dimensionnement de trous en mode 3D sans esquisse ; il suffit de sélectionner une arête comme référence pour la position x et de saisir la valeur de dimensionnement ; répétez ensuite pour la position y de manière analogue.

Ensuite, nous sélectionnons le trou et utilisons la commande "Pattern". Dans l'étape suivante, nous passons à "Directions" dans les options, puis nous cliquons sur l'axe des x pour indiquer la première direction. Les flèches apparaissent et nous pouvons procéder de la même manière qu'avec l'esquisse 2D précédente. Dans la direction x, nous voulons 8 trous avec une distance totale de 475 mm et dans la direction y, 2 trous avec une distance de -225 mm ; au total 16 trous.

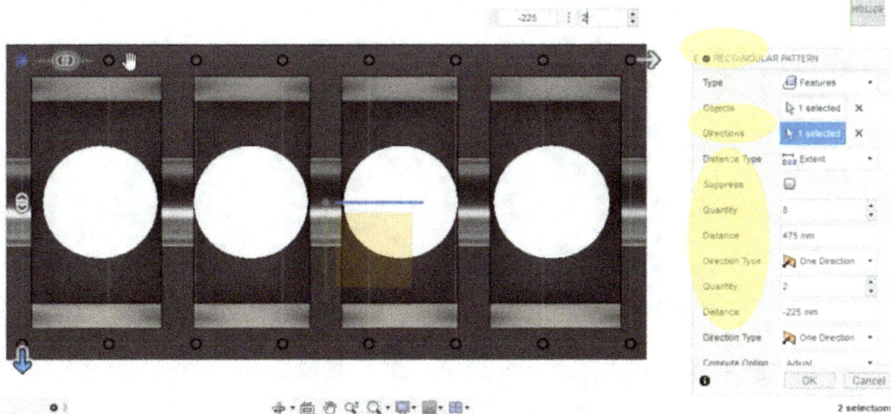

Dans la dernière étape pour le carter et cette leçon, nous utilisons la commande "Fillet" pour arrondir les angles. Sélectionnez la commande, sélectionnez les bords souhaités (par exemple, les bords latéraux) et entrez un rayon d'arrondi de 10 mm, par exemple. Le carter est terminé ! La leçon suivante se poursuit avec les pistons, les bielles et les axes de piston. Continuez !

4.4.2 Partie 2 : Bielle, piston et axe de piston

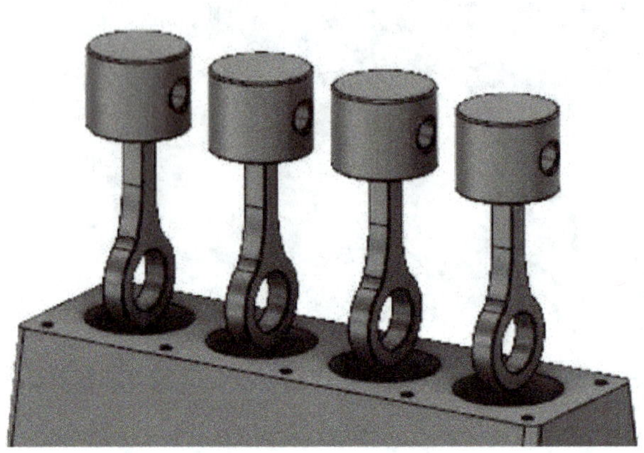

Figure 148: Bielle, piston et axe de piston (non visible)

Dans cette section, nous nous intéressons aux bielles, aux pistons et aux axes de piston. Pour ce faire, nous commençons par la création des pistons. Pour cela, nous sélectionnons le bas du carter et nous démarrons un nouveau composant avec un clic droit sur le carter dans l'arbre de structure ("New Component"). Ensuite, nous commençons une esquisse sur la surface inférieure intérieure du carter (le nouveau composant) et dessinons un cercle de 85 mm de diamètre concentrique au 1er cylindre, puis nous terminons l'esquisse. Maintenant, nous devons encore extruder la surface du cercle, nous choisissons par exemple 70 mm.

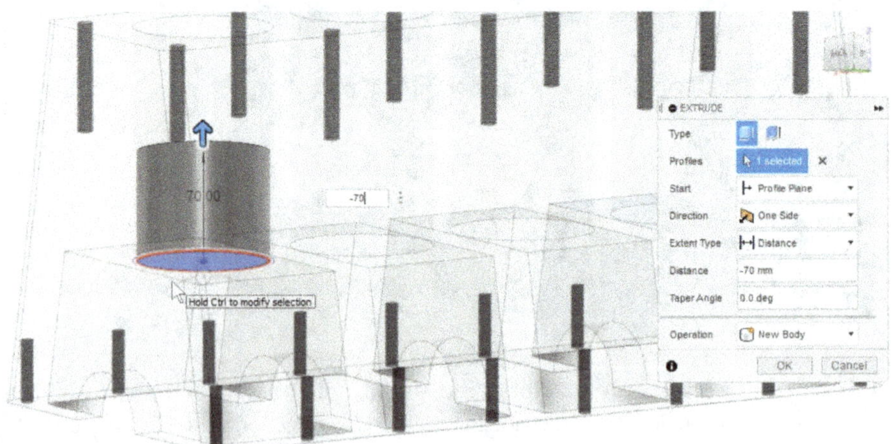

Figure 149: Zone déjà extrudée pour le piston (extrusion de 70 mm)

À l'étape suivante, nous creusons le ballon et lui donnons une épaisseur de paroi de 5 mm ("Shell").

Ensuite, nous commençons une esquisse sur le plan y-z du piston pour faire une découpe pour l'axe du piston, qui relie ensuite le piston et la bielle. Par exemple, nous choisissons un diamètre de 30 mm et dimensionnons le cercle avec 35 mm au bord inférieur de façon à ce qu'il se trouve au centre. Nous relions également le point central par un lien horizontal au point central de l'arête du piston.

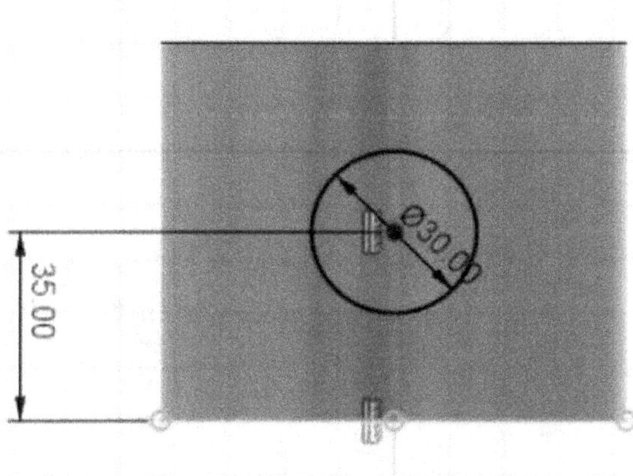

Figure 150: Le croquis de la découpe pour l'axe du piston sur le plan y-z du piston. Le piston a simplement été déplacé un peu dans l'espace 3D au préalable pour le rendre plus facile à dessiner.

Ensuite, nous extrudons la découpe en mode 3D et créons une ouverture. Enfin, nous arrondissons les bords supérieur et inférieur du flacon avec 2 mm.

Figure 151: Le flacon fini, évidé, avec la découpe et les filets

Les segments de piston et autres détails ne sont pas inclus pour des raisons de complexité et de temps.

Nous commencerons par la bielle et l'axe du piston, car nous ne ferons que copier les composants nécessaires plusieurs fois par la suite pour les autres cylindres, puisqu'ils sont identiques.

Pour la bielle, nous créons à nouveau un nouveau composant. Nous esquissons ensuite le profil en coupe transversale suivant de la bielle sur le plan y-z de ce nouveau composant.

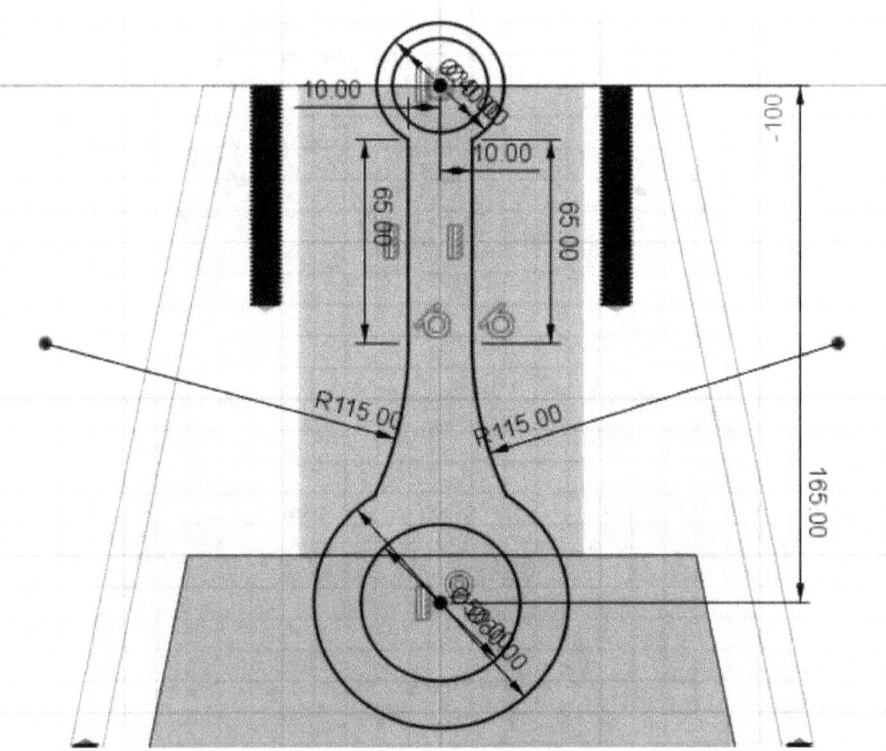

Figure 152: La géométrie de la bielle ; les étapes détaillées et les autres dimensions suivent.

Nous commençons par les deux "yeux". L'œil de bielle supérieur doit avoir un diamètre de 30 mm à l'intérieur et de 40 mm à l'extérieur.

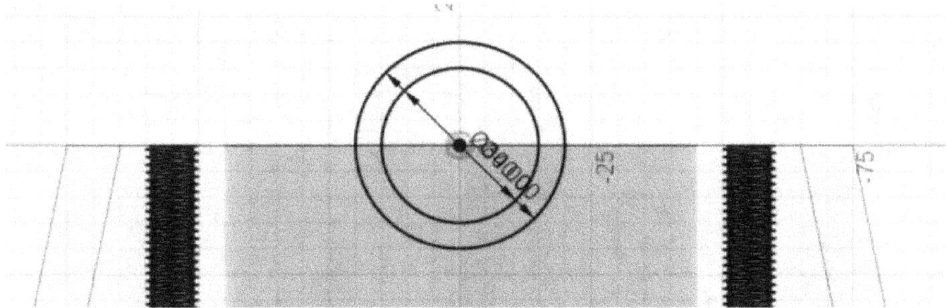

Figure 153: L'œil de bielle supérieur est constitué de deux cercles congrus (30 mm & 40 mm). Le point de départ doit être l'origine des coordonnées

L'œil de la bielle inférieure est de 50 mm à l'intérieur et de 80 mm à l'extérieur. Ensuite, nous plaçons les deux centres verticalement l'un par rapport à l'autre et dimensionnons la distance à 165 mm.

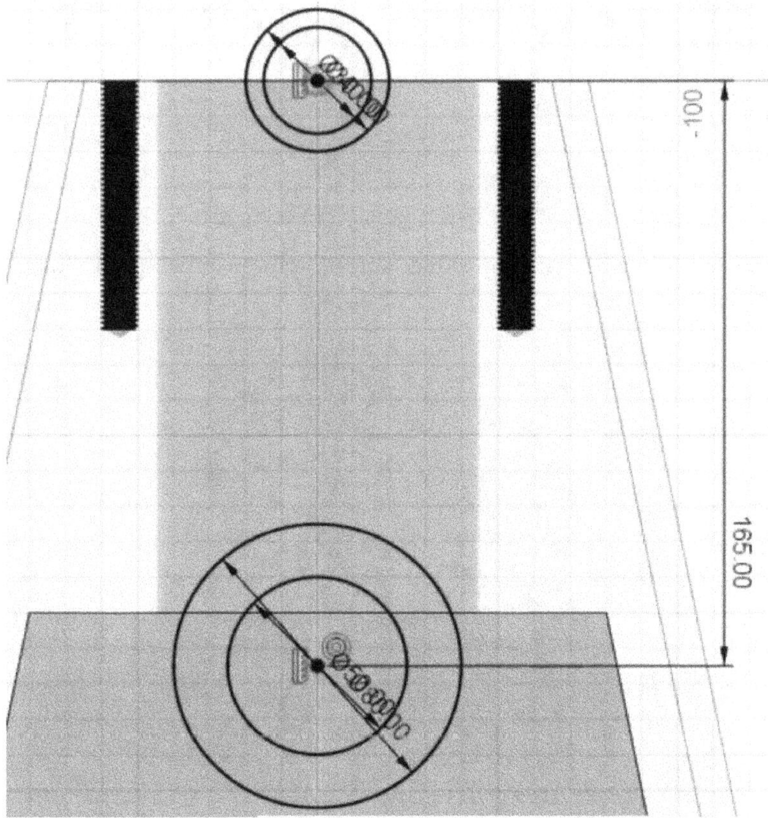

Figure 154: L'œil de bielle inférieur est également constitué de deux cercles congrus (50 mm & 80 mm). La distance à l'origine des coordonnées doit être de 165 mm

Ensuite, nous traçons deux lignes verticales de 65 mm de long, dont chacune doit avoir une distance horizontale de 10 mm par rapport au centre de l'œil de la bielle supérieure.

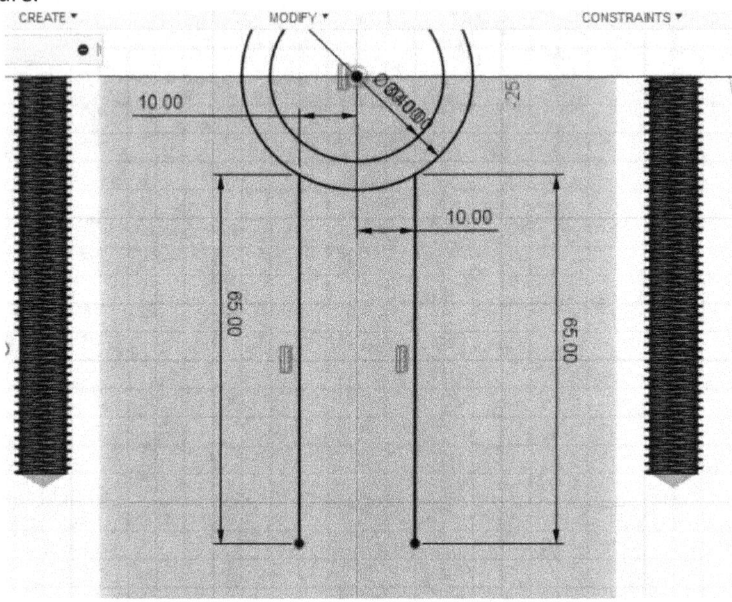

Figure 155: Deux lignes verticales, de 65 mm chacune, pour l'arbre de bielle

Nous complétons le profil par deux coudes tangentiels, dont chacun doit avoir un rayon de R=115 mm.

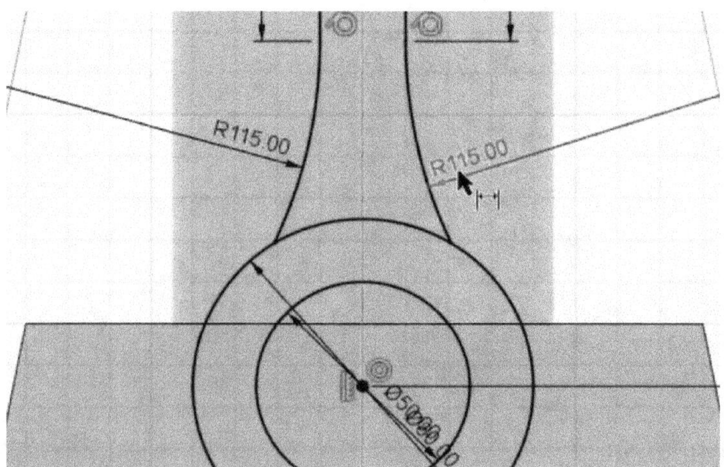

Figure 156: Dessinez deux arcs tangentiels (points de départ et d'arrivée respectivement sur les lignes verticales et le cercle de 80 mm) et dimensionnez chacun d'eux à 115 mm.

Enfin, nous utilisons la fonction "Trim" et supprimons les lignes excédentaires.

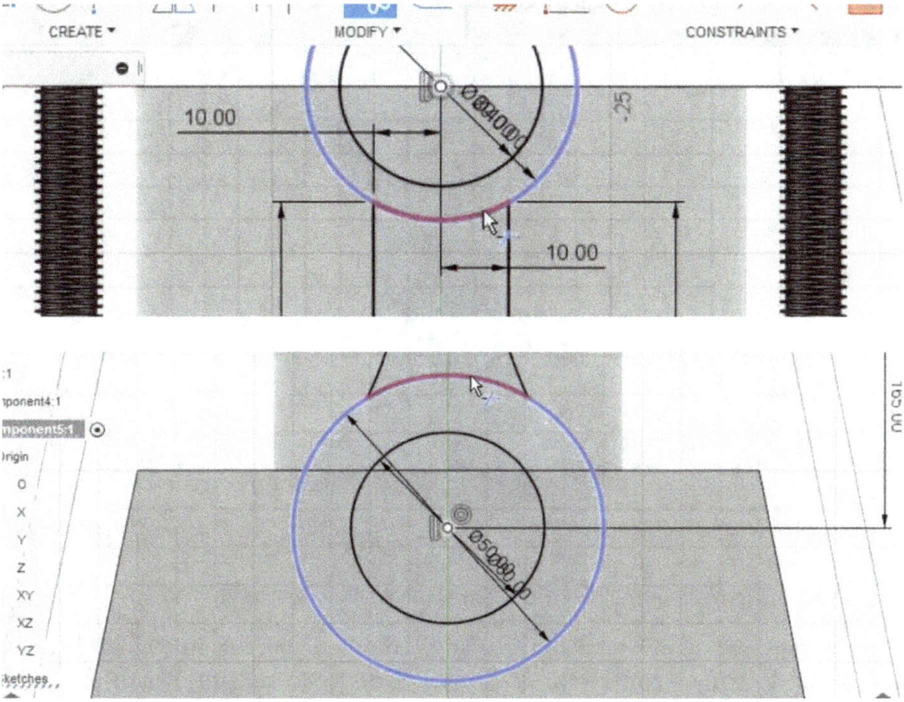

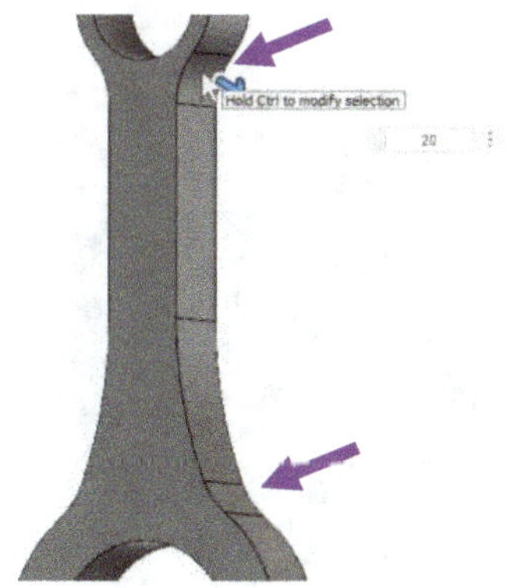

Figure 157: Supprimez les deux lignes excédentaires (rouges) avec l'outil "Trim".

Lorsque cela est fait, nous pouvons terminer l'esquisse et extruder la bielle de 20 mm. Pour que les transitions ne soient pas trop extrêmes, nous pouvons arrondir la transition en bas et en haut de 20 mm dans la zone de la bielle.

Figure 158: Arrondissement des bords des transitions en haut et en bas avec 20 mm (déjà fait)

Arrondissez également les bords des deux surfaces de 1 mm chacune. Dans ce cas, la bielle est également un modèle très simplifié. Normalement, une bielle ressemble à celle de cette photo :

Figure 159: Bielle (sans coussinets principaux) d'un moteur réel

Dans la zone inférieure, il est divisé en deux parties, la géométrie est plus ciblée et il y a également ce que l'on appelle les coussinets de bielle qui se trouvent dans l'œil inférieur.

Dessinons d'abord l'axe du piston avant de relier la bielle au piston. Pour ce faire, nous créons à nouveau un nouveau composant et dessinons un cercle d'un diamètre de 30 mm sur son plan y-z, que nous extrudons ensuite symétriquement sur 77,5 mm et que nous évidons pour obtenir une épaisseur de paroi de 3 mm.

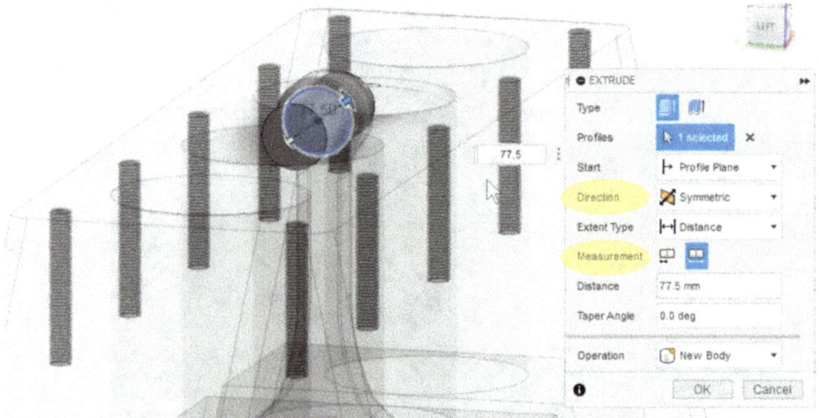

Figure 160: extruder symétriquement l'axe du piston sur 77,5 mm (mesure : "Whole Length")

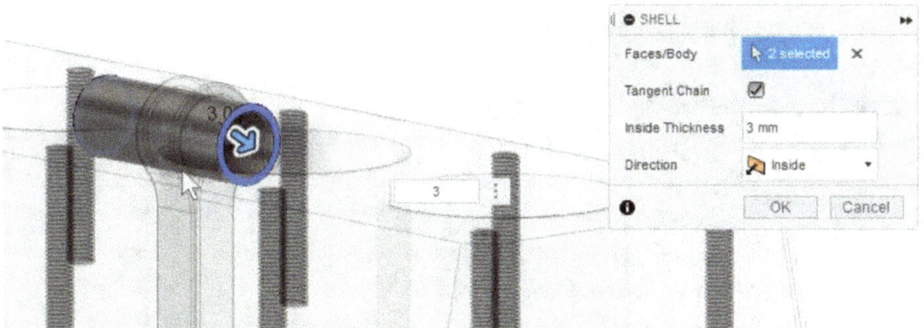

Figure 161: Creuser l'axe du piston (sélectionnez les deux côtés et entrez 3 mm)

Ensuite, nous commençons par monter la bielle sur l'axe du piston en sélectionnant les points suivants comme origines de l'articulation et en choisissant le type d'articulation "Revolute" (activez d'abord la commande "Joint").

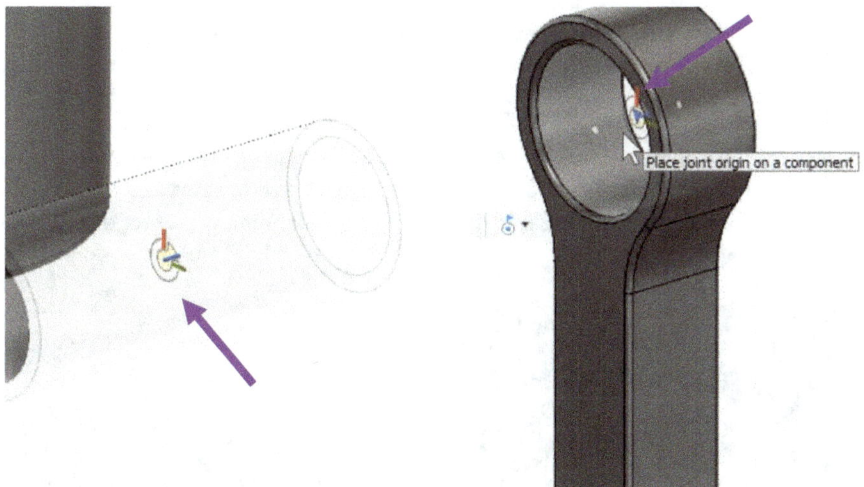

Figure 162: Lorsque vous sélectionnez les origines des joints, assurez-vous que vous sélectionnez la surface centrale et que l'orientation correspond à l'illustration

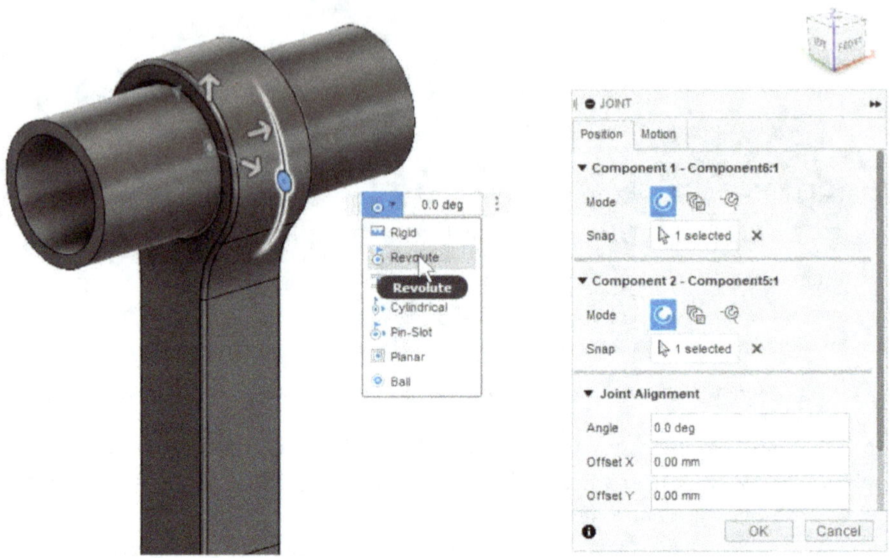

Figure 163: Joint déjà créé ; utilisez le type de joint "Revolute".

Puis nous montons l'ensemble formé par l'axe et la bielle dans le piston, en utilisant une origine de joint latérale sur l'axe et au milieu de l'ouverture de l'axe sur le piston. Il faut ici un peu de patience jusqu'à ce que les deux origines correctes des joints soient sélectionnées ou trouvées. Veillez particulièrement à l'alignement correct des essieux aux points de pivotement.

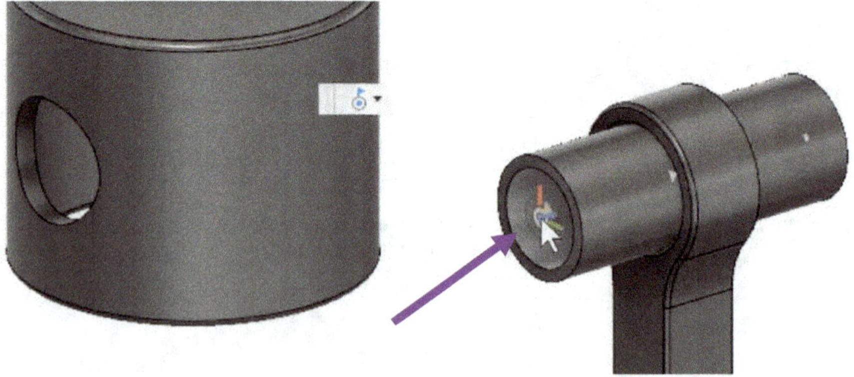

Figure 164: Placement des deux origines de joint ; en haut au centre des cannelures latérales de l'axe du piston et en bas au centre de l'alésage du piston

Dans l'avant-dernière étape de cette leçon, nous copions encore trois fois le groupe déjà lié du piston, de la bielle et de l'axe du piston. Pour ce faire, nous sélectionnons les trois composants dans l'arborescence après les avoir nommés et les copions avec CTRL-C. Nous les collons dans l'environnement de conception avec CTRL-V. Avec CTRL-V, nous les collons dans l'environnement de conception. On clique sur la fenêtre qui s'ouvre. Les composants sont maintenant insérés de manière congruente, c'est-à-dire que nous devons d'abord les faire apparaître en déplaçant simplement les anciens composants.

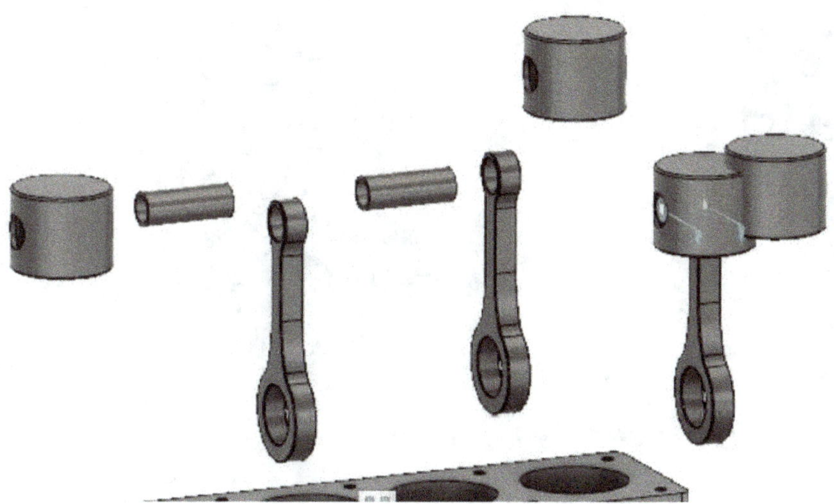

Figure 165: Les nouveaux composants non encore triés et liés pour les trois autres cylindres

Après avoir trié les composants, créez les mêmes connexions dans les composants copiés que dans le premier jeu de pistons, bielles et axes de piston.

Figure 166: Piston, bielle et axe de piston liés et triés

Dans la dernière étape de ce chapitre, nous lions les pistons dans le cylindre afin qu'ils ne puissent effectuer qu'un mouvement linéaire dans le cylindre. Par exemple, nous choisissons le centre de la surface supérieure du piston et le centre du cylindre comme origine de l'articulation et le type d'articulation "Slider".

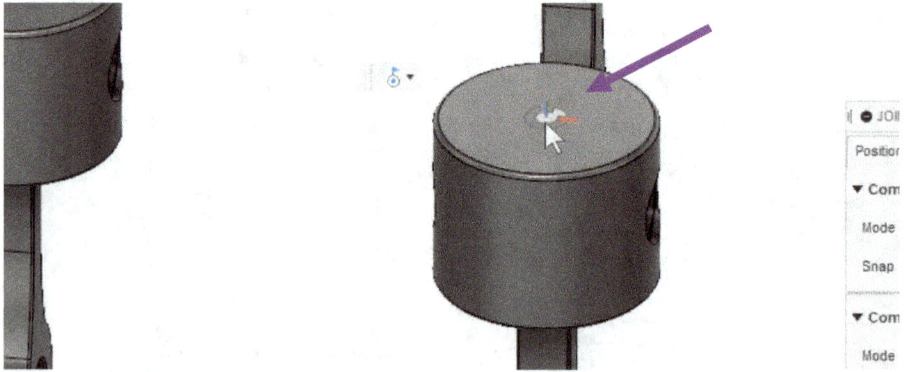

Figure 167: Placez l'origine du joint 1 sur le piston (au centre de la surface supérieure)

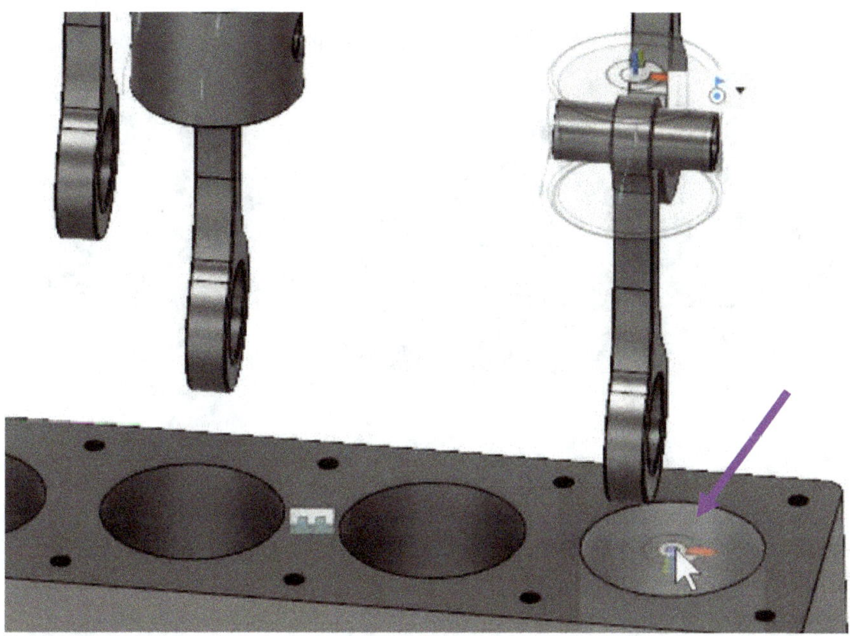

Figure 168: Placez l'origine du joint 2 sur le carter au centre de la surface supérieure du cylindre.

Nous procédons de la même manière avec les trois autres pistons. En cliquant sur l'articulation et sur "Edit Joint Limits", nous pouvons maintenant également définir un maximum et un minimum pour l'amplitude du mouvement, c'est-à-dire des limites dans lesquelles le piston peut se déplacer. Cependant, comme elle est de toute façon déterminée par la connexion au vilebrequin et à la bielle, nous n'en avons pas besoin ici.

Petit à petit, il y a certaines articulations dont l'affichage peut être un peu gênant, alors pour l'instant je me contente de les cacher et de ne les montrer à nouveau que lorsque j'en ai besoin.

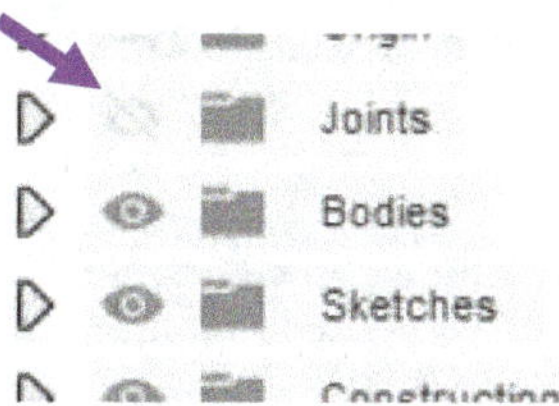

Figure 169: masquer/afficher les joints dans l'arbre de la structure en cliquant sur le symbole de l'œil

Nous avons maintenant presque terminé notre modèle très simple de moteur à 4 cylindres. Dans la prochaine leçon, nous dessinerons le vilebrequin. Allons-y !

4.4.3 Partie 3 : Vilebrequin

Figure 170: Le modèle de notre vilebrequin devrait ressembler à ceci lorsqu'il sera terminé

Avant de commencer avec le vilebrequin dans cette leçon, nous commençons par cacher tous les composants qui ne sont pas nécessaires, de sorte qu'il ne reste que le boîtier du vilebrequin. Ensuite, nous commençons un nouveau composant pour le vilebrequin. Au final, le vilebrequin devrait ressembler à cette image :

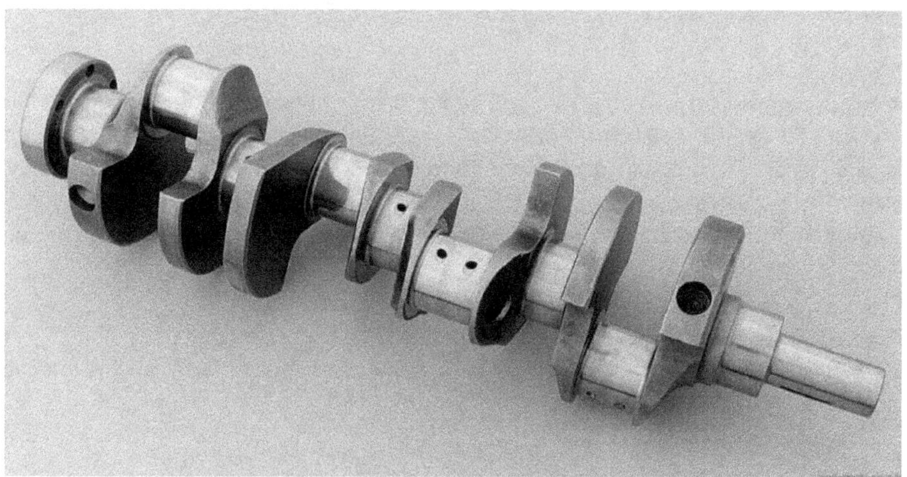

Figure 171: Un véritable vilebrequin pour un moteur à 4 cylindres

Nous allons bien sûr procéder à nouveau de manière quelque peu simplifiée. Nous commençons une nouvelle esquisse dans la vue latérale sur le plan y-z du nouveau composant. Ensuite, nous dessinons le premier palier principal du vilebrequin ou son tourillon avec un simple cercle de 65 mm de diamètre et établissons une condition concentrique.

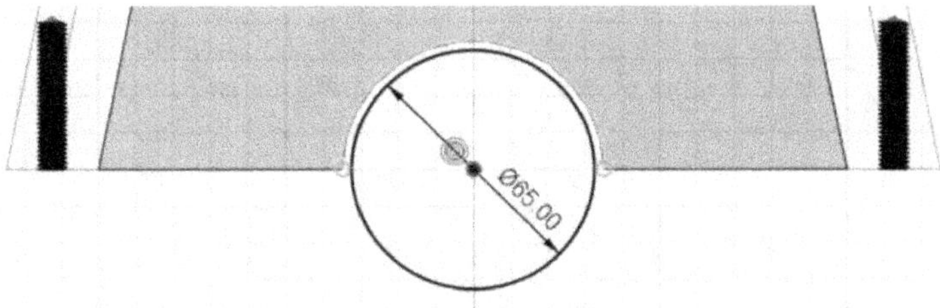

Figure 172: Le début de notre nouveau composant

En mode 3D, nous extrudons cette surface circulaire et sélectionnons une distance de 20 mm dans une direction et confirmons avec "Ok".

Comme notre vilebrequin doit être symétrique, nous n'en dessinerons qu'une moitié pour l'instant et, plus tard, nous le mettrons simplement en miroir sur le plan y-z. Nous construisons maintenant le vilebrequin section par section en utilisant l'extrusion. Nous vous invitons également à réfléchir à la manière dont vous pourriez construire le vilebrequin avec la fonction "Revolve", c'est-à-dire en tant que pièce rotative, et si cela est possible ?

Nous commençons une esquisse pour la section suivante, la première joue du vilebrequin, sur le tourillon d'arbre créé précédemment. Pour cela, nous créons deux cercles, l'un de 70 mm de diamètre et l'autre de 160 mm de diamètre, à une distance de 45 mm l'un de l'autre, avec une condition verticale entre leurs deux centres. Le centre du cercle supérieur doit également se trouver à 40 mm du centre du tourillon de l'arbre et être aligné avec lui, c'est-à-dire être relié verticalement.

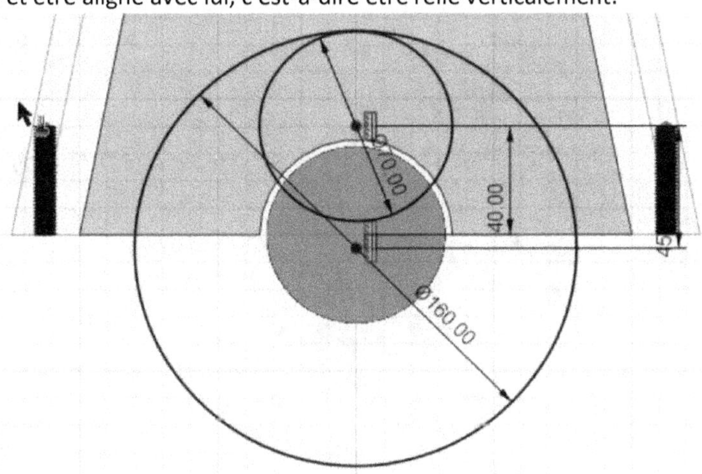

Figure 173: Deux cercles (70 & 160 mm) à une distance de 40 mm l'un de l'autre. Le cercle supérieur a une distance de 45 mm par rapport à l'origine des coordonnées. Les dépendances verticales sont présentes.

Ensuite, nous traçons deux lignes de connexion et les dimensionnons verticalement avec une longueur de 60 mm et une dimension parallèle centrale de 30 mm au centre supérieur du cercle.

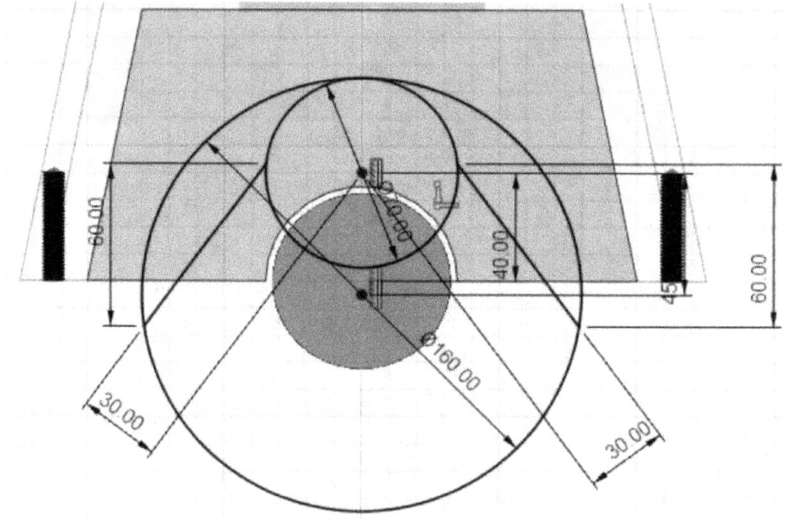

Figure 174: Deux lignes de connexion (60 mm de dimension verticale, 30 mm de dimension parallèle)

Dans la dernière étape, nous utilisons la fonction "Trim" pour couper toutes les lignes et sections superflues.

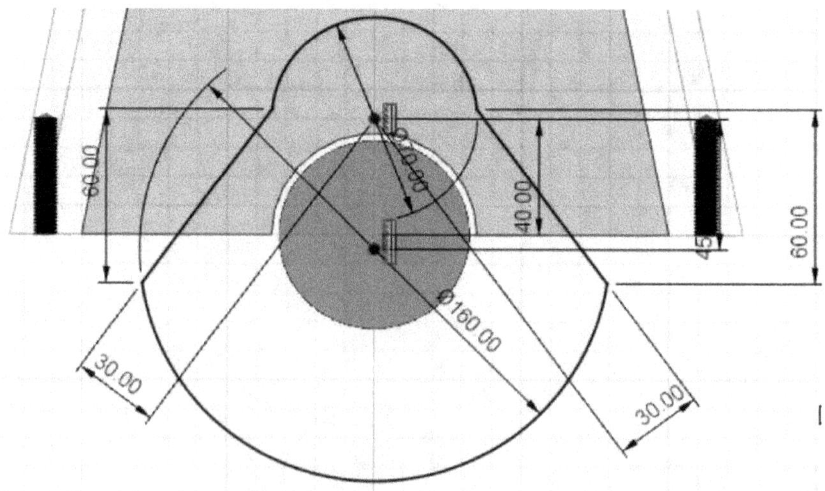

Figure 175: les arcs superflus ont déjà été supprimés avec l'outil "Trim".

Puis nous extrudons cette joue de 22 mm. À l'étape suivante, nous dessinons le tourillon de l'arbre pour la bielle sur cette joue. Pour cela, nous traçons un cercle de 50 mm qui doit se situer concentriquement à la courbe supérieure de la joue du vilebrequin. Nous avons besoin d'une dimension de 16 mm pour l'extrusion.

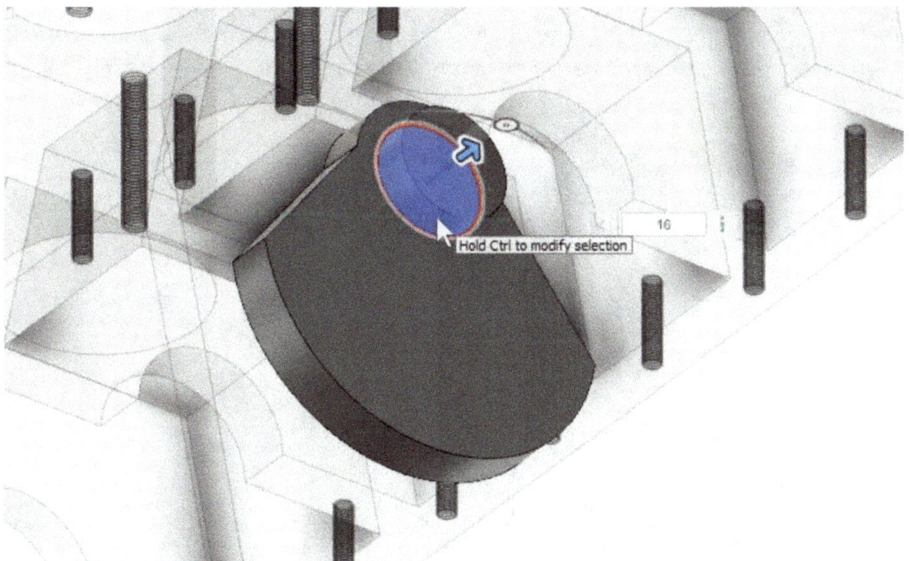

Figure 176: Le tourillon d'arbre pour la bielle sur le vilebrequin joue 16 mm extrudé

Si nous devions emprunter une voie plus compliquée, nous pourrions maintenant dessiner joue par joue et tourillon d'arbre par tourillon d'arbre l'un sur l'autre sous forme d'esquisse 2D et les extruder, comme nous l'avons fait jusqu'à présent. Mais il est beaucoup plus facile d'utiliser uniquement cette moitié pour la première bielle. Ce corps représente plus ou moins 1/8 de l'ensemble du vilebrequin.

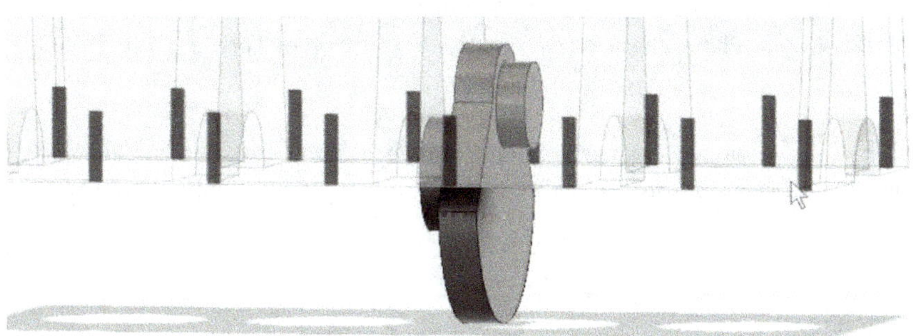

Figure 177: Le premier 1/8 de l'ensemble du vilebrequin est terminé puis mis en miroir

Dans ce qui suit, nous allons maintenant utiliser habilement la fonction miroir pour nous épargner du travail. Ainsi, pour la deuxième section de la joue du vilebrequin et du tourillon de l'arbre adjacent, nous reflétons simplement le premier corps en le sélectionnant.

Dans la fenêtre des options, vous devrez peut-être sélectionner "Bodies" comme "Type" et choisir la surface latérale de la moitié de l'arbre de la bielle comme "Mirror Plane".

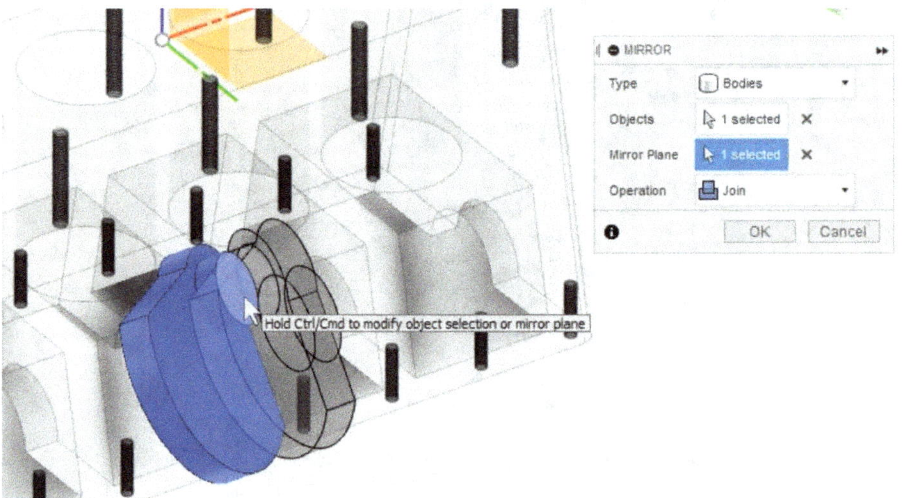

Figure 178: mise en miroir des premiers 1/8 du vilebrequin, à "Type" : sélectionner "Bodies", le plan miroir doit être le tourillon de l'arbre (voir le pointeur de la souris)

Dans "Operation" dans les "Options", nous pouvons laisser "Join" pour cette étape, car nous ne voulons obtenir qu'un seul corps et la joue est déjà correctement alignée. Le deuxième huitième du vilebrequin est terminé. Pour le 2/8 suivant, nous reproduisons la partie du vilebrequin créée précédemment dans cette étape. Sélectionnez le corps, sélectionnez "Mirror Plane", dans ce cas le côté du tourillon de l'arbre qui repose dans le carter.

Cependant, nous devons maintenant effectuer un petit changement dans "Operation", car nous voulons créer un nouveau corps pour le moment, donc sélectionnez "New Body".

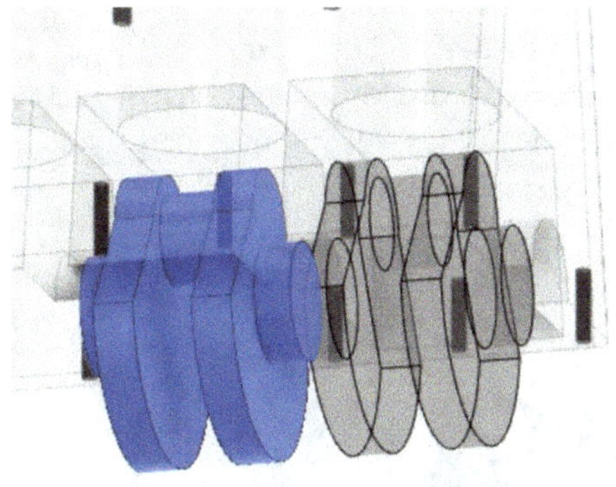
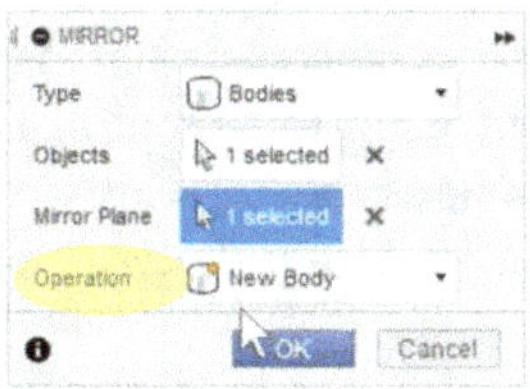

Figure 179: Création du deuxième quart du vilebrequin ; dans "Operation" : sélectionnez "New Body"

Pourquoi un nouveau corps ? Car, comme nous pouvons le voir maintenant, ce quart du vilebrequin doit encore être tourné de 180 degrés autour - dans ce cas - de l'axe des x pour qu'il soit en opposition avec l'autre quart. Sinon, tous les pistons fonctionneraient de la même manière, mais seuls deux des quatre pistons doivent toujours être dans la même position. C'est pourquoi nous avons créé le nouveau corps, car sinon nous ne pourrions pas faire tourner ce quart de l'arbre indépendamment de l'autre. Pour la rotation, nous utilisons simplement la commande "Move/Copy" du menu "Modify". Ensuite, il nous suffit de sélectionner une origine pour le déplacement ou, dans notre cas, la rotation. Pour ce faire, nous cachons le premier corps du vilebrequin afin de pouvoir mieux sélectionner le centre du tourillon du second corps comme origine. Nous avons besoin du centre du tourillon de l'arbre du roulement principal.

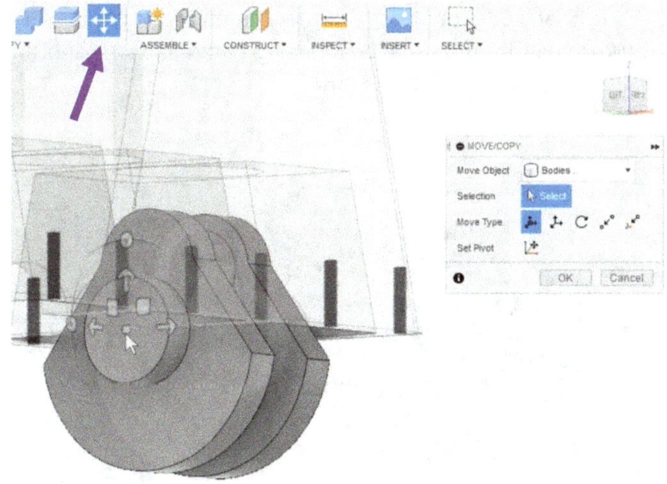

Figure 180: Sélection du centre du palier principal du deuxième quart du vilebrequin
(voir le pointeur de la souris ; le premier quart du vilebrequin est caché)

Nous pouvons maintenant déplacer le corps à l'aide des flèches ou, dans notre cas, le faire pivoter autour de l'axe droit à l'aide du petit bouton. Nous avons besoin de 180 degrés, donc un demi-tour. Confirmez avec "OK". Nous voyons que les tourillons d'arbre pour les bielles sont maintenant dans la bonne position.

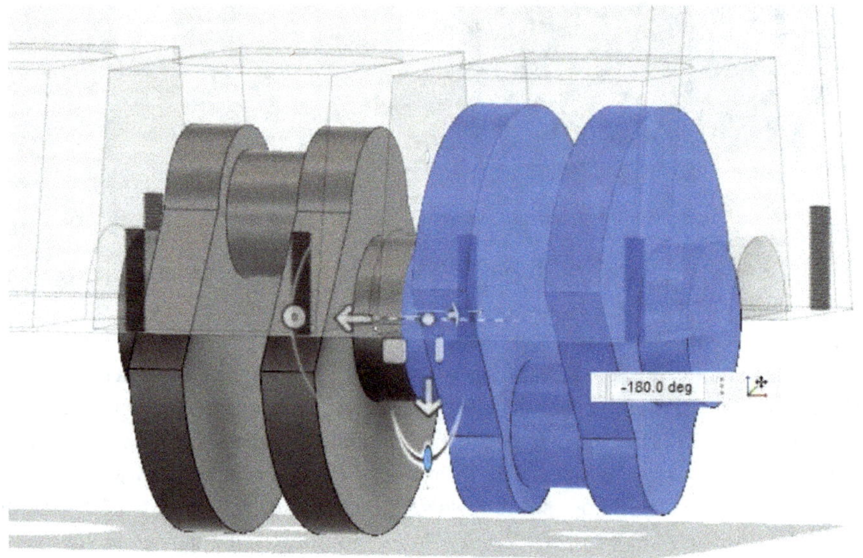

Figure 181: Rotation du deuxième quart du vilebrequin autour de l'axe z de -180 °.

Avant de continuer, nous prolongeons le tourillon du vilebrequin, qui est un peu trop court à cause du miroir. Cela peut être fait facilement sans croquis 2D en utilisant "Extrude" ou "Press Pull". Il suffit de sélectionner la commande, de choisir la surface et de tirer la flèche, par exemple 30 mm de long.

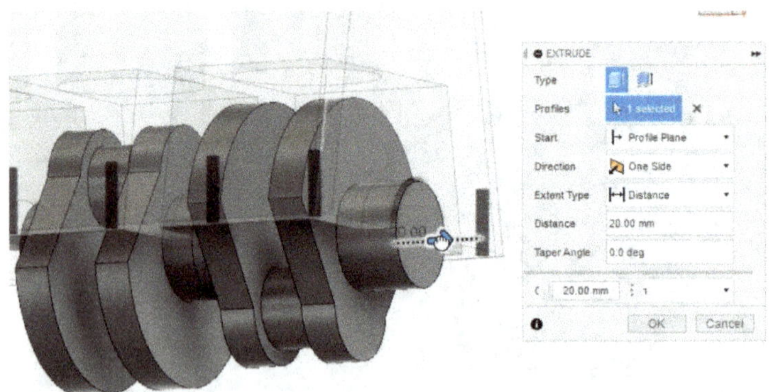

Figure 182: Allongez le roulement principal extérieur du demi-vilebrequin de 30 mm

Nous voulons maintenant relier à nouveau les deux parties existantes du demi-vilebrequin actuel pour réunir les deux corps. Pour cela, nous utilisons la fonction "Combine" du menu "Modify". Sélectionnez le corps et la commande, dans les options sous "Operation", sélectionnez "Join" et appuyez sur "OK".

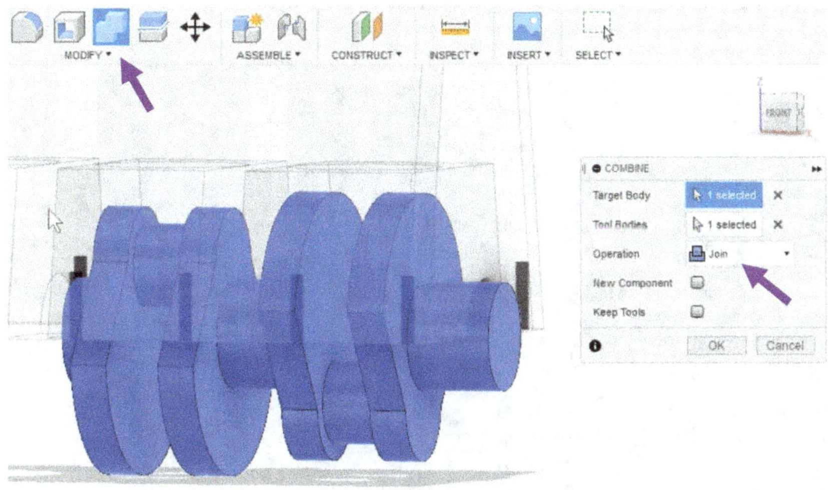

Figure 183: Réunissez les deux segments du vilebrequin à l'aide de "Combine"

Cette approche nous a déjà permis d'économiser pas mal de travail. Pour continuer à une vitesse exponentielle, nous doublons une dernière fois notre vilebrequin semi-fini. Cette fois encore, nous pouvons laisser "Join" au lieu de "New Body" comme type de connexion, puisque l'alignement est correct. En un clic, le vilebrequin est enfin presque terminé.

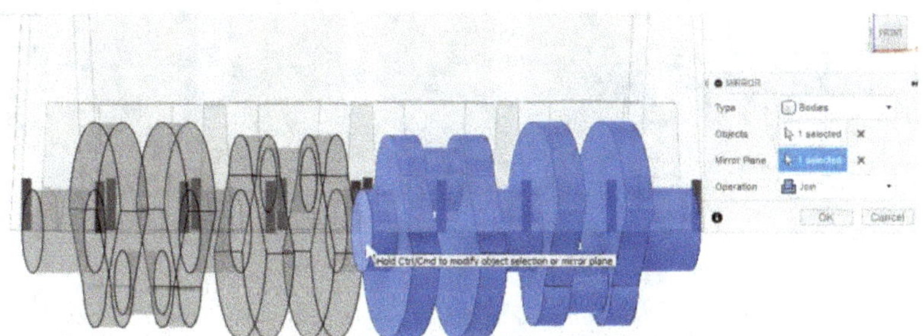

Figure 184: Création de la deuxième moitié du vilebrequin par "miroir" au niveau du palier principal central

Qu'est-ce qui manque encore ? Tout d'abord, quelques filets, que nous souhaitons réaliser comme suit : 10 mm sur les bords des transitions dans les zones inférieures des limons et 5 mm sur les bords des transitions dans les zones supérieures. Nous aurions également pu intégrer ces filets dans l'esquisse des longerons.

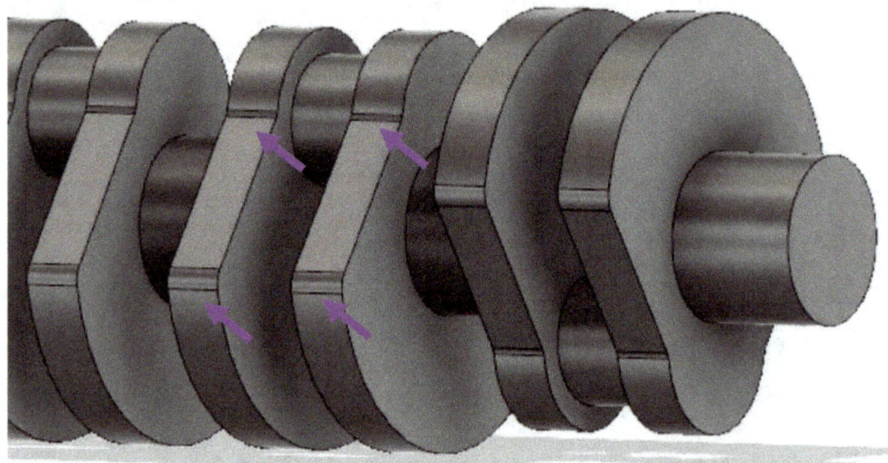

Figure 185: Arrondir les bords avec 10 mm et 5 mm, ou à votre discrétion

Et puis des filets de 3 mm pour les bords sur les faces latérales des longerons et des tourillons d'arbre. Pour ce faire, il suffit de sélectionner l'ensemble des faces latérales.

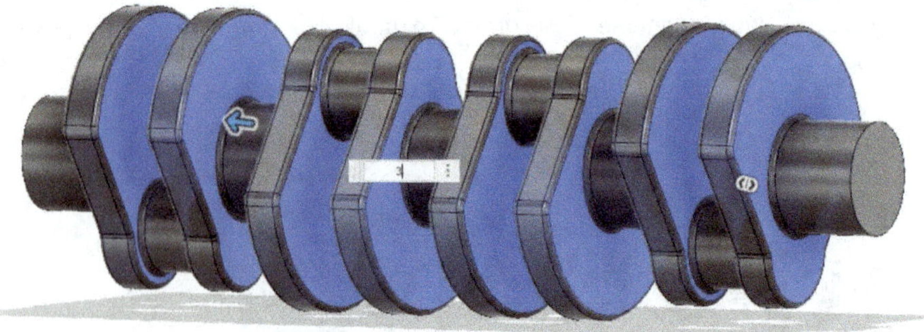

Figure 186: Filets de 3 mm pour les bords des faces latérales (déjà créés ici)

En outre, le joint au boîtier du vilebrequin est toujours manquant. Pour ce faire, il suffit de sélectionner l'origine de l'articulation, par exemple centrée sur le tourillon de l'arbre avec lequel nous avons commencé, et de sélectionner la deuxième origine de l'articulation, centrée sur le roulement principal du carter du vilebrequin. Nous sélectionnons "Revolute" comme type d'articulation. Parfait, enfin tous les composants de notre modèle de moteur grandement simplifié sont prêts.

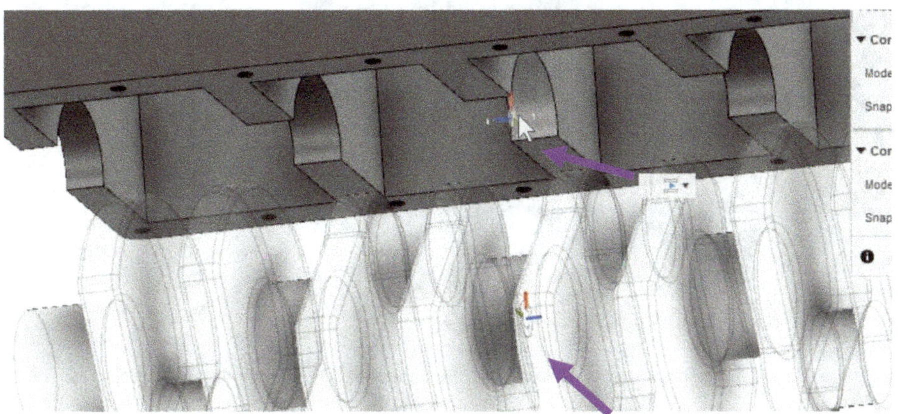

Figure 187: Les origines des joints pour l'articulation entre le vilebrequin et le carter

À la fin du chapitre, nous aimerions bien sûr relier toutes les bielles au vilebrequin et laisser notre moteur tourner virtuellement. Dernier sursaut !

Pour l'instant, nous ne montrerons que les bielles des différents cylindres l'une après l'autre et les relierons au vilebrequin pour plus de clarté. Avant de faire cela, nous cachons le carter.

La création de liens ou de joints est à nouveau relativement peu spectaculaire. Centrez la première origine du joint dans l'œil inférieur de la bielle et centrez la seconde origine sur le tourillon du vilebrequin.

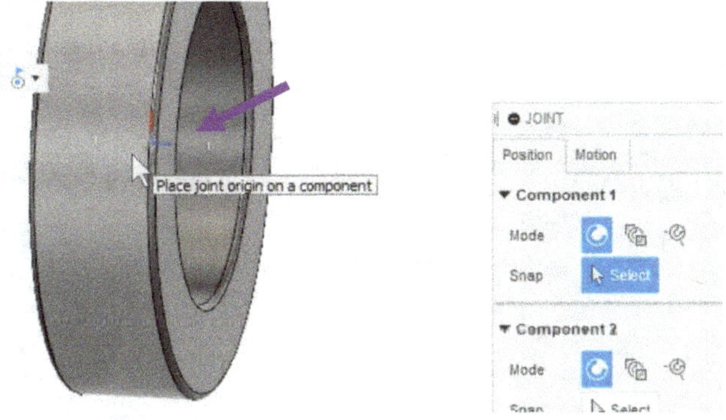

Figure 188: L'origine de la première articulation doit se trouver dans l'œil inférieur d'une bielle (au centre).

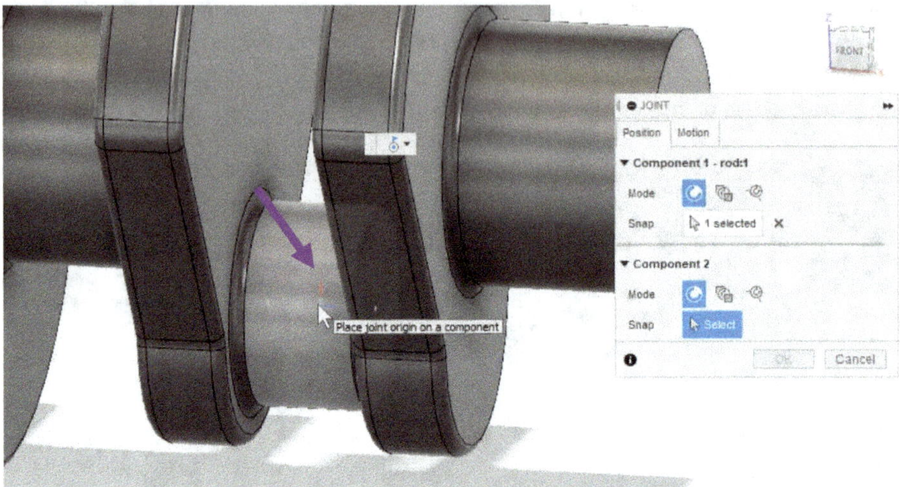

Figure 189: La deuxième origine du joint doit être centrée sur le roulement principal respectif du vilebrequin.

Le type de joint dans ce cas est "Cylindrical". Ensuite, un avertissement apparaît car nous avons sélectionné le type de joint "Revolute" pour le piston et un mouvement latéral ne sera donc pas possible. Cependant, nous n'en avons pas besoin dans ce cas et il peut donc être ignoré. En réalité, cependant, un léger jeu est nécessaire. Le jeu latéral n'est pas aussi important que dans notre modèle, mais seulement de l'ordre du dixième de millimètre. Nous procédons de manière analogue pour les autres bielles. Lorsque tout est lié, nous pouvons d'abord montrer toutes les pièces et rendre le carter transparent avec un clic droit sur son corps et la sélection de "Opacity Control" - quel mot - , selon le goût, par exemple avec 30 %.

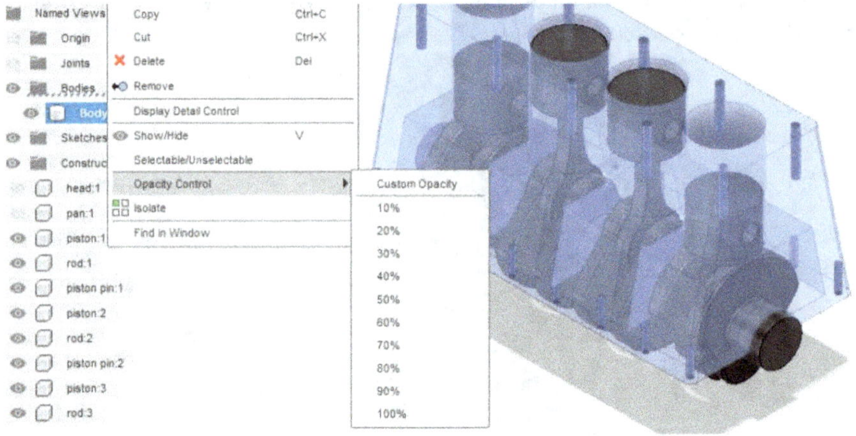

Figure 190: Rendre le carter transparent

Pour conclure le chapitre, nous voulons maintenant faire tourner notre moteur virtuellement. Si nous avons placé tous les joints correctement, cela ne devrait pas être un problème. Pour ce faire, nous trouvons la jointure du vilebrequin avec le carter du vilebrequin et nous faisons un clic droit dessus.

Nous sélectionnons "Animate Model" et, bouclez votre ceinture s'il vous plaît, le moteur est en marche ! Respect, si vous êtes arrivé jusqu'ici, vous pouvez vraiment être fier de vous ! À propos, vous pouvez mettre fin à l'animation de l'articulation en appuyant simplement sur la touche "ESC".

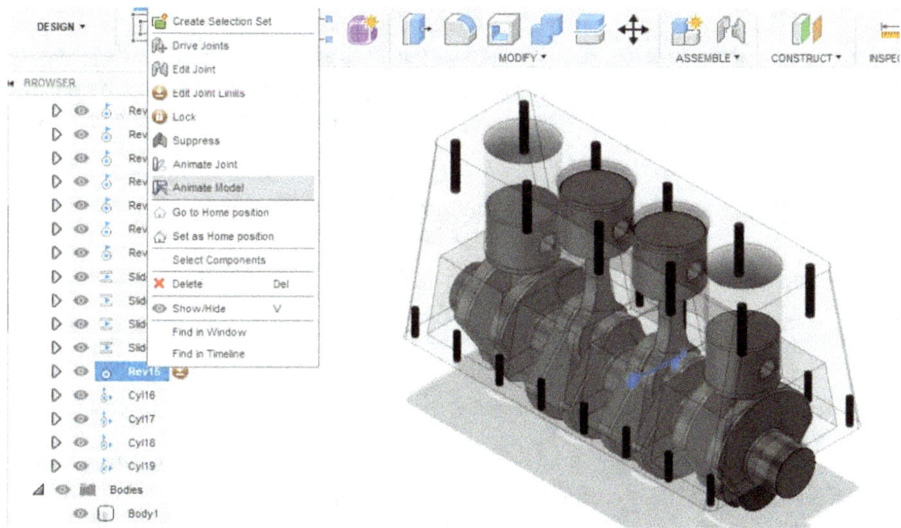

Figure 191: Animation de l'articulation du vilebrequin : Clic droit sur le joint -> "Animate Model"

Avant de passer aux sections suivantes de Fusion 360, nous allons d'abord examiner les onglets de menu "Surface" et "Sheet Metal" de la section "Design" dans les chapitres suivants.

5 Les onglets : "Surface" & "Sheet Metal" (Tôle)

5.1 Surface

Dans les projets de construction, nous avons travaillé exclusivement dans l'onglet "Solid". C'est probablement l'onglet dont vous aurez le plus souvent besoin. Dans l'onglet "Surface", vous pouvez uniquement travailler avec des surfaces. La différence avec le "Solid" ne réside essentiellement que dans l'épaisseur des éléments de construction, si vous voulez. Cependant, il s'agit plutôt d'une question de surfaces.

En principe, la procédure de création de telles surfaces est analogue à celle de la section "Solid", c'est-à-dire que si vous commencez une esquisse 2D sur un plan souhaité, vous trouverez dans l'environnement 2D les mêmes outils que dans l'onglet "Solid".

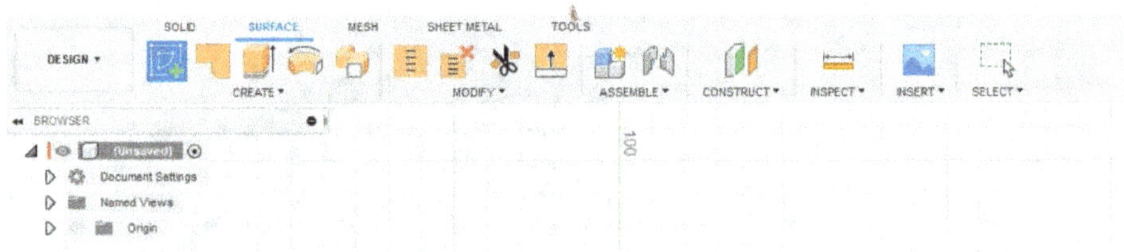

Figure 192: L'onglet "Surface" de la section "Design" avec les commandes et fonctions

Si vous dessinez maintenant une ligne et un rectangle, par exemple, vous pouvez ensuite créer une surface en mode 3D à l'aide de la fonction "Extrude", qui vous est également familière.

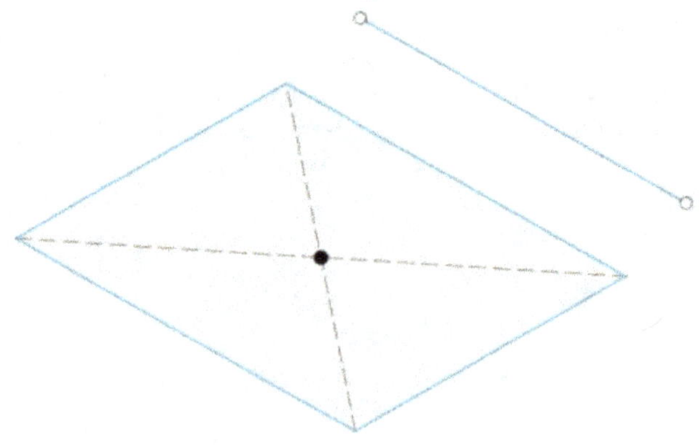

Figure 193: Dessiner une surface et une ligne (en haut) ; Créer des éléments de surface 3D avec "Extrude"

Comme vous le remarquez, l'élément n'a pas de profondeur/épaisseur car, comme je l'ai dit, il s'agit uniquement d'un élément de zone.

Dans la section "Create", vous retrouverez de nombreuses fonctions familières, ainsi que dans la section "Modify". Il y a aussi quelques nouvelles commandes ici et là, comme "Stitch" et "Unstitch".

Avec "Stitch", vous pouvez très rapidement transformer une forme de surface fermée en un corps solide. Par exemple, vous pouvez modéliser une surface complexe dans la zone "Surface", puis la transformer en un corps solide avec la commande "Stitch".

Essayons cela sur une surface sphérique. Dessinez une moitié de cercle sur un plan quelconque et faites-la pivoter de 360 degrés dans la zone "Surface→ "Create". Comme nous pouvons le voir dans la vue en coupe, nous n'avons maintenant créé qu'une surface sphérique.

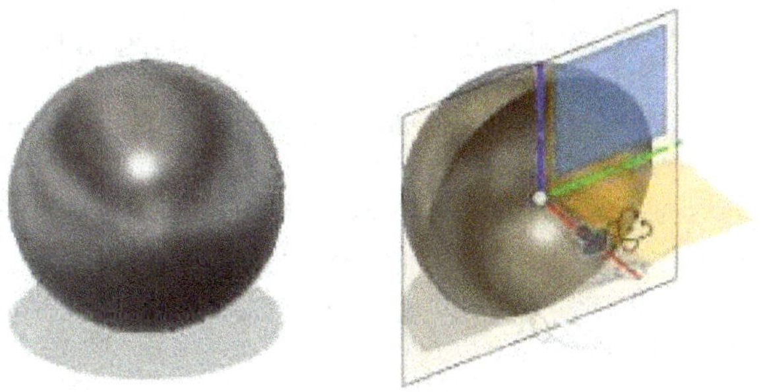

Figure 194: créez une sphère et affichez la vue en coupe

Cependant, nous pouvons les transformer en un corps solide avec la commande "Stitch" et la sélection de la surface ou de toutes les surfaces pour une pièce plus complexe.

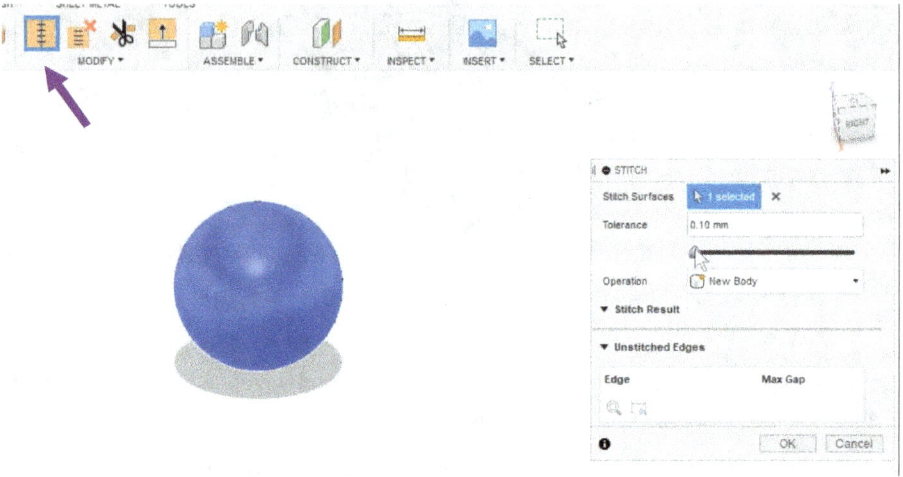

Figure 195: Exécution de la commande "Stitch" pour créer un corps solide

Si nous activons à nouveau la vue en coupe, nous le voyons à travers les hachures, qui nous montrent un corps solide.

Figure 196: Les hachures dans la vue en coupe nous indiquent que nous avons un corps solide.

La commande "Unstitch" fonctionnerait de manière analogue en application inverse.

Avec "Extend", vous pouvez, par exemple, allonger des zones individuelles.

Comme je n'ai personnellement que très rarement besoin de modélisation de surface, cette brève introduction devrait suffire. La seule chose que vous devez retenir est que l'onglet "Surface" doit toujours être utilisé pour les surfaces et qu'il peut être utilisé de manière relativement analogue à l'onglet "Solide" en ce qui concerne les fonctions et les commandes.

Vous pouvez utiliser la méthode de modélisation surfacique, par exemple, si vous voulez recréer une forme complexe à partir de surfaces, c'est-à-dire ne créer que la coque d'une pièce parce que la pièce serait difficile à construire en tant que corps solide, et ne la transformer en pièce solide qu'ensuite.

Cela signifie que le terme "Surface" ne prend un sens que pour les corps présentant des surfaces complexes, car vous pouvez alors mieux modéliser des formes très complexes avec de nombreux petits éléments de surface individuels.

5.2 Tôlerie ("Sheet Metal")

Passons maintenant à l'onglet "Sheet Metal". Ceci est d'une grande importance si vous voulez construire des feuilles. Les commandes et fonctions de cet onglet sont conçues de manière optimale pour cela.

Bien sûr, vous pouvez également concevoir avec de la tôle "Solid", mais vous verrez dans un instant pourquoi vous devriez plutôt travailler avec de la "Sheet Metal" pour cela. Un premier indice : il facilite surtout le traitement des plis, des ergots, des déroulements et autres éléments et caractéristiques spécifiques à la tôle.

Si vous voulez construire un élément de tôle incurvé, comme cet élément,

Figure 197: Exemple pour l'onglet "Sheet Metal".

Dans la pratique, c'est-à-dire dans l'atelier d'artisanat, vous avez besoin d'une pièce de tôle découpée dans une forme de base, que vous pliez ou usinez ensuite. Cette forme de base, également appelée dépliage, peut facilement être créée dans Fusion 360 dans cette section si vous construisez simplement le corps en tôle déjà plié.

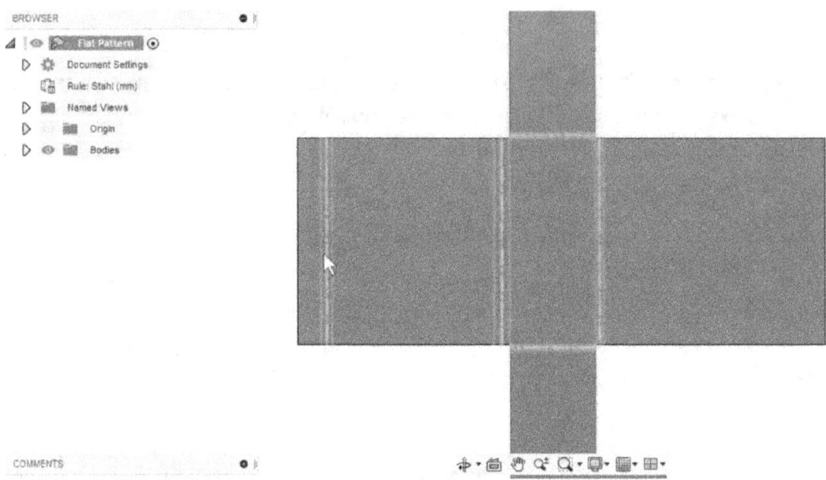

Figure 198: Le traitement de l'échantillon illustré précédemment ; généré par le programme

Cela signifie que vous concevez le corps en tôle fini souhaité et qu'il suffit ensuite au programme de générer le déroulement, c'est-à-dire les dimensions et les géométries pour les documents de production.

Voyons cela à l'aide de l'exemple présenté. La procédure de construction est maintenant très similaire, mais toujours un peu différente, comme si vous travailliez dans la section "Solid". Allons-y !

Pour le plancher ou l'élément de base, nous créons une feuille en commençant une nouvelle esquisse sur un plan. Nous dessinons ensuite, par exemple, un profil rectangulaire pour notre élément de base.

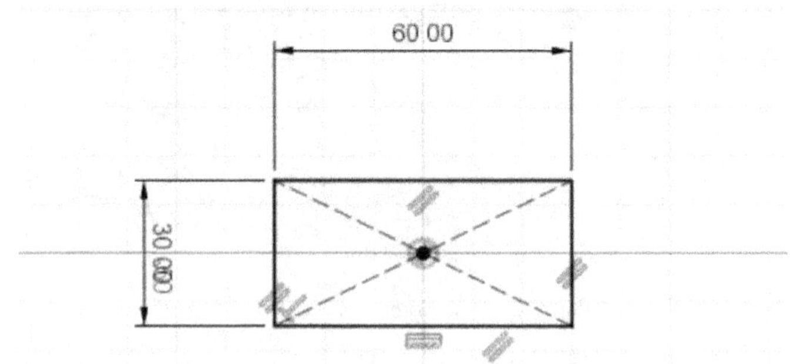

Figure 199: Esquisse d'un profil rectangulaire sur un plan comme d'habitude (60 mm x 30 mm)

Maintenant, normalement, nous devrions utiliser la commande "Extrude" en mode 3D, mais nous ne le faisons pas ici. C'est l'une des plus grandes différences dans le domaine de la construction métallique. Nous construisons maintenant notre corps en tôle avec la commande "Flange". Pour ce faire, sélectionnez la commande et le profil esquissé. Il vous suffit de cliquer dessus, l'épaisseur est déjà présélectionnée. Nous verrons pourquoi il en est ainsi et comment vous pouvez modifier l'épaisseur dans un instant.

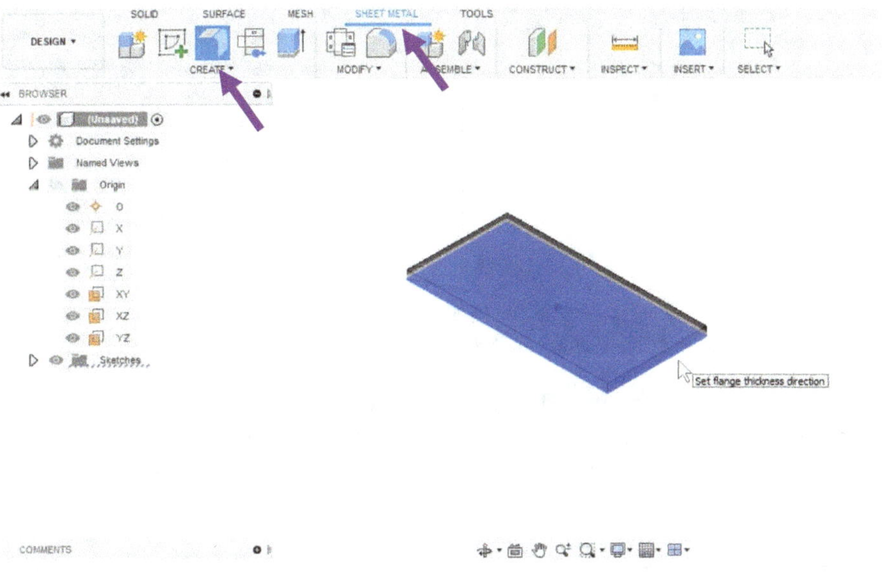

Figure 200: Nous utilisons la commande "Flange" et nous nous trouvons dans l'onglet "Sheet Metal"

À gauche dans l'arbre de structure, vous pouvez voir que le symbole est maintenant devenu "Tôle" et que l'élément "Rule" a été ajouté. Il contient le matériel et tous les paramètres importants spécifiques à la tôle pour les constructions en tôle, tels que le "facteur K" ou les conditions de pliage ("Bend conditions"). Si nécessaire, vous pouvez passer à un autre matériau ici.

Figure 201: Appel des paramètres spécifiques à la feuille sous "Rule" dans l'arbre de structure

Pour modifier les "Sheet Metal Rules", recherchez cet élément dans la section "Modify".

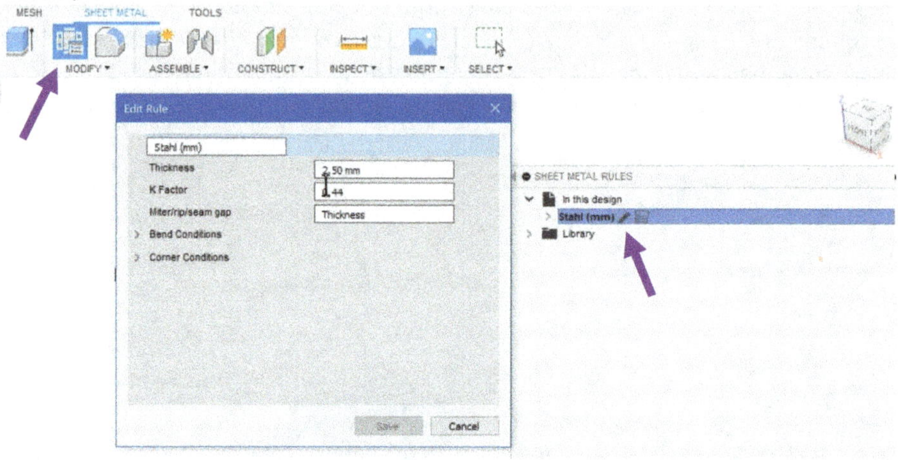

Figure 202: appelez les "Sheet Metal Rules" depuis la section "Modify" et modifiez-les si nécessaire

Vous pouvez maintenant modifier toutes les valeurs pertinentes à l'aide du petit symbole de crayon, mais il est recommandé de ne régler que l'épaisseur de la feuille et de demander les paramètres à votre fournisseur de feuilles ou de les laisser avec les valeurs par défaut.

Que se passe-t-il ensuite ? Pour poursuivre la construction de notre corps en tôle, nous utilisons à nouveau la commande "Flange". Dans ce qui suit, nous sélectionnons toujours des arêtes ou des esquisses. Comme notre feuille est relativement simple, nous sélectionnons simplement le bord latéral de l'élément de base et le tirons vers le haut avec la flèche indiquée.

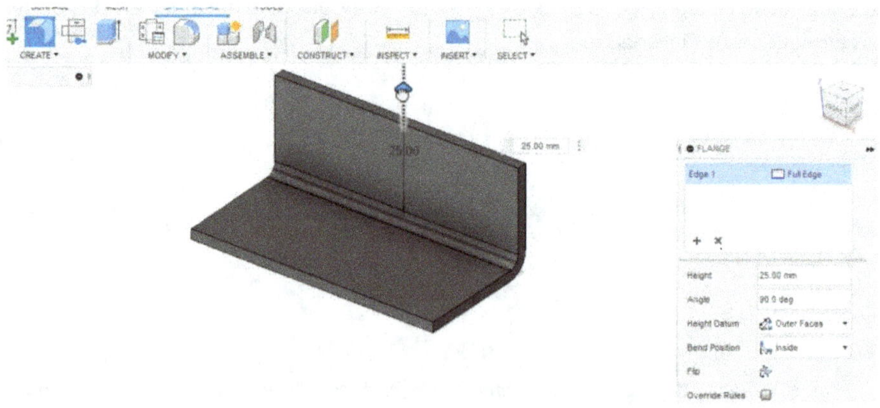

Figure 203: ajout d'une autre "flange" à l'exemple type

Comme vous pouvez le voir, le programme crée maintenant immédiatement le matériau avec la courbure correcte. Dans la fenêtre d'options à droite, vous pouvez modifier tous les paramètres importants, par exemple l'angle de pliage ou la position de pliage.

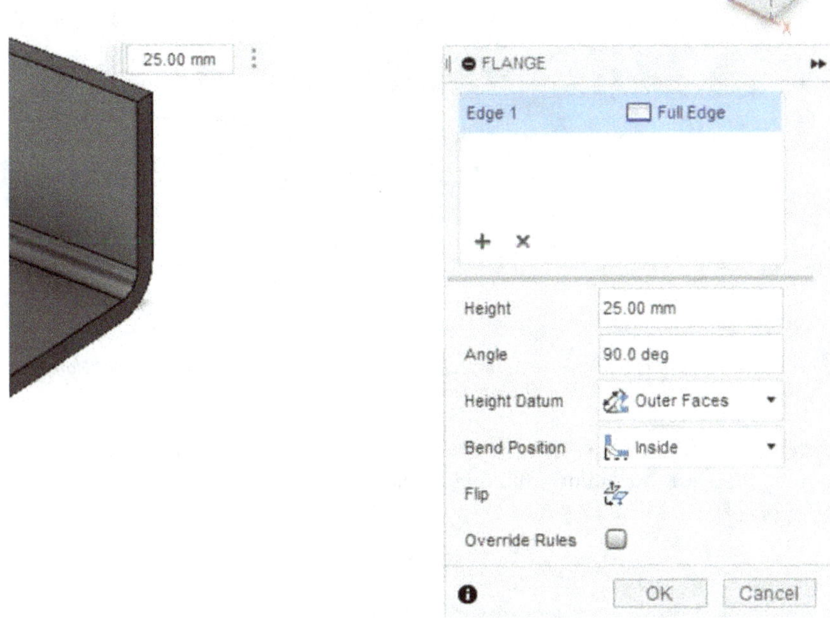

Figure 204: Les options possibles pour la commande "Flange"

Construisons également les autres éléments manquants de notre feuille d'exemple.

Figure 205: Les éléments encore manquants de l'échantillon (angles / longueurs librement sélectionnables)

Au lieu des bords, nous pouvons, comme nous l'avons déjà mentionné, également sélectionner un profilé esquissé avec "Flange" si, par exemple, vous voulez placer un élément de la longueur souhaitée. Une ligne est suffisante à cet effet.

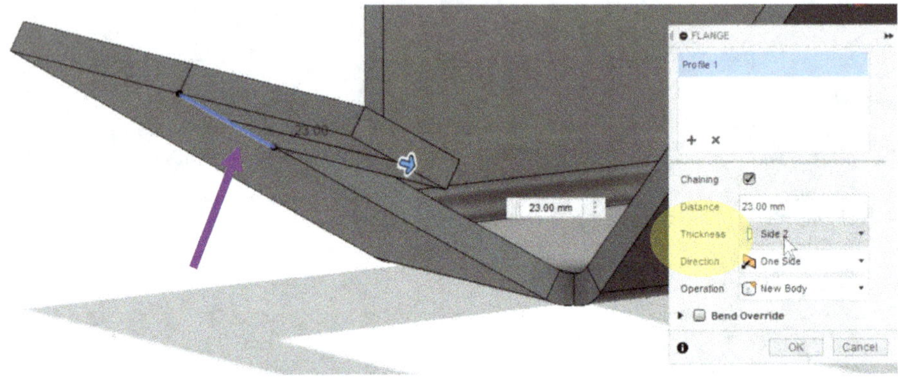

Figure 206: Dessinez une ligne sur la surface latérale d'un volet et extrudez-la avec "Flange" ; sélectionnez le bon côté (ici, par exemple, le "side 2") pour "Thickness".

À propos, vous pouvez également utiliser les commandes correspondantes des autres sections, telles que "Combine" de l'onglet "Solid", pour réunir les sections de feuilles en un seul corps.

Les usinages ultérieurs, tels que la création d'un trou ou de chanfreins ou l'arrondissement des bords, se dérouleraient à nouveau comme d'habitude.

Dans le domaine "Sheet Metal", il y a trois fonctions importantes que nous aimerions examiner. Premièrement, la commande "Bend", deuxièmement la commande "Unfold" et troisièmement "Create Flat Pattern".

La commande "Bend" peut être utilisée pour créer une courbure. C'est aussi simple que cela puisse paraître. Par exemple, si vous souhaitez plier à nouveau un élément du corps en tôle, il vous suffit de tracer une ligne de pliage à l'endroit où vous souhaitez plier le corps dans une esquisse 2D sur la surface de l'élément.

Sélectionnez ensuite la commande "Bend" (à partir de "Create" dans "Sheet Metal"), d'abord la surface à plier et ensuite la ligne de pliage. Vous pouvez maintenant plier la tôle le long de cette ligne dans l'orientation souhaitée.

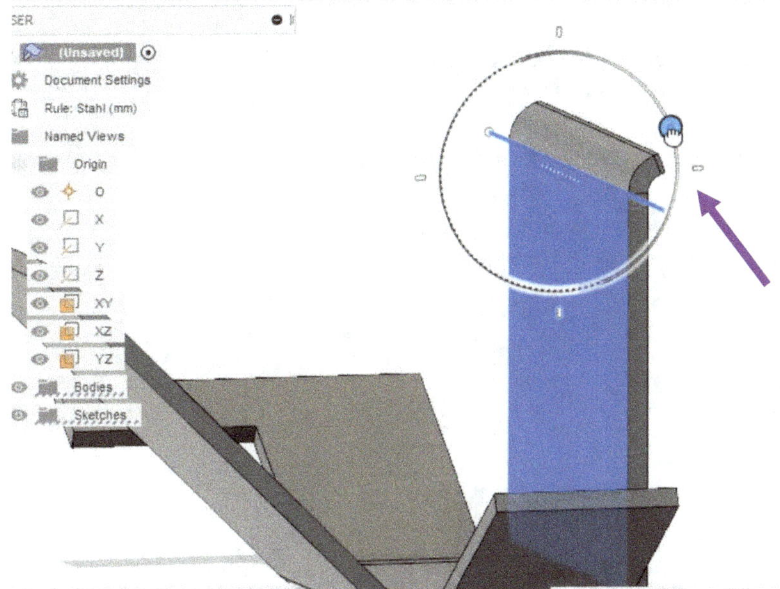

Figure 207Sélection d'une ligne créée sur une surface dans une esquisse 2D comme ligne de pliage à l'aide de la commande "Bend"

Pour créer un dépliage de notre tôle pour les documents de production, nous pouvons d'une part utiliser la commande "Unfold" de la section "Modify" (onglet "Sheet Metal"). Pour ce faire, sélectionnez d'abord la section de la feuille qui doit rester immobile, c'est-à-dire la partie de la feuille qui doit être dépliée, par exemple celle-ci.

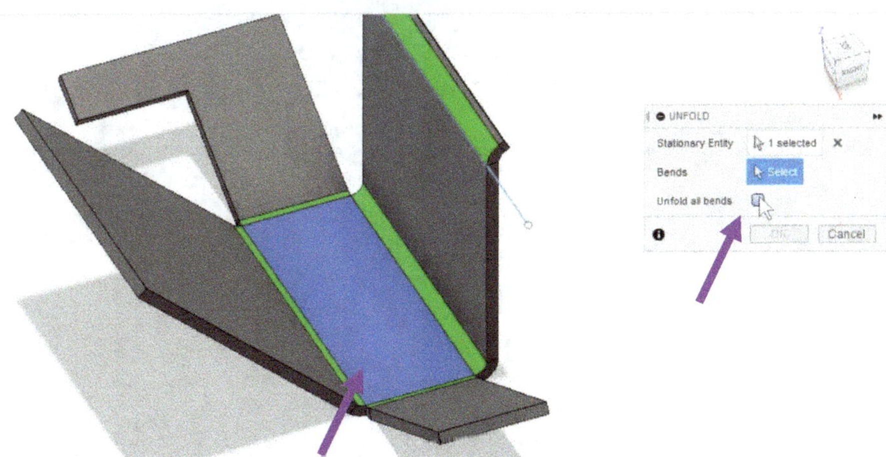

Figure 208: Commande "Unfold" ; la partie stationnaire est la zone bleue

Dans la barre d'options, sélectionnez "Unfold all bends", par exemple, pour sélectionner tous les plis, ou ne sélectionner que des plis individuels.

En revanche, pour les documents de production proprement dits, vous devez utiliser la commande "Create Flat Pattern" de la section "Create".
Pour ce faire, vous sélectionnez à nouveau une section stationnaire et êtes ensuite transféré vers l'espace de travail "Flat Pattern".

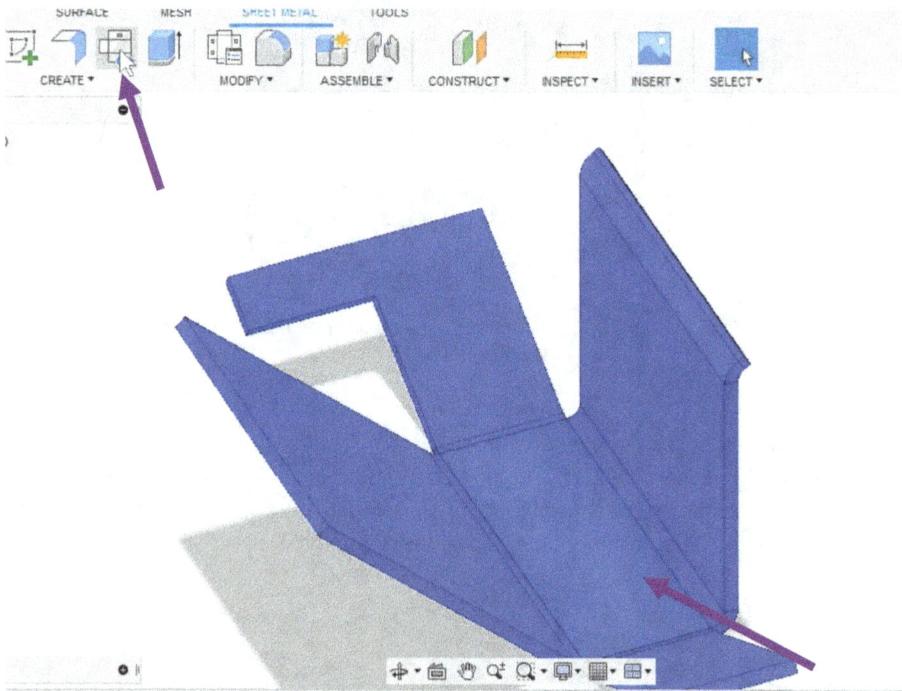

Figure 209: Sélectionnez la commande "Create Flat Pattern" et définissez une zone stationnaire (voir les flèches).

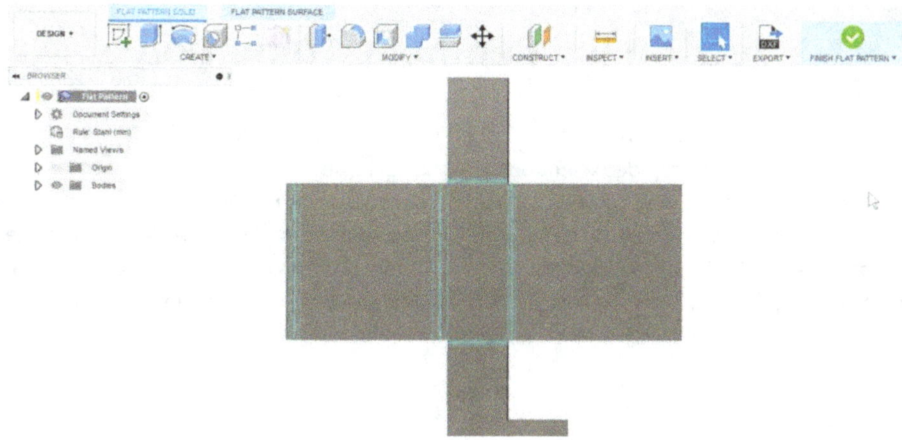

Figure 210: L'espace de travail "Flat Pattern" avec d'autres options d'édition

Si tout concorde, cliquez sur "Finish" et vous verrez le "Flat Pattern" généré dans l'arborescence à gauche. Vous pouvez ensuite exporter le développement généré pour la production ou créer un dessin technique à partir de celui-ci.

Figure 211: Le "Flat Pattern" généré / le déroulement dans l'arbre de structure

Tant pis pour la section "Design" et la construction CAO ! Bon travail jusqu'à présent !

Ne manquez pas de continuer à explorer tout le potentiel de Fusion 360. Dans la prochaine section, nous examinerons d'abord "Render" et "Animation" avant de passer à "Simulation" et aux autres domaines.

Section II : Rendu et Animation

Dans cette partie du cours, nous aborderons les deux sections "Render" et "Animation". Vous avez besoin de ces deux sections chaque fois que vous souhaitez présenter des pièces individuelles ou des assemblages déjà construits de manière statique - c'est-à-dire sous forme de photos - ou dynamique, c'est-à-dire sous forme de vidéo, pour une présentation de produit, pour un site Web, pour une réunion ou simplement pour votre cercle d'amis. Il s'agit, pour ainsi dire, d'un studio de photographie et de cinéma intégré pour les objets construits.

6 Rendu

Dans cette leçon, nous commençons par l'environnement "Render", que vous pouvez sélectionner dans le menu en haut à gauche. Nous allons utiliser l'un de nos projets de construction comme objet, à savoir la tasse avec anse.

Figure 212: Passage à l'espace de travail "Render" dans le programme

Comme vous pouvez le constater, l'environnement du programme est à nouveau très identique à ce que nous connaissons déjà. À gauche se trouve l'arborescence et en haut, l'onglet "Render" avec les différentes fonctions ou commandes.

La nouveauté dans la zone inférieure est la "Rendering Gallery", où nous pouvons enregistrer les éléments déjà rendus.

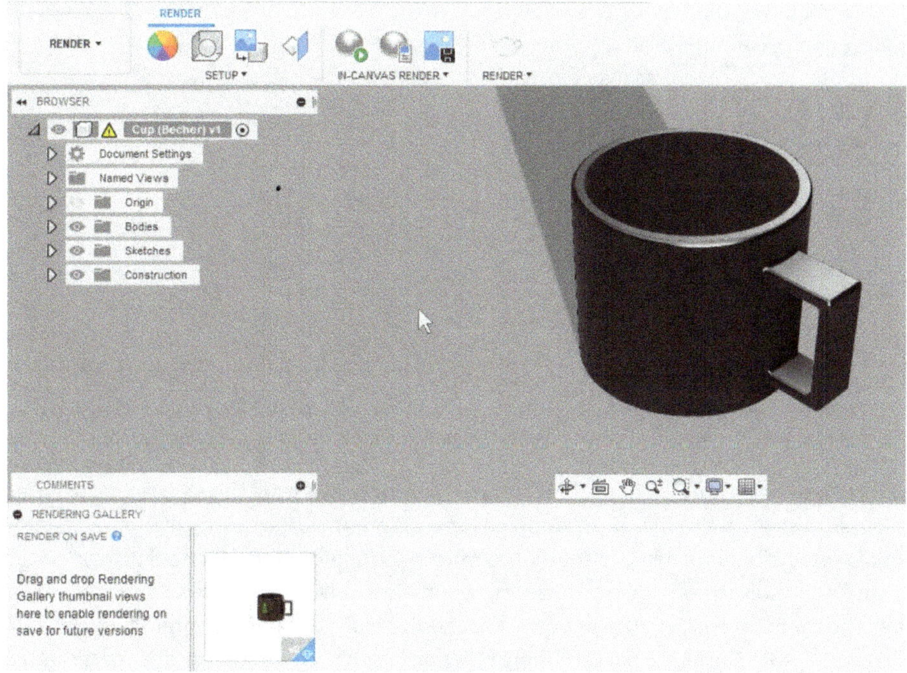

Figure 213: L'environnement du programme dans l'espace de travail "Render"

À propos, le rendu signifie ici simplement qu'un graphique ou une image est généré à partir des informations géométriques du composant CAO. Bien sûr, vous pouvez aussi simplement faire une capture d'écran si vous êtes pressé. Cependant, un graphique rendu sera sensiblement différent en termes de résolution et de réalisme, mais il prendra également plus de temps à créer.

Essayons tout cela étape par étape. Tout d'abord, bien sûr, vous pouvez masquer tous les éléments que vous ne voulez pas dans l'arbre de structure en cliquant sur les petits symboles "yeux", mais ce n'est pas nécessaire dans notre cas car nous n'avons que la tasse comme pièce unique. Dans la deuxième étape, nous pouvons modifier l'apparence ("Appearance") de notre objet.

Nous pouvons l'utiliser pour transférer l'apparence et la texture de certains matériaux à l'ensemble de notre objet de construction ou simplement à des surfaces individuelles. Une variété de matériaux est disponible pour la sélection. Par exemple, nous pourrions simplement faire représenter la coupe en bronze pour une fois.

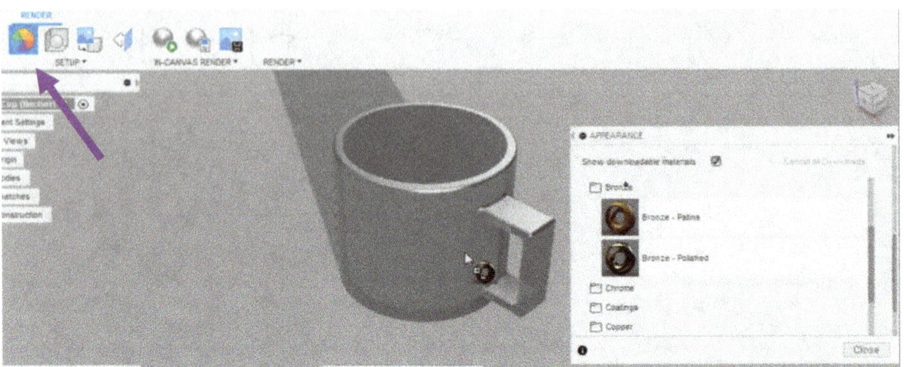

Figure 214: modification de l'apparence "Appereance" de notre objet. Sélectionnez le matériau souhaité et faites-le glisser sur la tasse en maintenant le bouton de la souris enfoncé.

Il suffit de sélectionner le matériau ou son apparence, puis de le faire glisser sur le corps ou la surface en maintenant le bouton de la souris enfoncé. Parfait, d'ailleurs, le résultat final n'est visible que lorsque tout a été rendu. Avec le bouton "Scene Settings", nous pouvons ensuite modifier notre décor, pour ainsi dire, c'est-à-dire l'arrière-plan et l'environnement. Ici, vous pouvez sélectionner un paramètre prédéfini dans la "Environment Library", par exemple "Warm Light" et modifier des paramètres spécifiques tels que la position de l'ombre ou la couleur de l'arrière-plan ou même la perspective de la caméra dans "Settings". Il est préférable d'essayer vous-même plusieurs réglages différents afin de trouver celui qui vous convient le mieux.

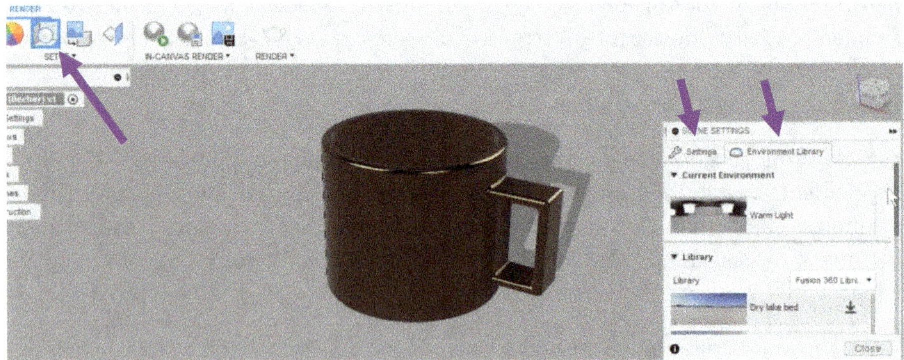

Figure 215: Modification des paramètres de la scène (arrière-plan) ou "Scene Settings". Sélectionnez le préréglage souhaité ou créez-le vous-même et faites-le glisser sur le bouton de la souris en le maintenant enfoncé.

Avec la commande "Decal", nous pouvons appliquer une image, dans ce cas par exemple une étiquette, sur notre tasse. Il suffit de sélectionner une image appropriée dans votre propre collection, de choisir une surface sur laquelle elle doit être placée, puis d'ajuster la taille et la position à l'aide des options ou des flèches et curseurs.

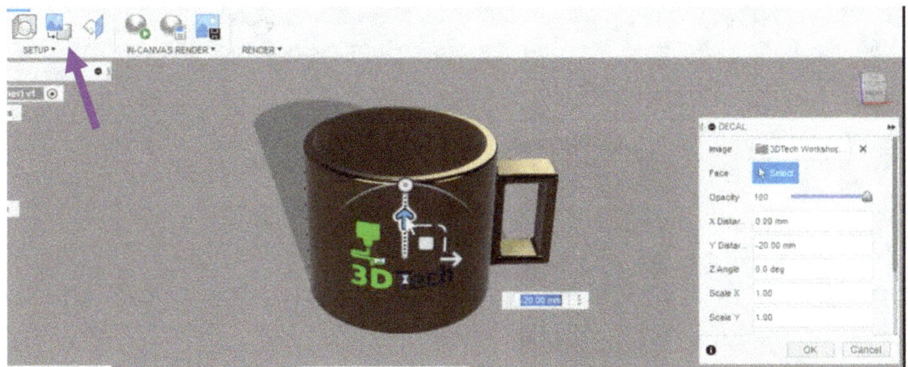

Figure 216: Appliquez une étiquette ou un autocollant avec "Decal" sur l'objet

Avec la commande "In-Canvas Render", nous pouvons créer un aperçu rapide du rendu dans l'environnement du programme et prendre une capture d'écran avec "Capture Image".

Figure 217: "In-Canvas Render" peuvent être utilisés pour la prévisualisation

Cependant, le rendu proprement dit est lancé avec la commande "Render". Il suffit de cliquer sur la théière, puis de procéder aux réglages souhaités. Avant de faire cela, vous devez encore enregistrer le projet. Vous pouvez choisir entre plusieurs résolutions prédéfinies ou spécifier la vôtre sous "Custom". Plus la résolution et la qualité de rendu sont élevées, plus le temps est long. Sous "Render with", nous pouvons simplement sélectionner "local", c'est-à-dire que notre propre PC fournit la puissance de calcul.

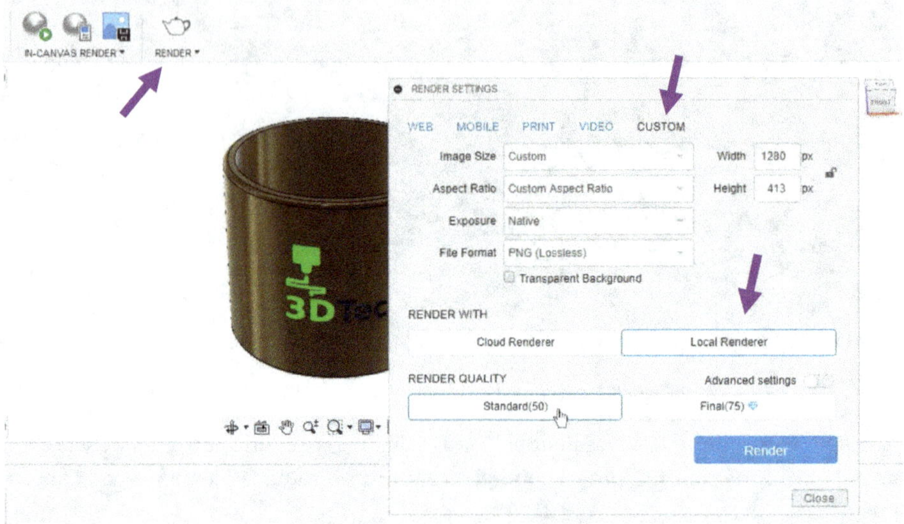

Figure 218: La fonction de "rendu" réelle de l'espace de travail

Ensuite, il suffit de lancer le rendu et d'attendre. Le fichier et la progression sont alors affichés en bas de la "Rendering Gallery". En cliquant dessus, vous pouvez ouvrir le graphique rendu et le sauvegarder ou le supprimer. Comme vous pouvez le voir, la position joue également un rôle majeur, c'est-à-dire que la façon dont vous faites pivoter et déplacez l'objet de construction est la façon dont il sera finalement rendu.

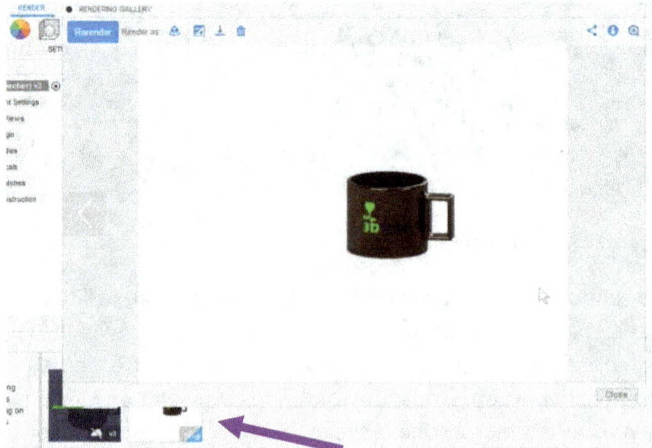

Figure 219: Ouvrez l'image rendue par un double clic dans la "Rendering Gallery"

C'est tout pour l'équarrissage, il n'y a plus grand-chose à discuter dans cet environnement. Nous allons maintenant poursuivre avec l'environnement "Animation" et revenir ensuite à des sujets plus passionnants.

7 Animation

Pour les possibilités dans l'environnement du programme "Animation", nous utilisons le modèle construit de notre moteur 4 cylindres. Comme vous pouvez le constater, l'environnement est à nouveau structuré comme nous le connaissons déjà, à la différence que la "Animation Timeline" est située dans la zone inférieure.

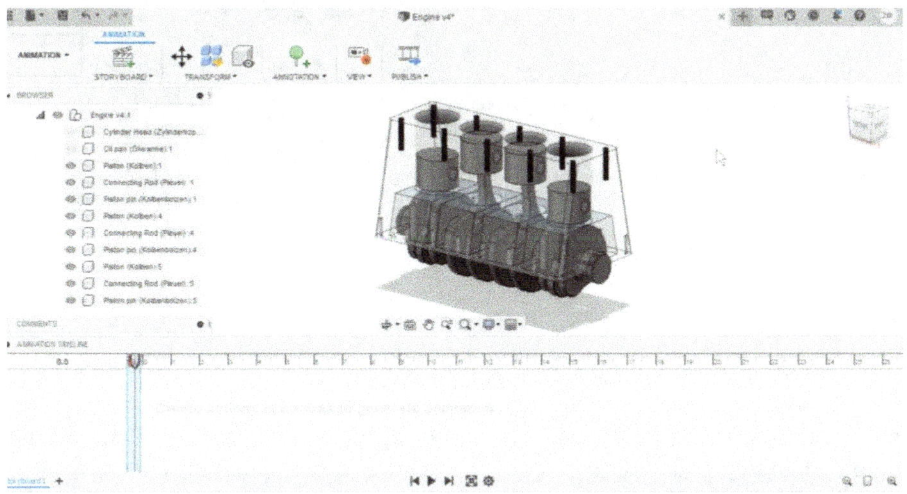

Figure 220: L'environnement du programme "Animation" avec la "Animation Timeline" (ci-dessous)

Nous aimerions maintenant créer une sorte de vidéo dans laquelle les pistons dans les cylindres montent et descendent et sont zoomés dans quelques positions différentes. Malheureusement, nous ne pouvons pas faire aussi simple que dans l'environnement de conception et animer seulement l'articulation du vilebrequin, car les articulations ne sont malheureusement pas affichées dans "Animation", seulement les composants. C'est pourquoi nous n'animons que les pistons dans ce cas. Si l'ensemble du fonctionnement du moteur doit être capturé dans une vidéo, il est plus facile d'animer l'articulation du vilebrequin dans l'environnement "Design", comme nous l'avions déjà fait. Et ensuite de créer une vidéo de screencasting, c'est-à-dire un enregistrement d'écran, avec un logiciel externe. Sinon, l'animation est très complexe.

Retour à la zone "Animation". Pour l'animation, nous devons maintenant donner à chaque composant individuel un mouvement dans cet environnement, mais la direction du mouvement est indépendante de l'articulation. Pour ce faire, nous utilisons la commande "Transform Components" de la section "Transform". Nous commençons par cacher tous les autres composants pour qu'il ne reste que le carter et le piston.

139

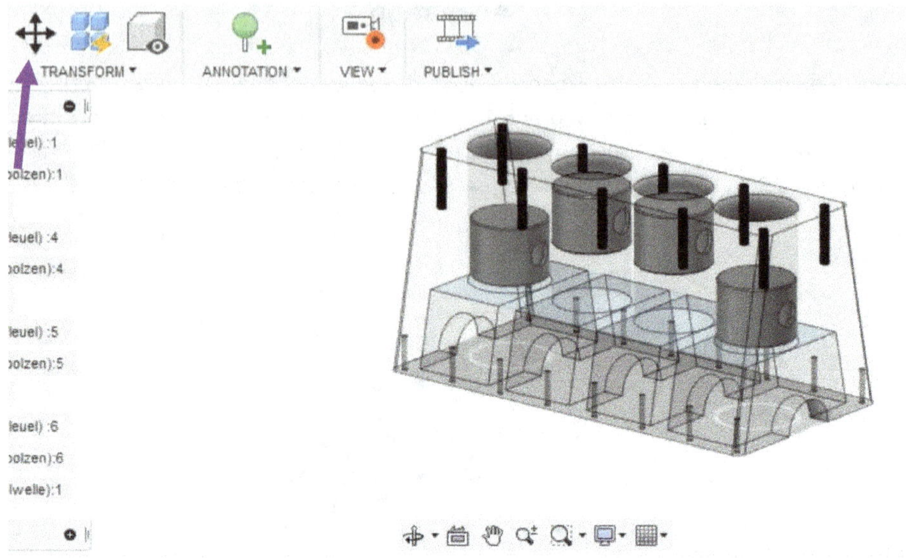

Figure 221: Tous les éléments inutiles sont cachés ; le piston et le carter restent.

Avant de commencer, nous devons régler le curseur dans la ligne de temps sur une durée, par exemple sur 2 secondes, car c'est la durée que doit durer la première scène. Si nous zoomons ensuite dans le modèle, nous remarquons qu'une fonction d'enregistrement est déjà créée, car cela se produit automatiquement lorsque nous avons sélectionné une durée et que nous effectuons un mouvement de l'environnement du programme ou un déplacement de composant ou une autre action.

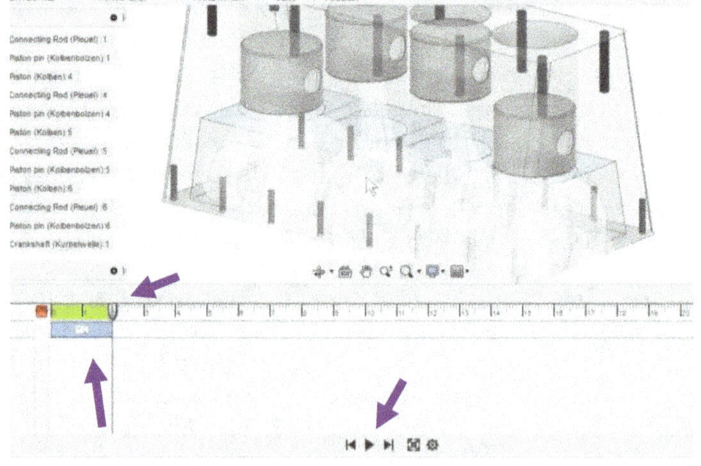

Figure 222: Une fonction de caméra (bleu clair) est automatiquement créée après que nous ayons réglé la ligne de temps sur 2 sec. et effectué un mouvement avec la souris dans l'environnement de dessin ; jouable avec Play

Cette fonction reflète déjà le "zoom avant", nous pouvons la jouer avec un clic sur Play. Si vous ne le souhaitez pas, utilisez le bouton "View" pour supprimer la fonction d'enregistrement.

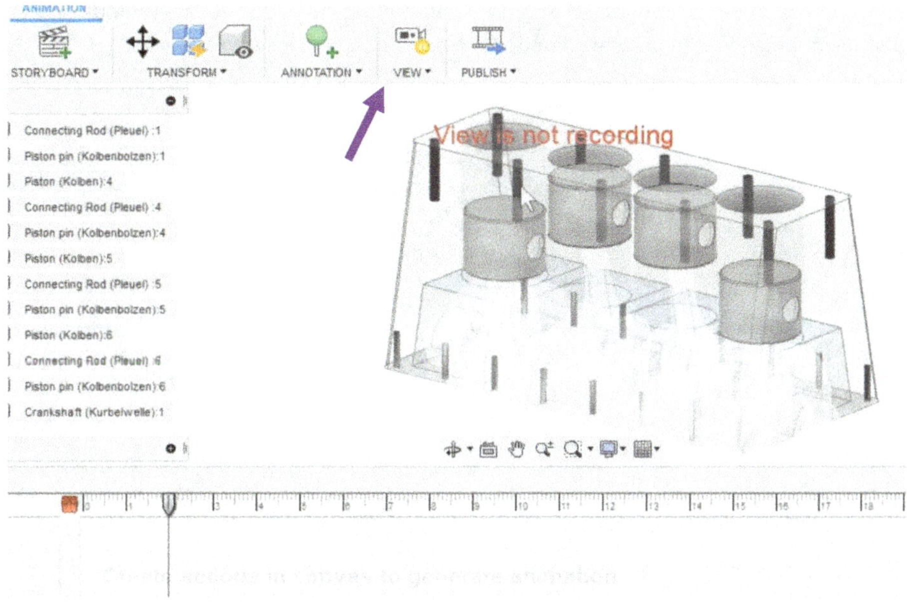

Figure 223: Suppression de la fonction d'enregistrement automatique de la vue avec "View"

Mais d'abord, le premier mouvement des pistons. Pour le premier mouvement, nous sélectionnons la commande "Transform Components" et deux des pistons, chacun à la même hauteur. Nous copions le mouvement avec notre souris ou entrons la valeur avec le clavier, dans ce cas +80 mm dans la direction z pour les deux premiers pistons.

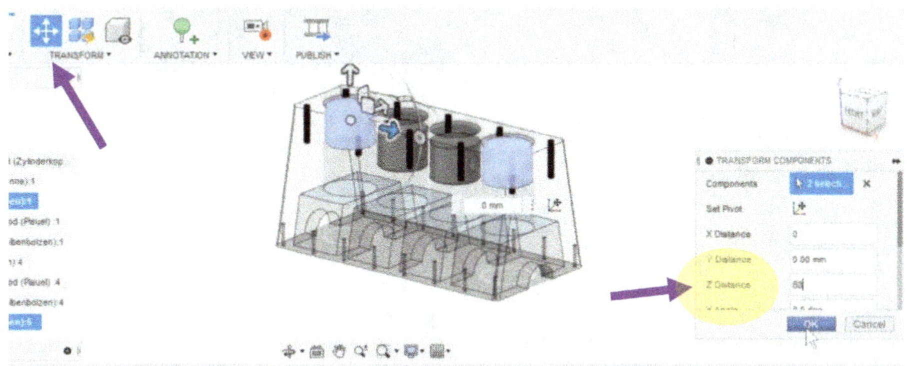

Figure 224: Sélectionnez les deux pistons extérieurs et entrez +80 mm

Ce mouvement prend ensuite 2 secondes. parce que nous sommes à la marque de 2 sec. dans la ligne de temps. Pour le mouvement des deux autres pistons, nous devons rester à la marque de 2 secondes dans la ligne de temps pour le moment, car ces composants doivent bouger en même temps. Nous sélectionnons les deux autres pistons et entrons -80 mm dans la direction z pour "Tranform Components".

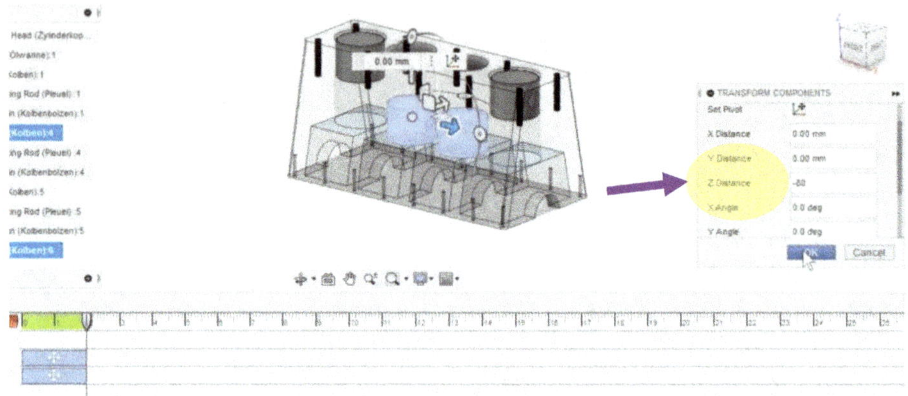

Figure 225: Les deux pistons du milieu doivent se déplacer vers le bas de - 80 mm

Si nous appuyons ensuite sur "Play", nous pouvons regarder la première scène.

Pour la deuxième scène, nous avons maintenant besoin de mouvements exactement opposés. Donc pour les deux premiers pistons - 80 mm et les autres + 80 mm. Pour ce faire, nous réglons d'abord la ligne de temps sur 4 secondes. C'est parce que ce mouvement doit prendre 2 secondes, exactement après le premier mouvement.

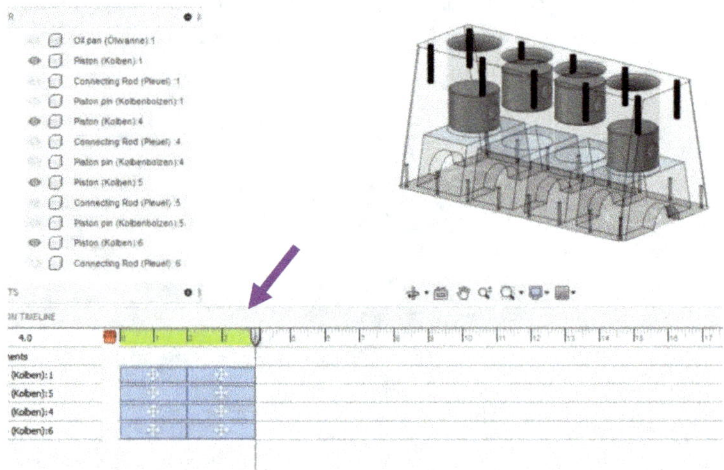

Figure 226: Au final, il doit y avoir huit éléments d'enregistrement dans la ligne de temps pour une révolution, deux par piston ou quatre par 2 secondes.

Nous devons ensuite répéter le tout pendant toute la durée de la vidéo. Cela prend beaucoup de temps, pour dire les choses crûment.

Dans ces 4 secondes, nous aimerions enfin ajouter un zoom ou un changement de vue, pour cela nous restons avec les 4 sec. sur la ligne de temps et exécutons simplement le mouvement de zoom ou de vue que nous voulons avoir.

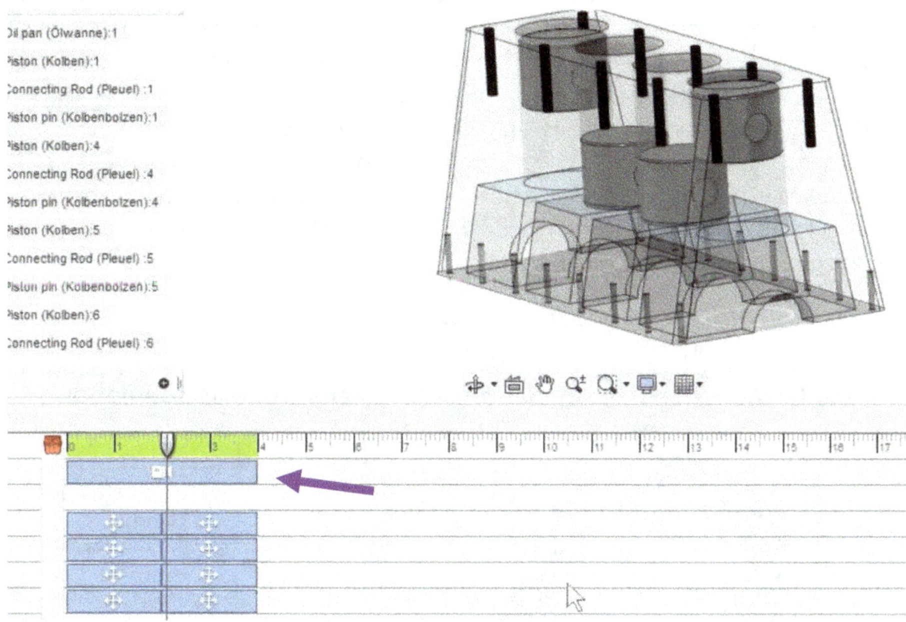

Figure 227: Exécutez le mouvement de la vue (rotation, déplacement ou autre) et appuyez sur "Play"

La courte animation est prête ! En cliquant sur "Publier", nous pourrions alors enregistrer notre vidéo avec les paramètres souhaités.

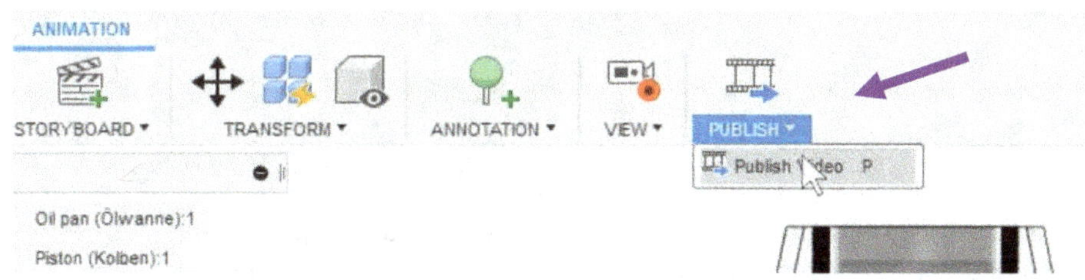

Figure 228: Publier l'animation avec "Publish" ou l'enregistrer dans un format souhaité

Section III : Simulation, fabrication et dessin

Dans cette dernière partie du cours, les choses deviennent vraiment intéressantes lorsque nous examinons les sections "Simulation", "Manufacture" et "Drawing". La section Simulation vous permet de simuler les charges et le comportement des matériaux. Peut-être le terme FEM, c'est-à-dire la "méthode des éléments finis", signifie-t-il quelque chose pour vous. Sans entrer dans les détails de ce principe complexe, vous devriez au moins avoir entendu le nom et savoir que le logiciel FEM peut être utilisé pour simuler les charges et le comportement des matériaux d'un composant. Dans ce cours pratique, nous traitons exclusivement de l'application de la méthodologie. Les sections "Manufacture" et "Drawing", qui suivent, sont nécessaires pour la production directe de machines d'une part et pour créer des dessins techniques en tant que documents de production d'autre part.

8 (FEM) simulation

8.1 Introduction à la simulation et première étude de simulation

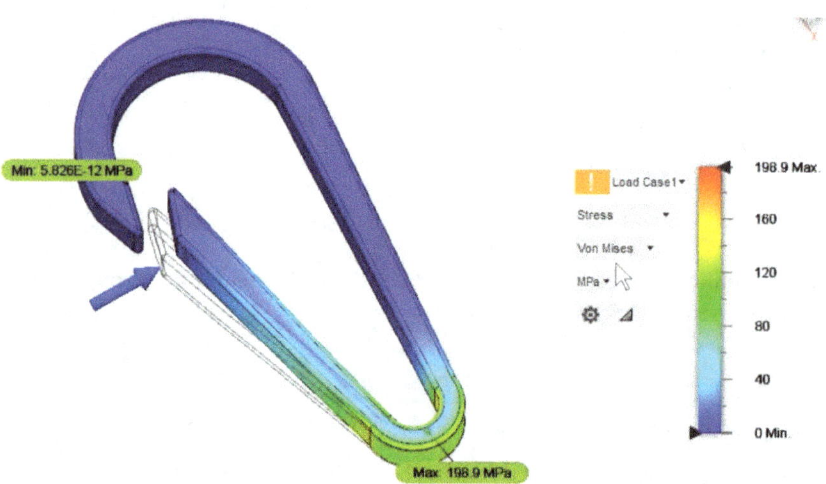

Figure 229: L'objectif de ce chapitre : Simuler une charge avec le modèle CAO du mousqueton

Nous aimerions utiliser le mousqueton créé dans l'un des projets de conception comme échantillon pour nous familiariser avec l'environnement "Simulation" de Fusion 360. Avec l'environnement "Simulation", nous pouvons simuler des charges et obtenir comme résultat des valeurs telles que : les contraintes résultantes dans le composant ou les déplacements résultants, en termes simplifiés, par exemple la flexion d'un composant sous une charge appliquée.

Pour ce faire, nous ouvrons le fichier et passons ensuite au menu "Simulation" dans l'option de sélection en haut à gauche. La première fenêtre qui apparaît est "New Study", dans laquelle nous pouvons sélectionner la simulation que nous voulons réaliser. Par exemple, nous pouvons choisir entre la simulation de la contrainte statique, de la contrainte thermique ou de la contrainte statique non linéaire.

Figure 230: Ouvrez le fichier du mousqueton et passez à la zone "Simulation"

Dans ce cours pour débutants, nous traitons exclusivement de ce qui est probablement l'application la plus courante : le chargement statique. C'est pourquoi nous le sélectionnons. En cliquant sur "Create Study", nous démarrons une nouvelle étude dite de charge. Celui-ci est ensuite affiché avec toutes les options et paramètres pertinents à gauche dans l'arborescence sous les dossiers de l'objet.

Dans la zone "Simulation", il n'y a que l'onglet "Setup" dans la barre de menu supérieure, où nous effectuons tous les réglages dont nous avons besoin pour la simulation. Si nous voulons calculer différentes situations de charge, par exemple simuler deux points d'application de force différents, nous pouvons également créer plusieurs études de ce type, pour cela il suffit de cliquer sur "New Study".

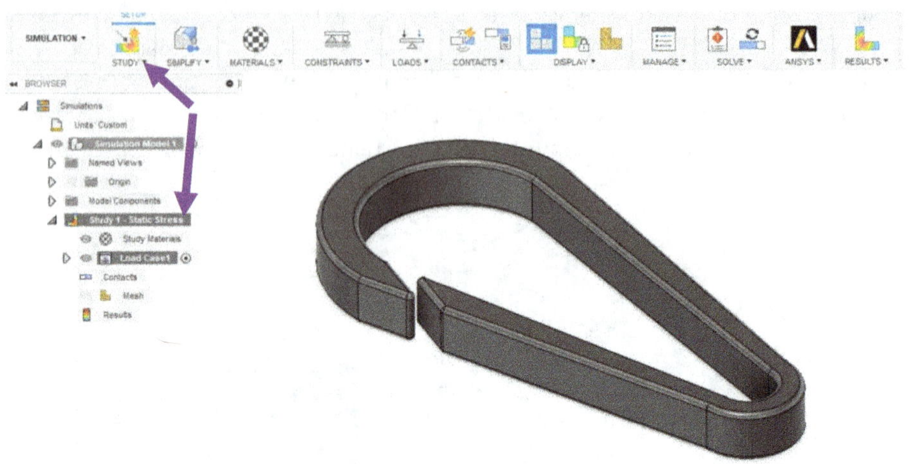

Figure 231: l'environnement du programme dans la section "Simulation"

Pour la simulation d'une charge sur un composant, nous procédons maintenant successivement en cinq étapes. Cette procédure est relativement identique pour chaque étude, seul le contenu diffère.

Avant de commencer par une étude de charge, nous nous demandons d'abord s'il est judicieux de simplifier quelque peu notre composant. Ceci est logique si nous avons un composant géométriquement très complexe ou un grand assemblage avec de nombreux composants qui ne contribuent pas au calcul. Plus le calcul est complexe, plus le temps de calcul est long. Dans notre cas, cependant, nous pouvons laisser la géométrie telle quelle.

Figure 232: Si nous cliquons sur la commande "Simplify" dans la barre de menu (image du haut), la barre de menu s'ouvre sur la zone "Simplify" (image du bas), dans laquelle nous pouvons effectuer des simplifications sur des solides et des surfaces ; puis refermer la zone avec "Finsih Simplify"

La deuxième étape consiste à vérifier si le bon matériau est attribué à notre composant. Pour ce faire, nous utilisons le menu "Materials". En cliquant sur "Study Materials", vous ouvrez une fenêtre dans laquelle sont affichés les matériels respectifs de tous les composants.

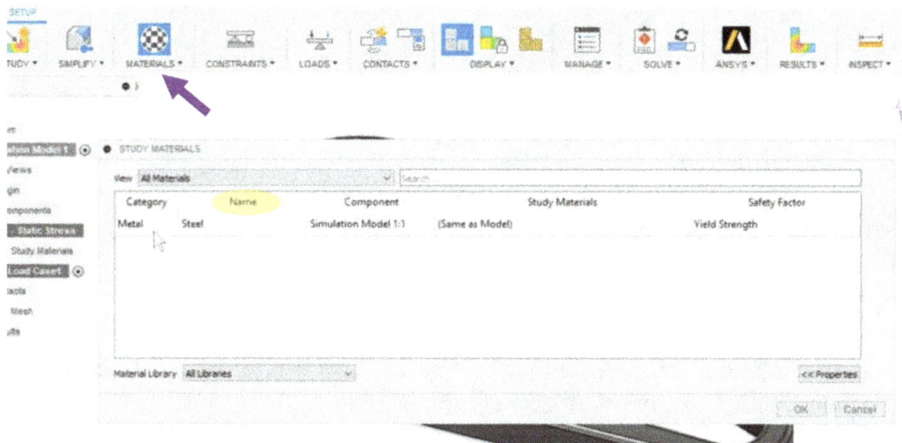

Figure 233: Un clic sur "Study Materials" dans le menu "Materials" ouvre une fenêtre

Dans ce cas, nous n'en avons qu'un seul, car il s'agit d'une pièce unique. Selon ce que nous avons sélectionné comme matériau dans la construction, le matériau - l'acier est sélectionné par défaut - nous est présenté sous "Name". Dans le champ "Study Materials", nous pouvons maintenant sélectionner le matériau du composant pour cette étude. Pour l'instant, il est réglé sur "Same as model", de sorte que le matériau réel de l'objet est utilisé pour notre étude de charge, c'est-à-dire l'acier. Si nous voulons sélectionner un matériau différent pour, par exemple, une étude de chargement différente, il nous suffit de le sélectionner dans le menu déroulant. Nous pouvons également modifier le matériau dans l'environnement de conception, mais cela prendra plus de temps pour les études multiples. Pour ce mousqueton simple, nous choisissons maintenant "l'aluminium" comme matériau pour le calcul, par exemple, car l'acier aurait un module d'élasticité beaucoup trop élevé pour ouvrir le mousqueton ici, c'est-à-dire qu'il aurait une résistance à la déformation trop élevée.

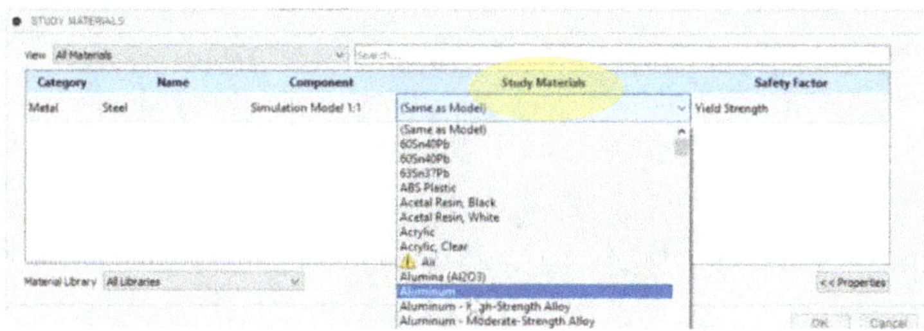

Figure 234: La sélection de l'aluminium dans le menu déroulant de "Study Materials"

En cliquant sur "Properties", nous pouvons également afficher les propriétés prédéfinies du matériau telles que la densité, le module de Young, etc.

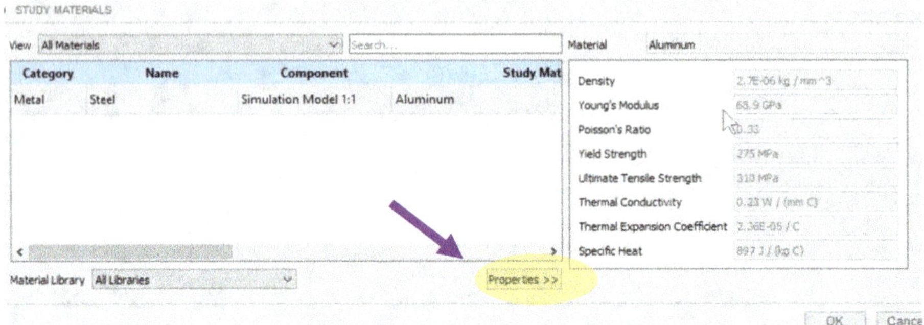

Figure 235: Affichage des propriétés du matériau après la sélection du matériau

La troisième étape avant de pouvoir commencer un calcul de la simulation est de sélectionner les "Constraints" et les "Contacts" pour le calcul.

Nous n'avons besoin de "Contacts" que pour un assemblage avec plusieurs composants, car avec "Contacts" nous définissons le transfert de charge entre les composants individuels, c'est-à-dire les points de connexion entre les composants. Nous examinerons cela de plus près dans le deuxième exemple.

Il suffit donc ici de définir les "Constraints". Les "Constraints" dans le domaine de la "Simulation" représentent simplement des contraintes. C'est-à-dire, à quels points ou surfaces notre composant est fixé dans l'espace ou comment et où il est soutenu.

Pensez-y en termes très pratiques : Vous prendriez le mousqueton dans une main et le tiendriez avec la paume de votre main contre le dos ou presseriez le dos contre la paume de votre main, c'est pourquoi nous avons choisi la surface arrière du mousqueton pour le rangement.

Pour cela, nous créons une contrainte avec la commande "Constraints" ou aussi "Structural Constraints".

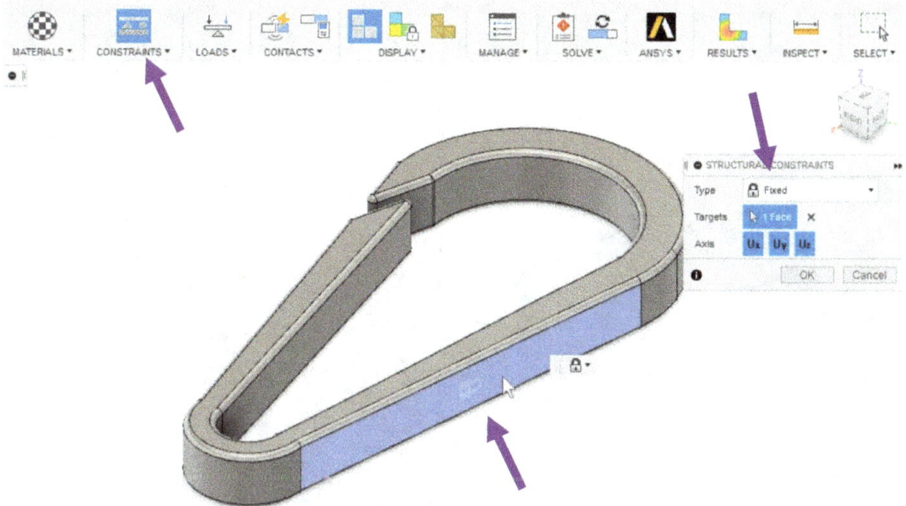

Figure 236: Fixation de l'arrière du mousqueton avec la "Constraint" : "Fix"

Nous pouvons choisir entre "Fixed", "Pin" et "Frictionless". Pour le mousqueton, nous choisissons "Fixed" comme contrainte la plus simple et, par simplification, nous supposons qu'elle s'applique dans toutes les directions, c'est-à-dire que le mousqueton ne bouge pas un peu dans la paume de la main.

Puis, dans la quatrième étape, nous avons bien sûr encore besoin d'une charge. Nous pensons à la façon dont le mousqueton est réellement chargé.

Dans la présente géométrie, l'élément frontal du mousqueton est chargé par pression afin d'élargir l'ouverture du mousqueton, par exemple pour enfiler une corde.

Par exemple, on appuiera avec l'index et ou le majeur contre le bord supérieur du mousqueton, c'est-à-dire juste avant l'ouverture.

Pour la simulation de cette charge, nous sélectionnons la commande "Loads" ou "Structural Loads" et comme type une force, c'est-à-dire "Force".

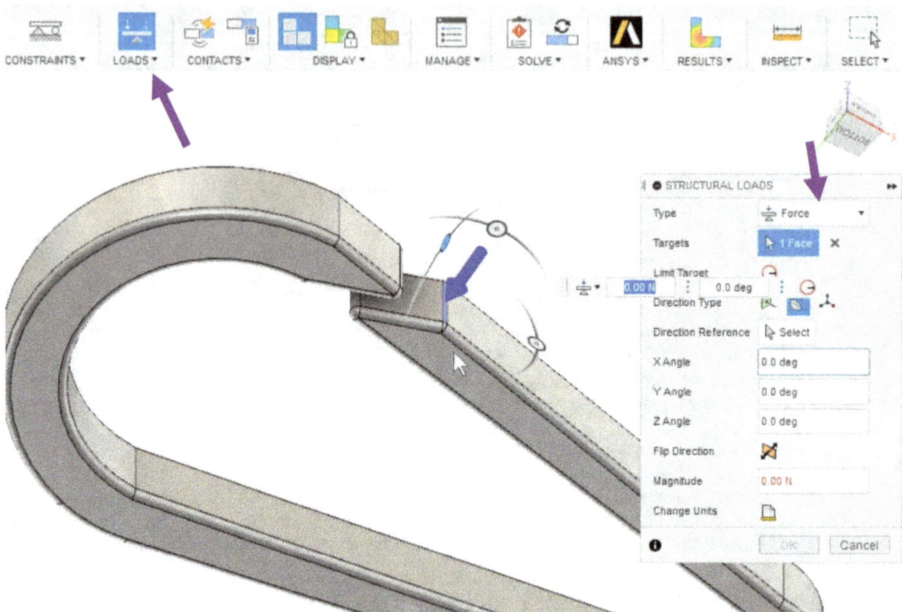

Figure 237: Sélection de la direction de la charge, du point d'application et de la force dans "Structural Loads"

Nous pourrions également appliquer une "charge de pression", un "moment" ou une autre charge ici, selon la situation.

Nous sélectionnons ensuite l'arrondi supérieur avant du mousqueton, juste avant l'ouverture, et saisissons une valeur pour la force de 100 N par exemple. Cela correspond à une charge d'environ 10 kg. Un homme, d'ailleurs, peut appliquer jusqu'à 500 N de force de préhension en standard, soit environ 50 kg, s'il s'exerce plus fortement. Nous supposons ici une direction perpendiculaire de la force sur la surface. Cependant, nous pourrions également changer la direction du vecteur de force ici.

Nous avons alors presque tout ce dont nous avons besoin. Dans la dernière, cinquième étape, avant de pouvoir lancer le calcul de la simulation et d'afficher les résultats, nous devons générer un maillage. Dans la méthode FEM, le calcul est effectué à l'aide d'un maillage avec des nœuds qui est placé sur le corps solide. Pour ce faire, il suffit de cliquer avec le bouton droit de la souris sur "Mesh" dans l'arbre de structure et de sélectionner "Generate Mesh" sur le côté gauche. Le maillage généré est ensuite affiché. Vous pouvez en fait sauter cette étape car le logiciel génère de toute façon automatiquement le maillage lors d'un calcul.

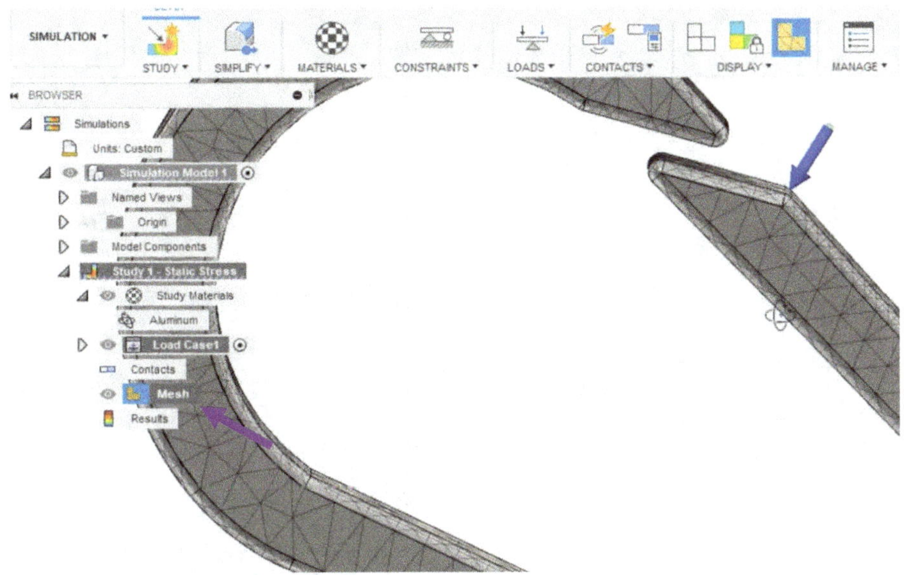

Figure 238: Générez le maillage indiqué par "Generate Mesh"

Nous faisons ensuite calculer les résultats en appuyant sur le bouton "Solve" en haut. À propos, avec le "Pre-Check", nous pourrions vérifier au préalable si toutes les données pertinentes pour le calcul ont été saisies, par exemple si les contraintes et les charges ont été définies.

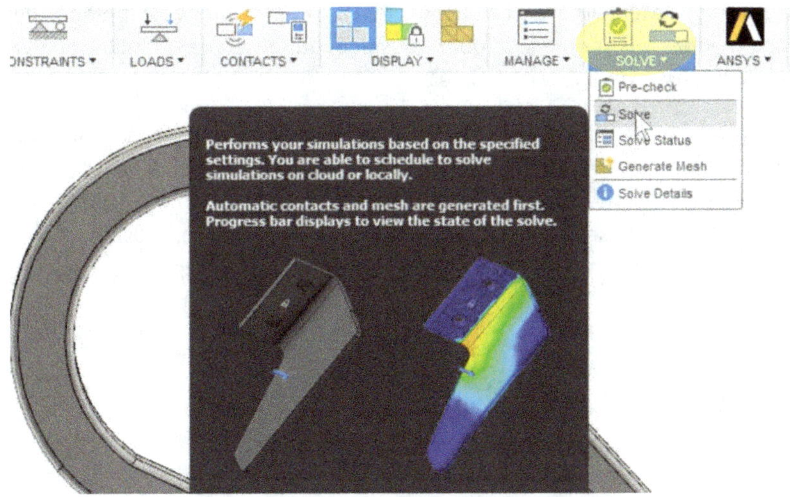

Figure 239: "Solve" pour le calcul et "Pre-check" pour la vérification avant le calcul

Ensuite, nous pouvons faire résoudre le calcul dans le "Cloud" ou localement. Utilisez le "Cloud" si le "local" ne fonctionne pas.

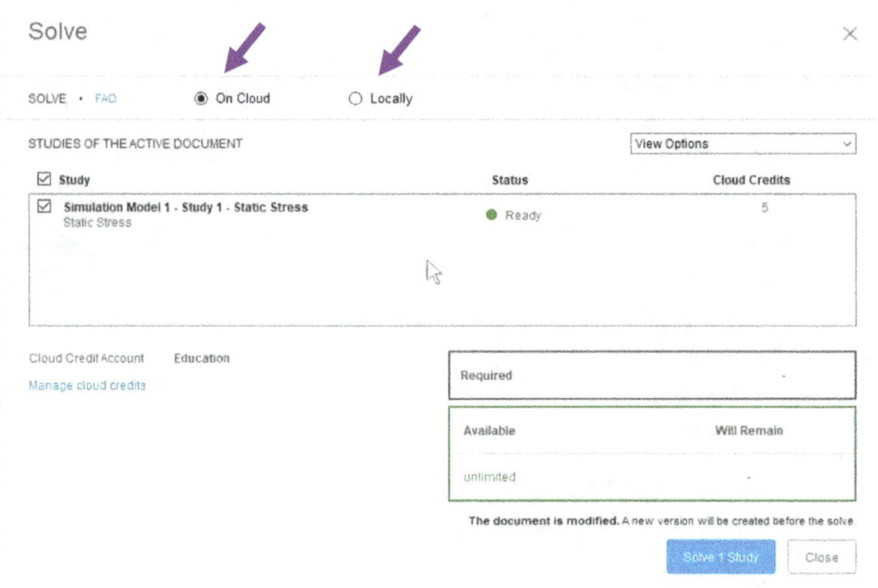

Figure 240: faites effectuer le calcul dans le "Cloud" ou localement

Lorsque le calcul est terminé avec succès, les résultats nous sont présentés. Après le calcul, nous recevons d'abord des informations générales sur l'étude des contraintes dans la fenêtre "Result Details". Le facteur de sécurité minimum est indiqué, ainsi que des recommandations sur la façon dont nous pouvons améliorer le facteur de sécurité ou l'affaiblir s'il est trop faible ou trop élevé.

Un facteur de sécurité inférieur à 1 signifie que le matériau va céder sous la charge, un facteur de sécurité supérieur à 1 signifie qu'il peut supporter la charge en toute sécurité. Si le facteur de sécurité est beaucoup trop élevé, on peut parler de "sur-ingénierie" et économiser du matériel inutile en rendant le composant plus fin, par exemple. Ce facteur est également représenté graphiquement une première fois lorsque nous fermons la fenêtre "Job Status".

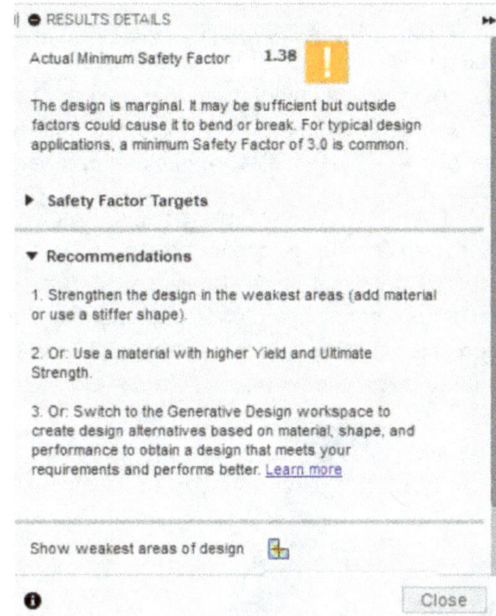

Figure 241: Après le calcul, la fenêtre "Result Details" s'ouvre avec un premier aperçu ou des premières recommandations pour améliorer le modèle

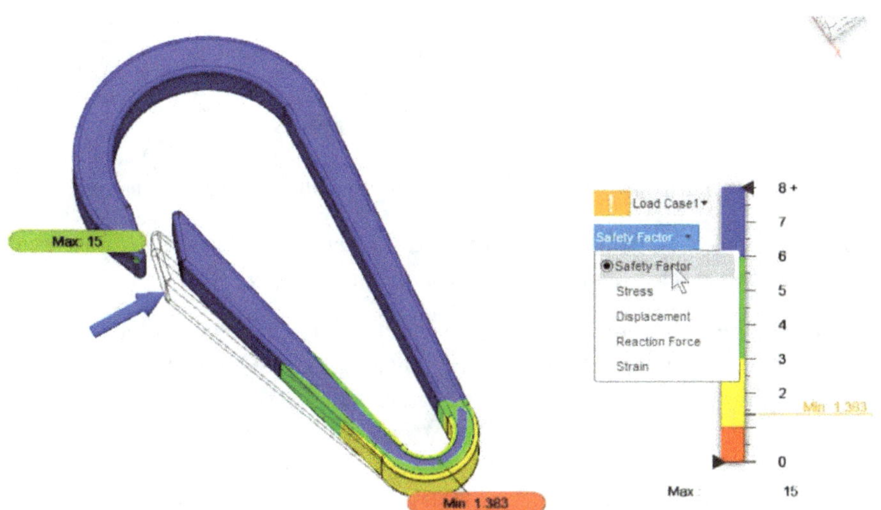

Figure 242: L'affichage graphique après avoir fermé la fenêtre "Result Details" et le calcul ; dans le menu déroulant, vous pouvez choisir entre plusieurs options d'affichage (Facteur de sécurité, Contrainte , Déplacement , Force de réaction, Déformation)

Le gradient de couleur dans le composant indique quel facteur de sécurité est présent dans quelle zone. Le facteur de sécurité est le plus faible dans la zone de la courbure inférieure du composant. C'était également prévisible avec cette charge de flexion ; la contrainte dans le composant sera également la plus élevée ici. Si le mousqueton se casse lors de son ouverture, il se cassera d'abord quelque part dans cette zone.

Pour afficher les contraintes ou les déplacements, nous ouvrons le petit menu déroulant dans la zone de l'échelle de couleurs sous "Load Case". Nous pouvons afficher les "Contraintes", "Déformations", "Déplacements" et "Force de réaction", ainsi que faire d'autres options et changer d'unités. Si nous examinons les "contraintes de von Mises", nous constatons qu'il y a probablement environ 198 MPa de contraintes dans la courbure intérieure du mousqueton.

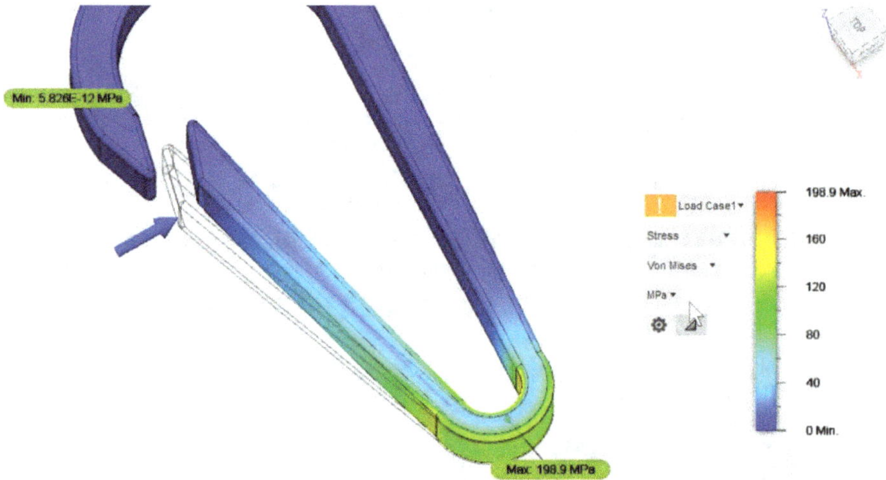

Figure 243: La tension maximale dans la zone de l'arrondi inférieur du mousqueton

En affichant le déplacement, nous constatons qu'avec la force appliquée, nous avons pu ouvrir le mousqueton d'environ 2,2 mm dans la direction y.

D'une part, c'est graphiquement exagéré, d'autre part, c'est bien sûr trop peu pour ouvrir le mousqueton. Nous devrions donc appliquer plus de force et éventuellement renforcer notre mousqueton dans la zone inférieure si le facteur de sécurité n'était plus suffisant.

Figure 244: Le déplacement maximal dans la zone de l'ouverture du mousqueton

Parfait ! C'était la première partie de la section "Simulation".

Avec ces connaissances, nous pouvons déjà simuler un composant simple pour une situation de charge. Dans la deuxième partie, nous allons examiner notre modèle de moteur. Restez à l'écoute, cela continue de manière passionnante !

8.2 Effectuer une étude de simulation avec un assemblage

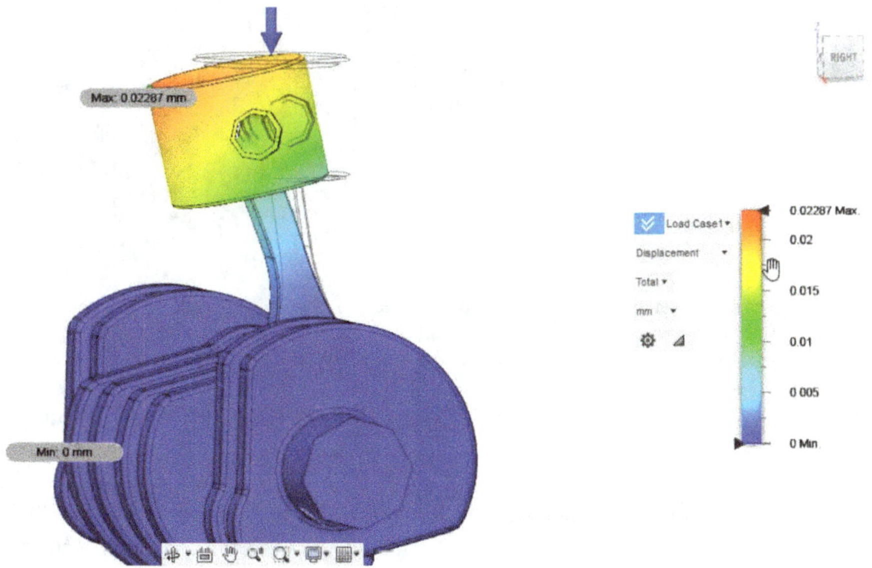

Figure 245: L'objectif de ce chapitre est de simuler notre modèle de moteur

Dans ce chapitre, nous voulons approfondir nos connaissances et nos compétences en matière de simulation au moyen d'un assemblage. Il y a quelques petites différences entre les pièces individuelles à considérer ici. Nous choisissons comme modèle notre exemplaire moteur 4 cylindres. Nous commençons une nouvelle étude dans le modèle de moteur, à nouveau "static stress".

Avant de commencer, nous allons d'abord simplifier le modèle pour nos besoins. Nous voulons simuler les forces agissant sur un piston et pour cela, nous ne considérerons qu'un piston, avec son axe, sa bielle et le vilebrequin. Par conséquent, nous allons retirer tous les autres composants. Je l'ai déjà préparé. Vous pouvez le faire très facilement avec la commande "Simplify" de la barre de menu. Pour ce faire, nous sélectionnons la commande puis nous sélectionnons dans l'arborescence un ou plusieurs composants inutiles et, après un clic droit, nous sélectionnons la commande "Remove". Enfin, nous fermons la zone avec "Finish Simplify".

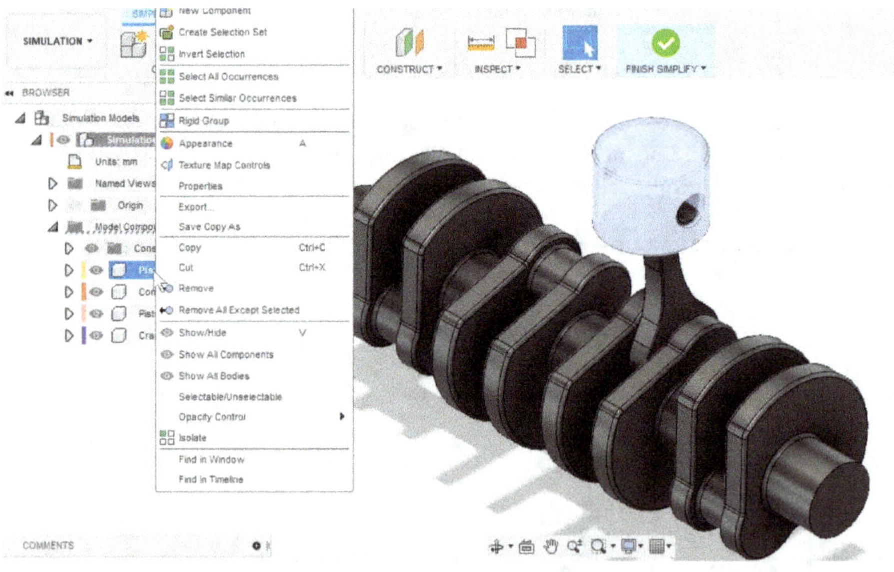

Figure 246: Dans cette image, nous nous trouvons dans la zone "Simplify" ; cliquez avec le bouton droit de la souris sur le composant dans l'arbre de structure et sélectionnez "Remove" ; le vilebrequin avec une bielle, un piston et un axe de piston devrait rester tel qu'illustré

La simulation dans un assemblage se déroule de manière relativement identique à la simulation dans une pièce individuelle, c'est-à-dire que nous devons d'abord penser à simplifier à nouveau le modèle, nous l'avons déjà fait. Choisissez ensuite le bon matériau. Dans notre cas, nous laissons le matériau de tous les composants à l'acier, c'est ce que nous avons choisi par défaut dans la conception. Dans l'étape suivante, nous devons définir les "Constraints" et les "Contacts". Ce que sont les "Constraints" et comment les définir, nous l'avions déjà abordé dans le chapitre précédent. Dans ce chapitre, cependant, nous avons également besoin de "Contacts" car nous devons déterminer comment la charge que nous voulons appliquer plus tard verticalement depuis le haut vers la surface du piston est transférée via les composants. Les "Contacts" définissent donc le transfert de charge entre les différents composants, c'est-à-dire les points de connexion entre les composants.

Il y a deux possibilités ici. Nous pouvons laisser le programme créer lui-même les "Automatic contacts" ou utiliser les "Manual contacts", c'est-à-dire créer nous-mêmes tous les "Contacts". En général, il s'est avéré utile d'utiliser d'abord les "Automatic contacts", puis de les vérifier manuellement et, si nécessaire, de les modifier selon ses propres souhaits.

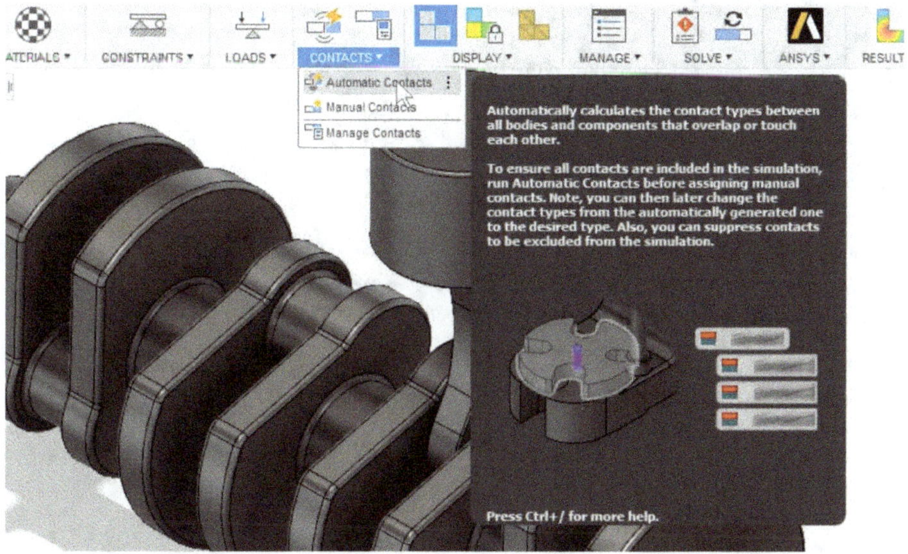

Figure 247: Option de sélection entre "Automatic contacts" et "Manual Contacts"

Lorsque nous avons créé des "Automatic contacts", nous pouvons voir les connexions créées en cliquant sur "Manage Contacts". Dans notre cas, nous avons besoin de : connexions entre le piston et l'axe du piston, entre l'axe du piston et la bielle, et entre la bielle et le vilebrequin.

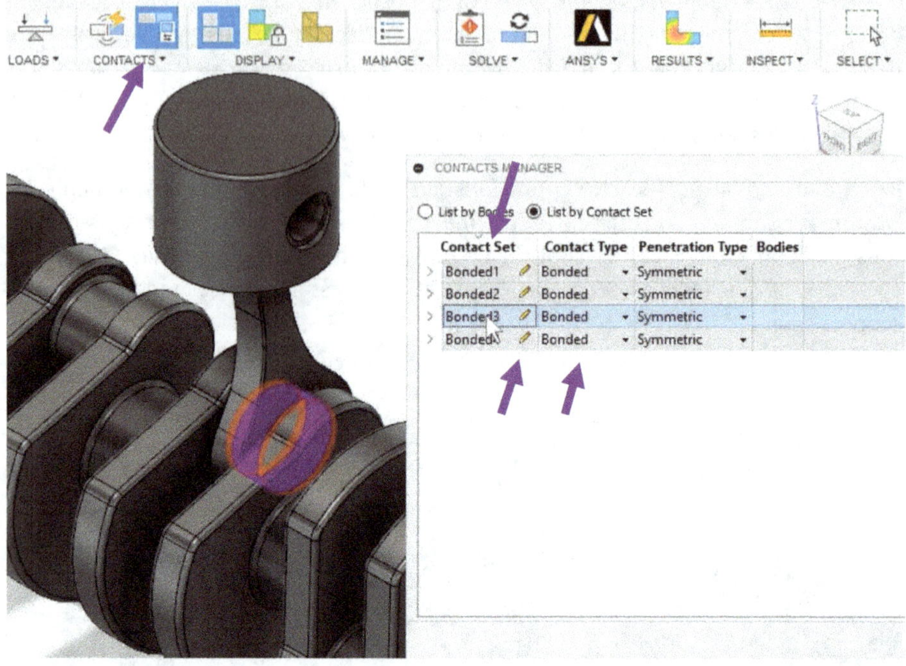

Figure 248: Après avoir cliqué sur "Automatic Contacts" et "Manage Contacts" (barre de menu), nous voyons les contacts qui ont été créés.

Si nous cliquons sur la petite icône en forme de crayon d'un "contact" créé, nous pouvons le modifier.

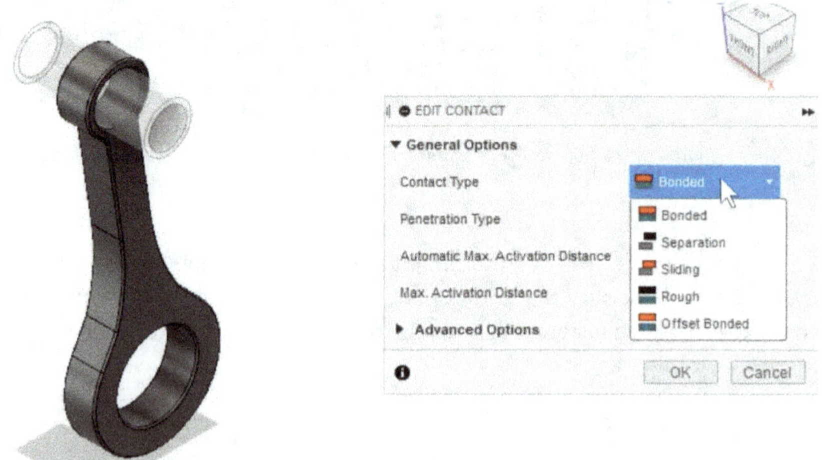

Figure 249: Modification d'un contact créé automatiquement (cliquez sur "l'icône crayon" d'un contact ; voir la figure précédente) et sélectionnez ensuite "Contact Type"

Nous pouvons sélectionner le "Contact Type" dans les paramètres généraux. Il existe six types de contacts de base. "Automatic contacts" a le type "Bonded" sélectionné par défaut, ce qui correspond à un état de connexion fixe ou collé. Dans notre cas, nous laissons tous les "Contact Types" réglés sur "Bonded" pour effectuer un calcul simplifié sur notre modèle déjà simplifié.

Cependant, nous allons brièvement examiner de plus près la manière dont nous sélectionnerions le "Contact Type" correct dans un calcul plus détaillé et plus précis. Pour ce faire, il est important de connaître les séquences de mouvement d'un modèle. Dans notre cas, par exemple, nous savons que la bielle est montée de manière rotative dans les deux oeillets de la bielle, ce qui signifie qu'un mouvement rotatif doit être possible ici. Il est également important de connaître les différents "Contact Types". Vous pouvez choisir entre "Bonded", "Separation", "Sliding", "Rough" et "Offset Bonded".

"Bonded", comme déjà mentionné, reflète une connexion fixe, collée pour ainsi dire, avec "Offset Bonded" c'est également le cas, mais un "offset", comme le nom l'indique, peut être fixé entre les deux composants, c'est-à-dire qu'un contact entre les corps peut être empêché par une distance. "Separation" permet aux corps de s'éloigner les uns des autres pendant le chargement. Le "Sliding" ne permet pas aux composants de s'éloigner les uns des autres, mais les surfaces peuvent se déplacer tangentiellement les unes par rapport aux autres, c'est-à-dire glisser les unes sur les autres. En fin de compte, "Rough" permet encore un mouvement complet ou même partiel à l'écart l'un de l'autre et ressemble en réalité à une articulation avec une friction statique très élevée. Dans notre modèle, cependant, nous n'utilisons que les "Automatic contacts" avec le type "Bonded" dans ce cours pour débutants.

Que nous manque-t-il encore pour un calcul ? Exactement ! Les "Constraints", c'est-à-dire la fixation dans l'espace, ainsi qu'une charge qui est appliquée. Comme "Constraints", nous sélectionnons toutes les surfaces du vilebrequin avec lesquelles le vilebrequin est monté dans le carter. Nous les fixons dans toutes les directions et sélectionnons comme "Type" : "Fixed", ce qui signifie que dans ce cas nous simulons que le vilebrequin ne bouge pas, normalement il devrait tourner. Cependant, nous ne voulons simuler qu'un cas statique et non un cas dynamique.

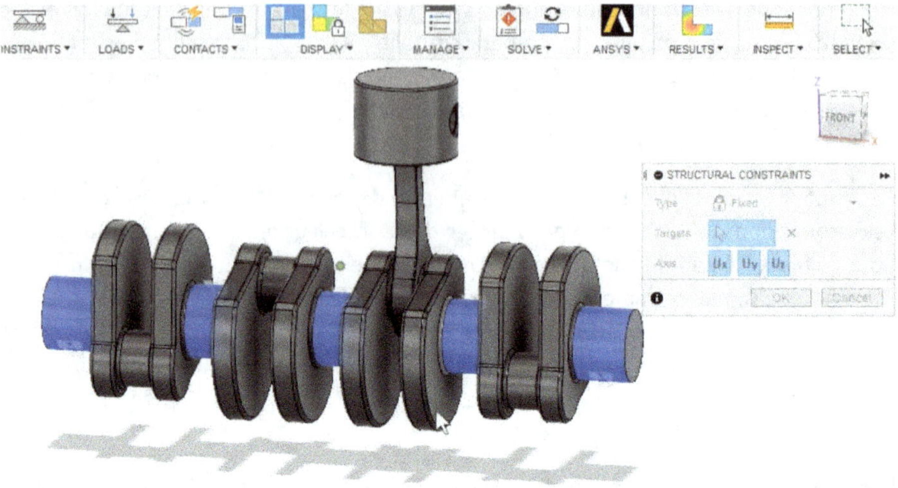

Figure 250: Utilisation des paliers principaux du vilebrequin comme supports ("Structural Constraints")

Enfin, nous définissons une charge, perpendiculaire à la surface du piston, par exemple 1000 N.

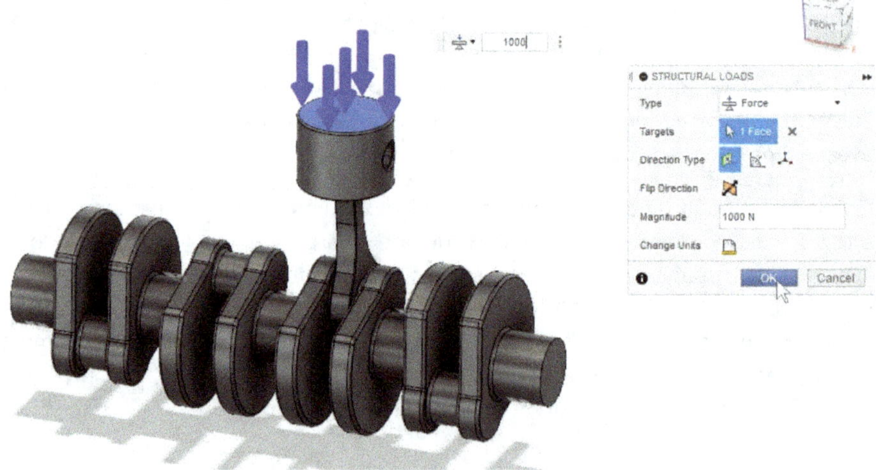

Figure 251: 1000 N doivent agir sur la surface du piston

Maintenant, nous pourrions créer le maillage, mais avec un clic sur "Solve", le programme le fera automatiquement.

Une fois que le modèle a été calculé avec succès, nous pouvons à nouveau afficher les résultats souhaités tels que la "contrainte", la "déformation" ou le facteur de sécurité.

Dans notre cas, nous pouvons voir comment la bielle se déforme sous la charge. Bien sûr, cela est encore une fois très exagéré ici.

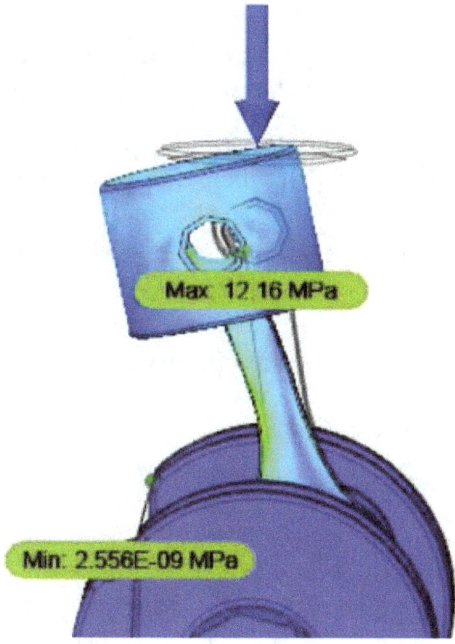

Figure 252: La déformation de l'arbre de bielle sous charge est clairement visible

À propos, à l'aide de l'échelle située à droite, nous pouvons également limiter la plage d'affichage, et ainsi, par exemple, n'afficher que les zones à très haute tension.

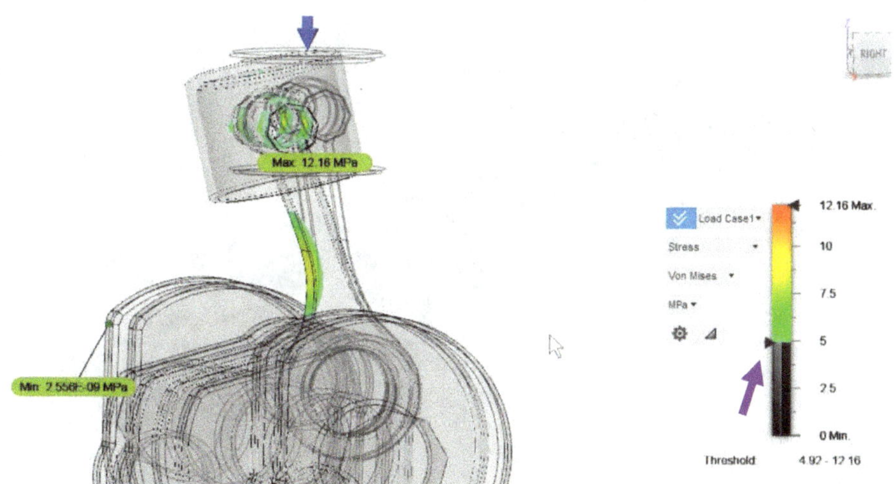

Figure 253: Limiter l'échelle avec le curseur pour n'afficher qu'une certaine plage de valeurs

Très bien ! Cela devrait nous suffire comme introduction au monde de la simulation FEM avec Fusion 360. Vous avez appris à réaliser une étude de charge sur une seule pièce et sur un assemblage.

Des études de cas plus avancées et d'autres applications dépasseraient le cadre de ce cours pour débutants. J'attends avec impatience la suite du cours avancé !

Mais ne vous inquiétez pas, le cours ne s'arrête pas là. En fait, dans la prochaine leçon, nous parlerons d'une autre fonctionnalité passionnante de Fusion 360. Nous allons maintenant examiner la section de menu "Manufature" (Fabrication), avec laquelle vous pouvez planifier de manière optimale la production d'une seule pièce !

9 Fabrication

Bienvenue à nouveau ! Dans cette avant-dernière leçon du cours, nous allons nous pencher sur la FAO (CAM). FAO est l'abréviation de "Fabrication assistée par ordinateur" (CAM = Computer Aided Manufacturing) et décrit la planification assistée par ordinateur de la fabrication d'un composant, qui est produit à l'aide d'une machine CNC, par exemple. L'une des principales fonctions de la zone "Manufacture" est de créer des "toolpaths" pour les outils. Nous pouvons ensuite les exporter, par exemple sous forme de fichier "gcode", et les envoyer à l'outil, par exemple la CNC. Voyons cela dans cette leçon à l'aide d'un exemple. Pour ce faire, nous allons d'abord construire une pièce très simple, puis jeter un coup d'œil aux barres de menu et aux fonctions de la zone "Manufacture". Construisez la pièce d'exemple très simple en utilisant les dimensions suivantes et comme indiqué ci-dessous.

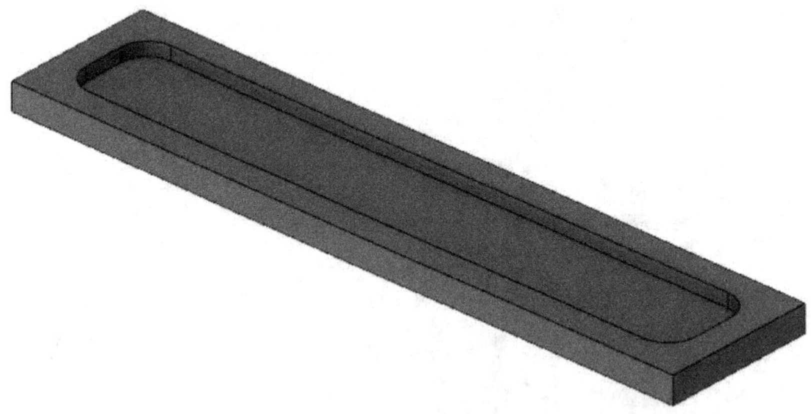

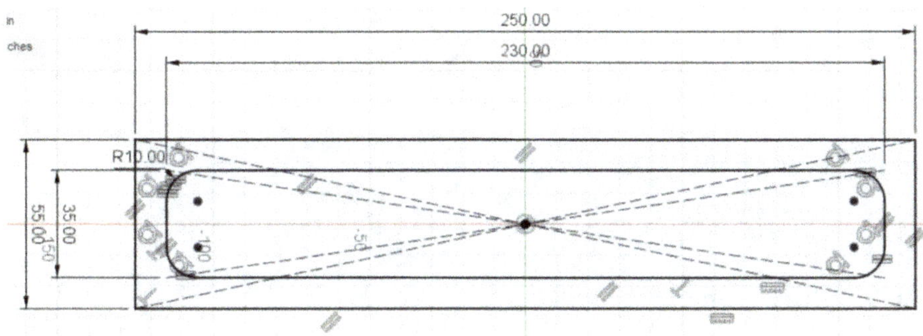

*Figure 254: Construisez la pièce représentée avec les dimensions indiquées
(extrusion de 10 mm, profondeur de 5 mm pour la découpe)*

Nous passons ensuite à la zone "Manufacture" et jetons d'abord un coup d'œil à la barre de menu dans la zone supérieure. Vous y trouverez les onglets de menu "Milling", "Turning", "Additive", "Inspection", "Fabrication" et "Utilities". Dans les domaines "Milling" à "Additive", vous trouverez toujours la commande ou la fonction "Setup", ainsi que des commandes importantes pour le type de production respectif.

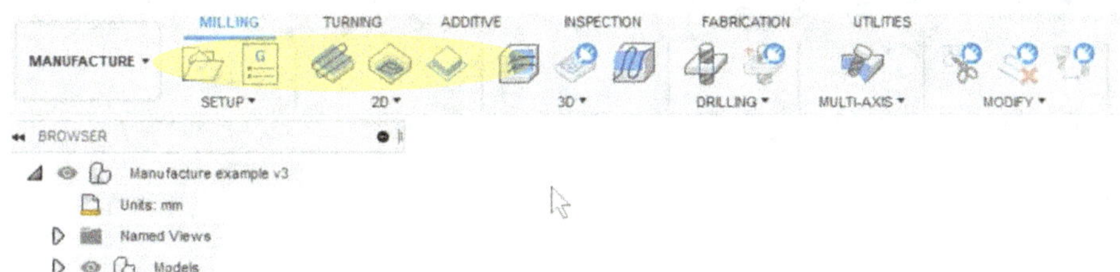

Figure 255: Les méthodes de fabrication "Milling", "Turning" et "Additive"

Nous allons maintenant aborder la planification de la production de notre exemple. Pour ce faire, nous devons passer à l'onglet "Milling", car nous voulons fraiser l'évidement dans notre composant. Nous devons d'abord créer une "Setup", c'est-à-dire établir des spécifications générales, et sélectionner notre produit semi-fini, c'est-à-dire le matériau de départ.

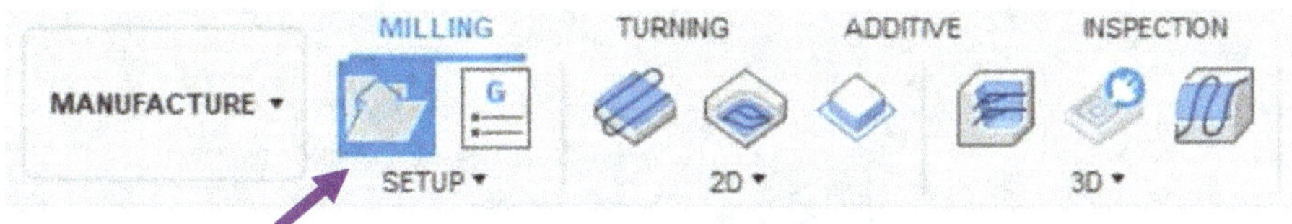

Figure 256: Sélectionnez "Setup" dans la zone "Milling" ; une fenêtre s'ouvre

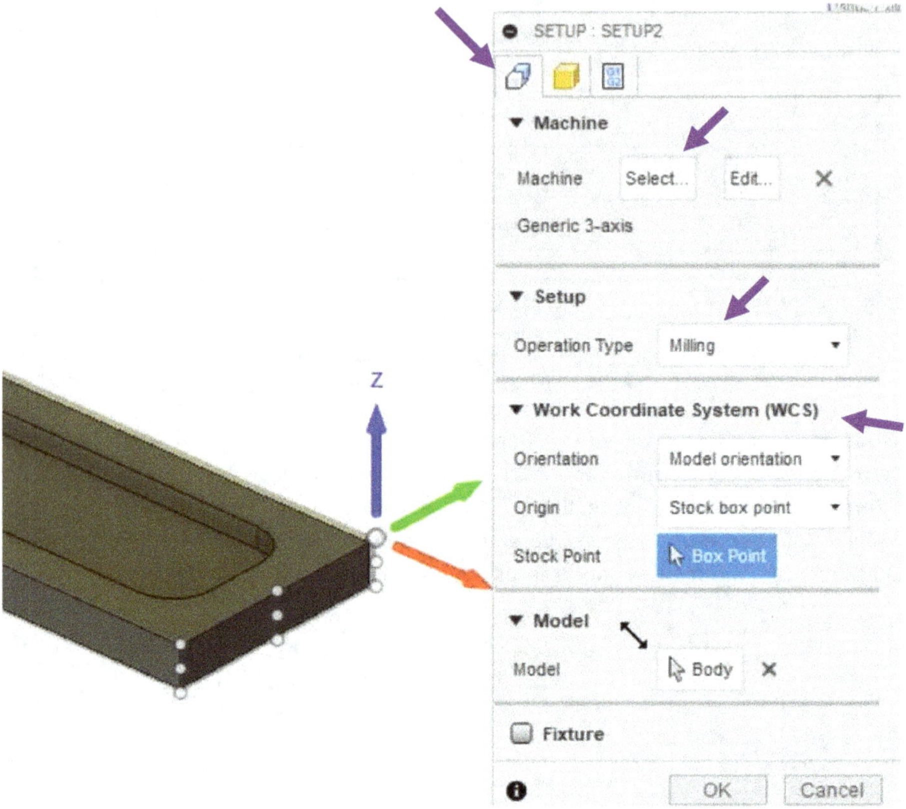

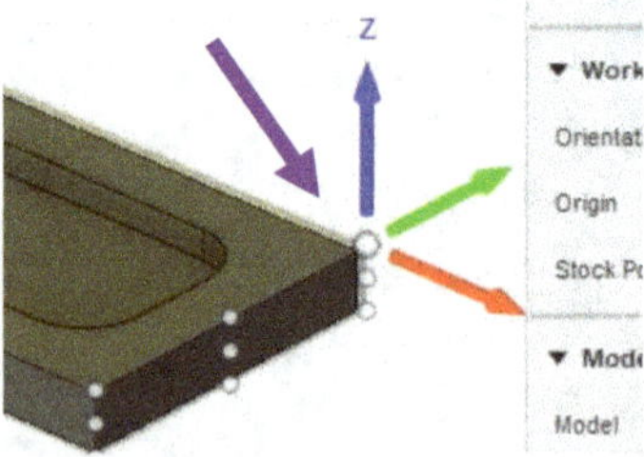

Dans la zone "Setup", nous sélectionnons d'abord notre machine, ici par exemple une machine à 3 axes. Puis le "Operation Type". Nous avons besoin de "Milling". Un autre réglage important est le placement et l'orientation du système de coordonnées de la pièce à usiner "WCS". Orientez le système de coordonnées de manière à ce qu'il ait un sens pour l'opération ou la machine concernée. Pour le fraisage, par exemple, l'axe z doit être dirigé vers le haut et les axes x et y déterminent le plan de fraisage. Dans notre cas, l'alignement est déjà correct. Pour l'origine, il est préférable de choisir un point situé au bord du composant.

Figure 257: Définissez le système de coordonnées "WCS" sur un point du bord

Ensuite, nous passons à la zone "Stock" dans le menu de commande "Setup" et nous entrons ici les informations sur notre matériau de départ. En fonction du "Mode", nous pouvons saisir des informations sur la taille du produit semi-fini. Par exemple, nous pouvons entrer des dimensions définies avec "Fixed size box" et spécifier où le modèle doit être situé dans le matériau source. Comme nous ne voulons pas modifier les surfaces extérieures de notre matériau et que nous partons du principe que nous avons déjà découpé les dimensions correctes, nous sélectionnons "from solid" et le composant.

Figure 258: Sélectionner "From Solid" dans l'élément "Mode" sous "Stock"

Notre matériau source réel pour le travail de fraisage est maintenant identique aux dimensions extérieures de notre modèle CAO virtuel. Nous pouvons alors fermer le menu de configuration ("Setup"). Pour déterminer la trajectoire de travail de l'outil de fraisage pour la création de l'évidement, nous sélectionnons une commande appropriée dans la zone 2D. Comme nous pouvons le constater, il existe une grande variété de commandes ici, et il est préférable de les examiner de plus près l'une après l'autre. Dans notre cas, nous avons besoin de la commande "2D Pocket" avec laquelle nous allons créer la trajectoire de travail de l'outil de fraisage pour l'évidement.

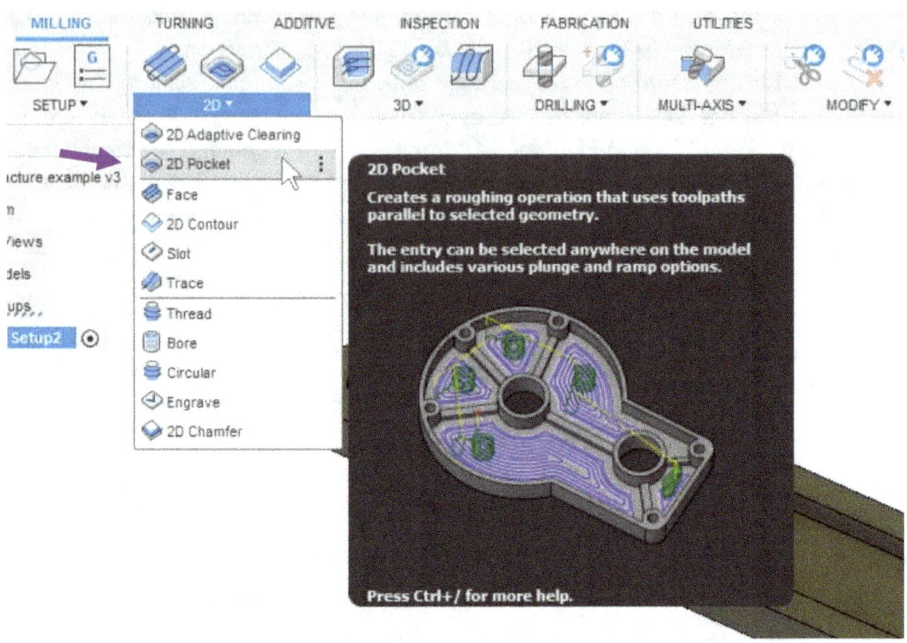

Figure 259: La commande 2D "2D-Pocket" avec laquelle nous allons fraiser l'évidement

Un menu s'ouvre dans lequel nous devons maintenant effectuer quelques réglages. Tout d'abord, nous sélectionnons l'outil de fraisage souhaité dans la zone "Tool".

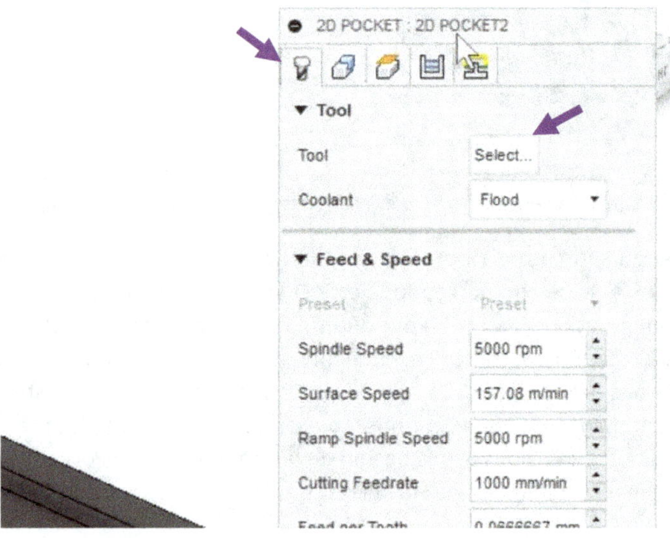

Figure 260: Sélectionnez "Tool" dans la fenêtre de menu, une nouvelle fenêtre s'ouvre

Vous pouvez en trouver un dans la bibliothèque de Fusion 360 ou créer le vôtre. Dans ce cas, je choisis comme exemple une fraise de 5 mm avec une extrémité plate. Dans la section inférieure "Cutting data", les paramètres de processus les plus appropriés nous sont alors suggérés en fonction du matériau et du type d'usinage. Par exemple, nous voulons fraiser de l'aluminium.

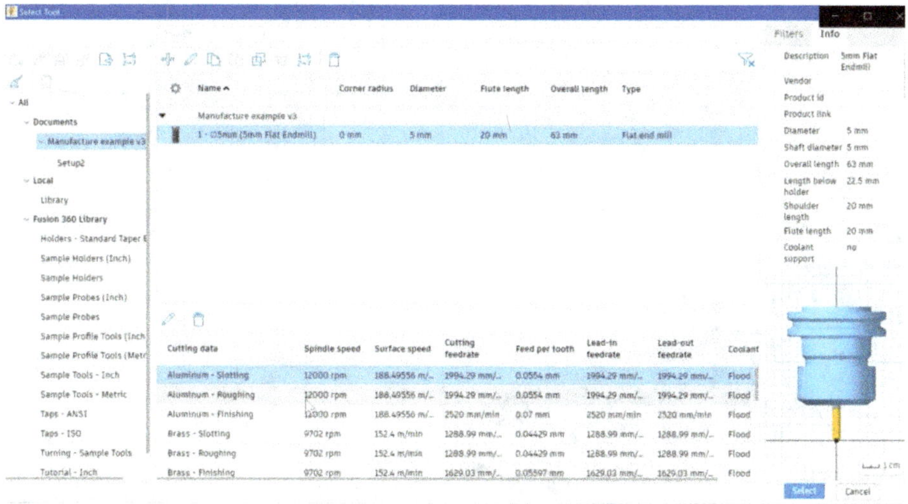

Figure 261: Sélection d'un outil dans la nouvelle fenêtre et visualisation des données de coupe (ci-dessous)

Nous voyons maintenant la tête de l'outil avec l'outil de coupe en affichage transparent qui survole l'origine de notre système de coordonnées de la pièce. En outre, les paramètres des réglages d'outils ont été repris.

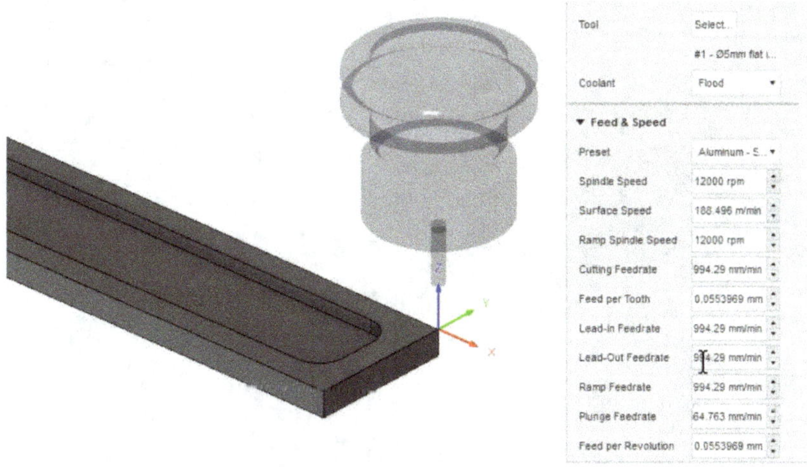

Figure 262: La tête d'outil simulée est affichée en transparence

Si vous le souhaitez, vous pouvez bien sûr les modifier individuellement. Ensuite, nous devons déterminer dans la zone "Geometry" quel évidement nous voulons fraiser dans ce cas.

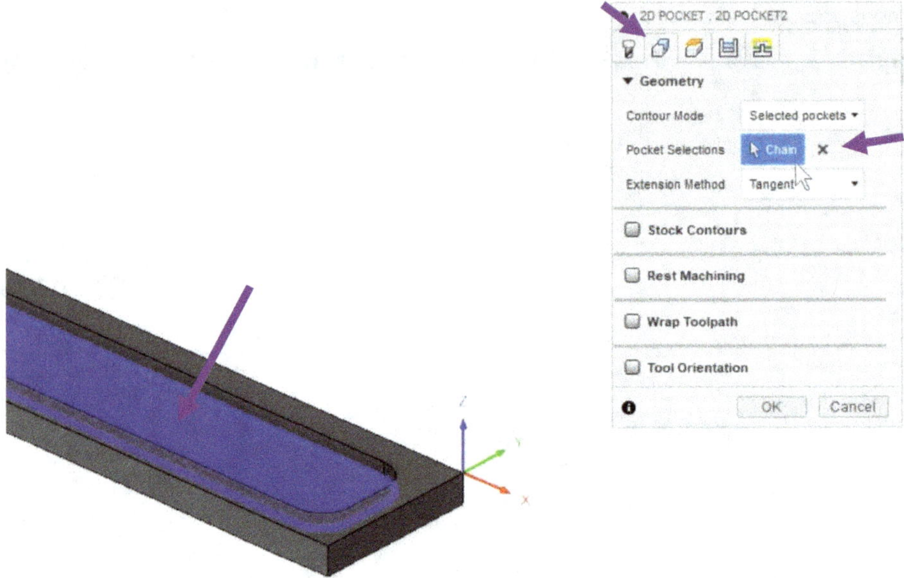

Figure 263: Passez à "Geometry" et sélectionnez l'indentation (cliquez sur la zone)

Dans l'onglet suivant "Heights", nous devons déterminer les hauteurs dans lesquelles l'outil doit se déplacer pour les opérations "Clearance", "Retract" et "Feed", pendant la production de la pièce.

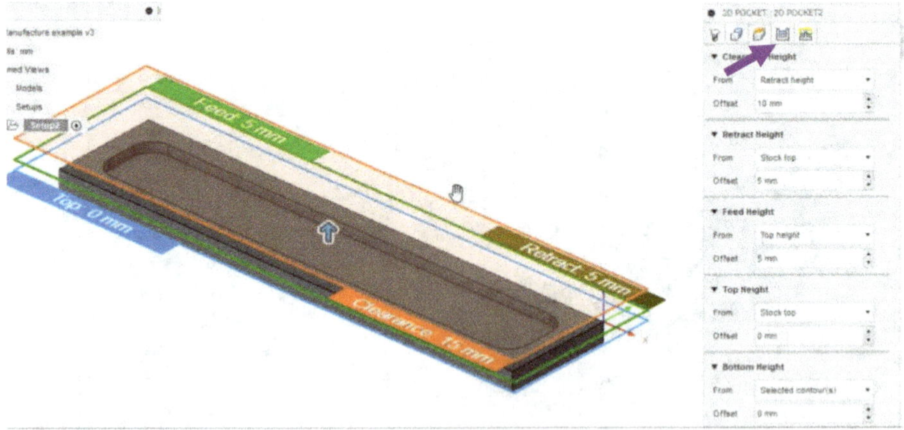

Figure 264: Détermination des hauteurs correctes pour les opérations d'outils respectives

En fonction de la fraiseuse, vous devez ajuster ces valeurs. Dans notre cas, nous pouvons laisser les valeurs par défaut. Dans les deux sections suivantes, d'autres réglages spéciaux peuvent être effectués. Chaque champ affiche une brève explication lorsque vous passez la souris dessus ou lorsque vous sélectionnez une option. Recherchez d'autres paramètres importants pour votre projet individuel, si nécessaire. Si vous n'avez pas de connaissances de base en fraisage, tournage ou usinage CNC, vous devriez laisser la zone "Manufacture" tranquille pour le moment et vous inscrire à un cours de base pour ces technologies de fabrication ou vous faire montrer les bases ailleurs. Dans notre cas, nous laissons les paramètres tels qu'ils sont. Une fois que nous avons sélectionné l'opération "2D Pocket" créée dans l'arbre de structure, nous pouvons afficher l'outil et sa trajectoire de travail. Avec un clic droit et la sélection de "Simulate" - que vous trouverez également dans le menu ci-dessus - nous pouvons également afficher une simulation du processus de production.

Figure 265: En cliquant avec le bouton droit de la souris sur la "2D-Pocket" créée dans l'arbre de structure et en sélectionnant "Simulate", nous animons la trajectoire de travail de l'outil ("Play").

Très bien ! Nous pourrions faire fraiser notre premier composant. Il ne nous reste plus qu'à créer le "gcode", c'est-à-dire le code de la machine.

Nous le faisons avec la commande "Post Process" dans la barre de menu ci-dessus. Dans cette fenêtre, nous sélectionnons d'abord la bonne configuration pour le type de production et la machine et nous lui attribuons un nom.

Ensuite, nous pouvons spécifier un emplacement de stockage et créer le "gcode", c'est-à-dire le code machine.

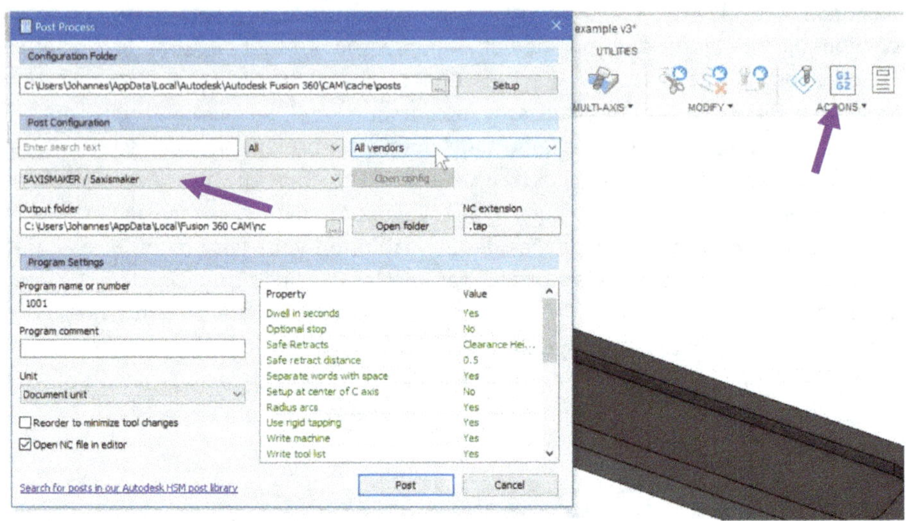

Figure 266: Création du ". gcode" de la machine pour la production avec "Post Process"

Nous n'aborderons pas les autres options de la section "Manufacture" plus en détail dans ce cours pour débutants, car cela ne serait pas utile sans une connaissance de base adéquate des technologies et types de fabrication individuels et dépasserait le cadre du cours. Toutefois, il convient de mentionner que les opérations de tournage et d'impression 3D ainsi que les machines CNC à 5 axes peuvent également être créées ici. Fusion 360 offre ici des fonctions nombreuses et très utiles. Pour le sujet très passionnant de l'impression 3D, je vous recommande d'examiner de plus près mon livre "L'impression 3D | un guide étape par étape ", dans lequel vous apprendrez en détail et pas à pas tout le matériel et les logiciels nécessaires à l'impression 3D. Si nous ne fabriquons pas nous-mêmes un composant, nous avons également la possibilité, avec Fusion 360, de créer des dessins techniques, que nous pouvons ensuite transmettre à une entreprise de fabrication. Nous verrons comment cela fonctionne dans le prochain et dernier chapitre avant de terminer le cours. Nous y sommes presque, passons au dernier chapitre !

10 Dessin technique

Bienvenue au dernier chapitre de ce cours sur Fusion 360 ! Comme nous l'avons déjà mentionné dans le chapitre précédent, si nous ne voulons pas ou ne pouvons pas produire un composant nous-mêmes, par exemple parce que nous n'avons pas les machines pour le faire, nous pouvons créer un dessin technique pour une entreprise de fabrication. Pour ce faire, nous ajoutons d'abord deux trous de 10 mm à notre modèle simple, qui doivent traverser le composant.

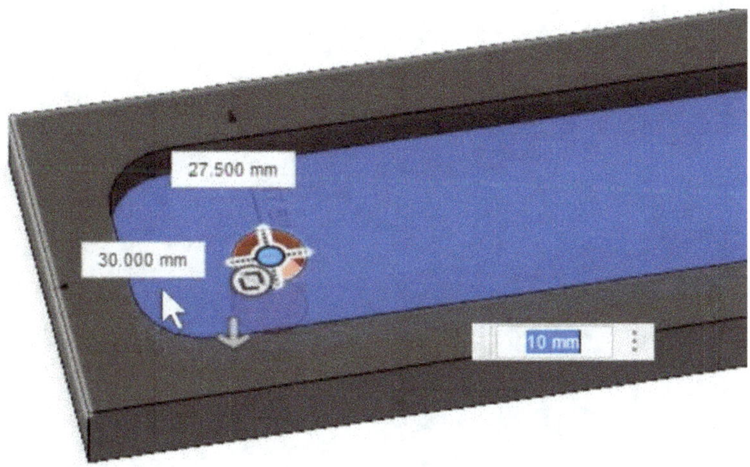

Figure 267: Création de deux trous (gauche et droite 1x chacun) avec les dimensions indiquées

Pour créer un dessin technique à partir de ce modèle CAO, nous passons à l'onglet "Drawing", "From Design" dans le menu principal.

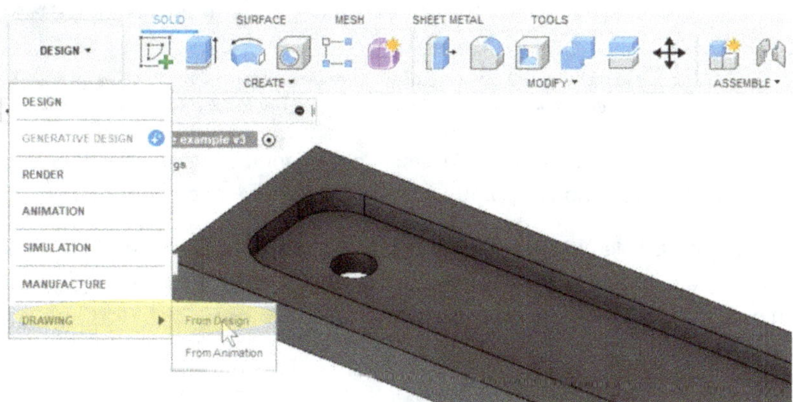

Figure 268: Passez à l'onglet "Drawing" - "From Design"

Nous sélectionnons d'abord les paramètres généraux du dessin, c'est-à-dire que nous pouvons utiliser un modèle ou nous commençons avec un modèle vide. Il est également important de définir les unités et le format du papier.

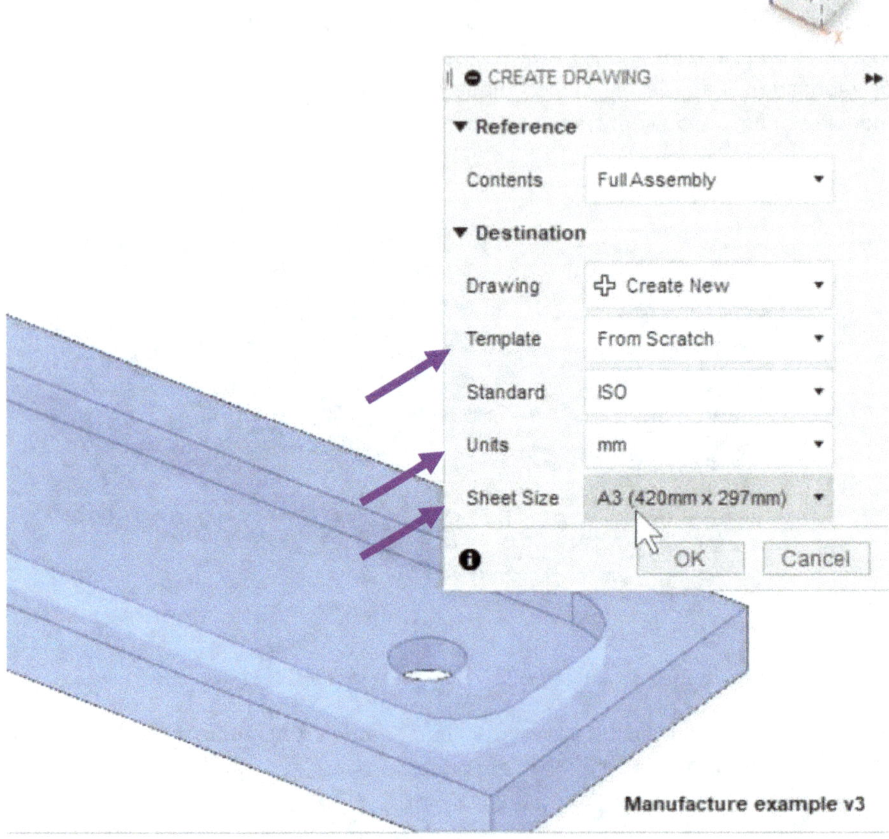

Figure 269: Avant que le programme ne passe automatiquement à l'environnement de dessin, nous devons déterminer le format du papier et les unités

Le programme nous emmène ensuite dans l'environnement des dessins techniques. Dans la première étape, nous devons placer la vue de base du composant sur le dessin.

Pour ce faire, nous sélectionnons l'orientation de la vue, par exemple la vue de dessus, c'est-à-dire "Top" et nous mettons la vue du dessin à l'échelle souhaitée, par exemple un peu plus grande. En un clic, nous plaçons la première vue.

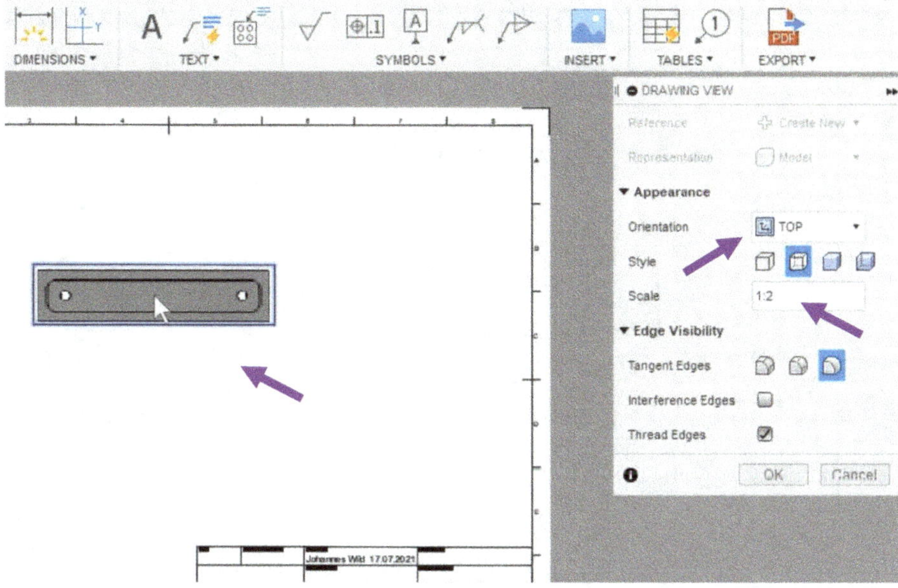

Figure 270: sélectionnez d'abord l'orientation et l'échelle, puis cliquez sur la feuille de dessin pour définir la première vue de la pièce

En fonction de ce que l'on appelle le pliage, un dessin technique est créé sous la forme d'une vue à trois panneaux. En termes simples, cela signifie que le composant est montré de dessus, de côté et, si nécessaire, de face afin de pouvoir placer toutes les dimensions et autres désignations nécessaires. En outre, une vue isométrique est généralement ajoutée pour faciliter l'imagination spatiale.

Pour placer une nouvelle vue, dans ce cas une vue dérivée, sur la feuille, nous utilisons la commande "Projected view" et créons une seconde vue souhaitée en cliquant sur le composant à partir duquel nous voulons dériver une vue.

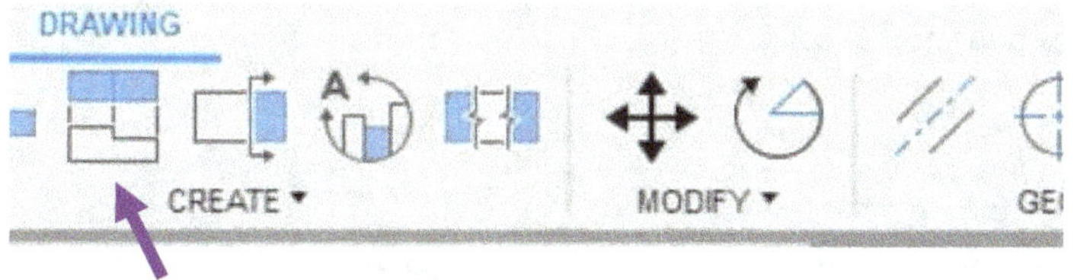

Figure 271: Sélection de la fonction "Projected View" pour une ou plusieurs nouvelles vues

Selon l'endroit où nous déplaçons le curseur de notre souris, la vue référencée est dérivée. Si nous nous déplaçons vers le haut ou le bas, par exemple, la vue de l'avant ou de l'arrière du composant s'affiche, et il en va de même pour les côtés. Si nous nous déplaçons en diagonale, nous obtenons une vue isométrique.

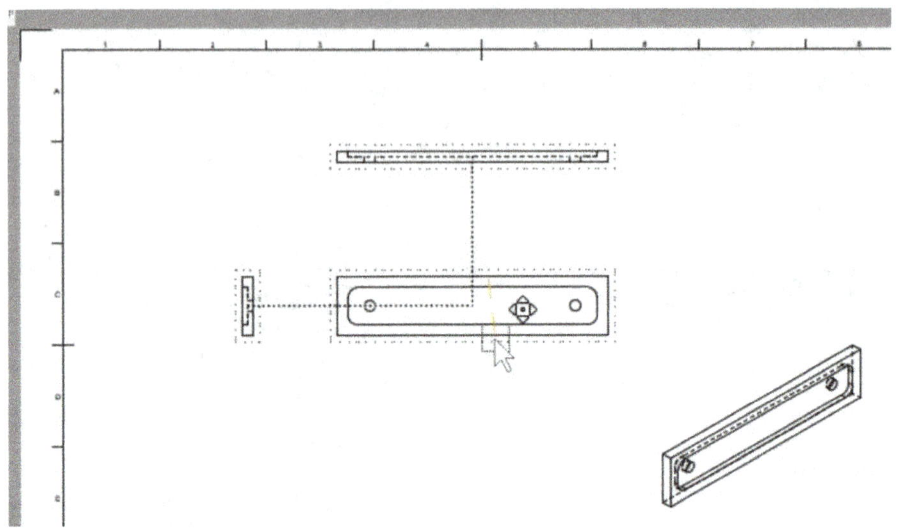

Figure 272: Nous voulons créer les vues cartographiées en utilisant "Projected view"

Dans le menu en haut à gauche, nous pouvons également créer une vue de section : "section view", une vue de détail : "detail view" ou rompre la vue : "break view".

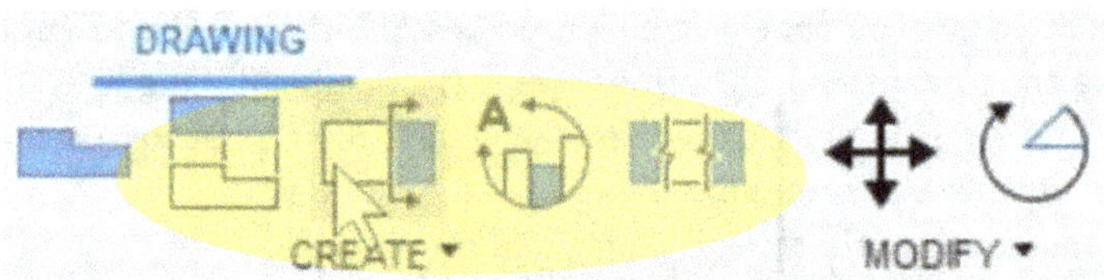

Figure 273: Créez différentes vues

La fonction principale de cotation est située en haut dans la zone centrale et s'appelle, comme d'habitude, "Dimension". À l'aide de cette fonction, nous pouvons créer des dimensions pour notre composant.

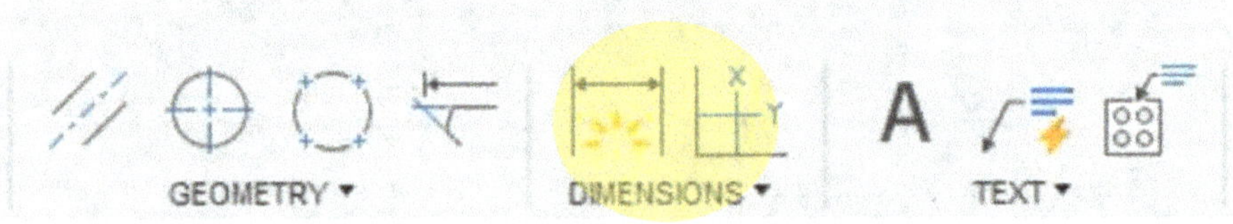

Figure 274: Dimensionnement des éléments géométriques avec "Dimension"

Presque la même chose que pour la création d'une esquisse en 2D, sauf que dans ce cas, nous fournissons à notre composant fini des dimensions déjà définies qui servent d'informations pour la production.

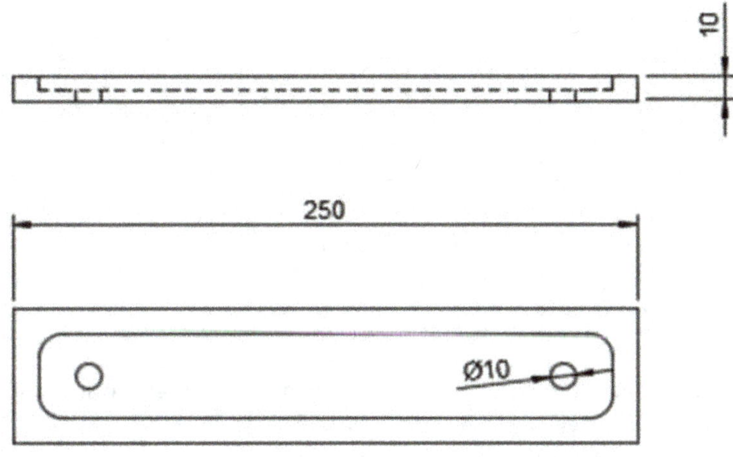

Figure 275: Placez différentes dimensions avec "Dimension"

Avec les éléments de la zone "Geometry", nous pouvons également dessiner des informations géométriques, comme une ligne centrale ou, dans ce cas, des lignes de symétrie et des centres de cercle.

Figure 276: Outils pour les lignes de centre / symétrie ou les centres de cercle

Pour la ligne de symétrie, nous sélectionnons simplement deux lignes parallèles du composant et pour les centres de cercle, nous sélectionnons simplement les trous ou les cercles souhaités. À propos, en cliquant sur les désignations des dimensions, nous pouvons également les modifier ou ajouter des données supplémentaires, comme un numéro.

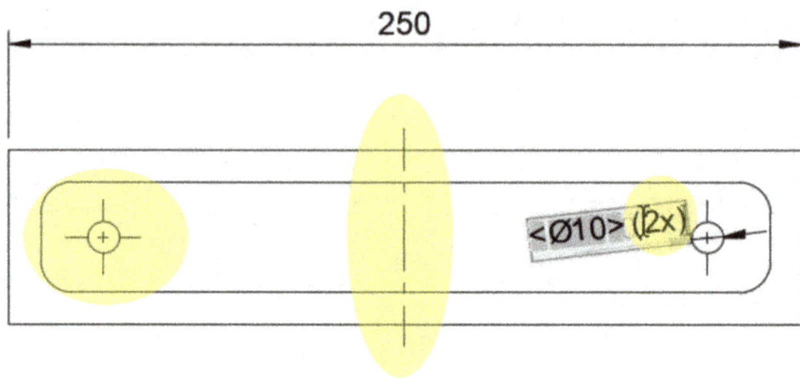

Figure 277: Une vue avec la ligne de symétrie, les centres des cercles et les informations de dimension ajoutées

Parfait, maintenant toutes les informations dont une entreprise a besoin pour la production seraient déjà sur le dessin. Toutes les longueurs et largeurs, ainsi que les positions des trous et des évidements sont cotées.

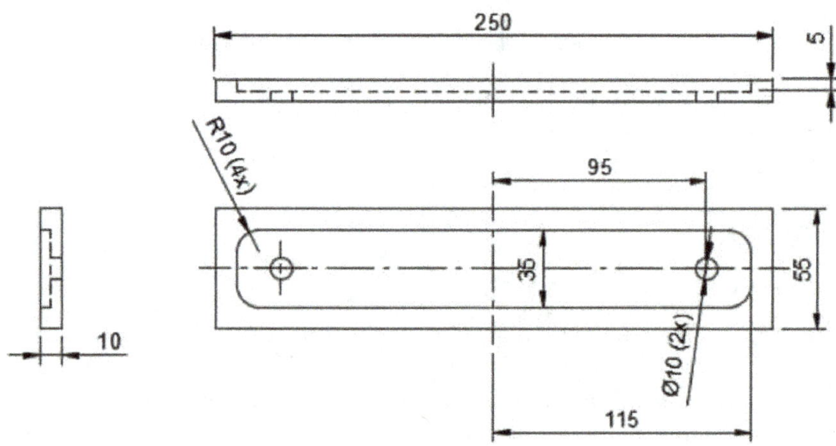

Figure 278: Dessin entièrement dimensionné de notre pièce ; la vue isométrique n'est pas représentée.

Si des caractères spéciaux sont nécessaires pour indiquer les tolérances de forme et de position, les finitions de surface ou même d'autres textes, ils se trouvent dans la zone supérieure droite de la barre de menu.

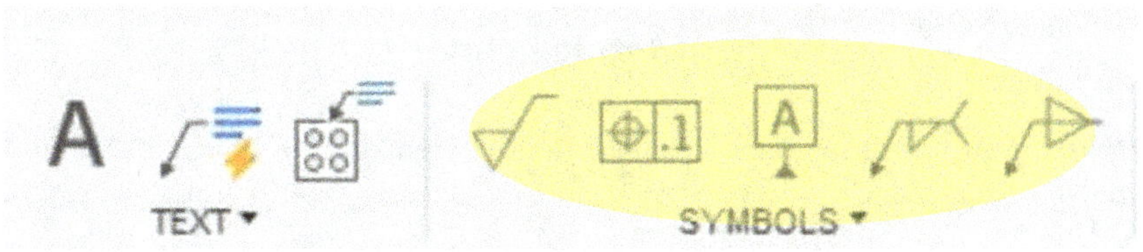

Figure 279: caractères spéciaux pour la cotation des propriétés de surface, des tolérances et autres.

Au fait, des feuilles supplémentaires peuvent être ajoutées dans la barre de la zone inférieure, en fonction de l'espace requis. Après avoir rempli le cartouche avec la désignation, le numéro du dessin, le matériau et d'autres informations, le dessin peut être enregistré et imprimé, par exemple en tant que ". pdf" !

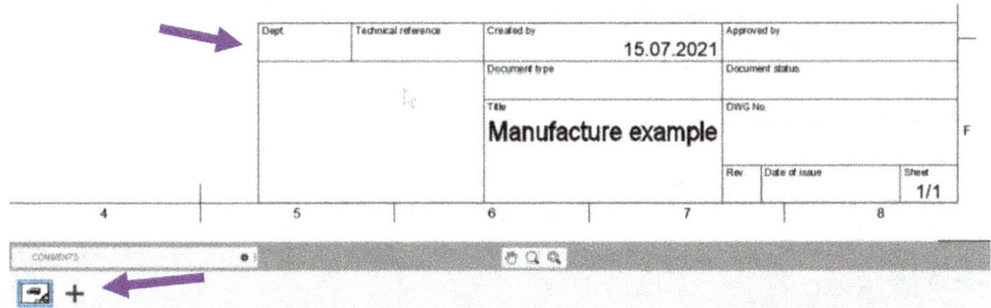

Figure 280: ajoutez une nouvelle feuille (en bas ; symbole "+") et remplissez le bloc titre

Mot de la fin

Très bien ! Vous l'avez fait, avec ce chapitre nous terminons le cours pour débutants Fusion 360 !

C'est maintenant à votre tour d'approfondir ce que vous avez appris et, surtout, de l'appliquer. Vous devriez maintenant maîtriser les fonctions les plus importantes de Fusion 360 et vous pouvez vous attaquer à de nouveaux projets, à des conceptions CAO, à des simulations et à tout ce qui va avec, sous votre propre responsabilité ! Félicitations !

Vous avez appris toutes les opérations et fonctionnalités pertinentes dans ce cours. Cela vous permet de construire, simuler, rendre, animer et produire ou faire produire vos propres fichiers CAO de manière simple et rapide. Ensemble, nous avons réalisé beaucoup de choses dans ce cours ! Soyez à juste titre fier de vous si vous êtes arrivé jusqu'à cette leçon !

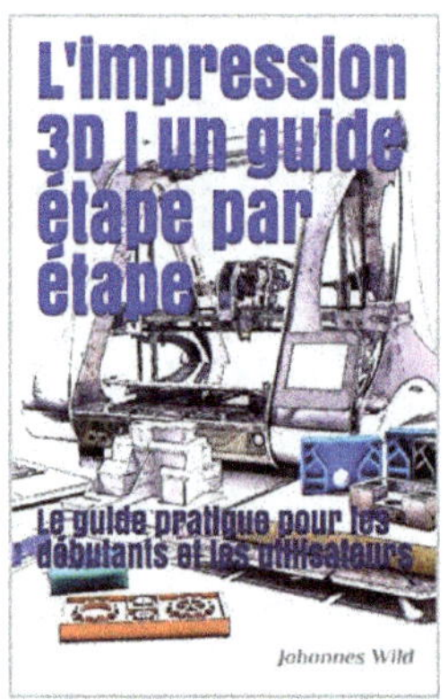

Et comme mentionné au début du cours, vous vous penchez également sur l'impression 3D. C'est très amusant et très bénéfique lorsque vous pouvez matérialiser vos propres constructions.

De cette façon, vous pouvez créer des pièces pratiquement à partir de rien et avoir une solution à portée de main pour toutes sortes de pièces détachées qui ne sont plus disponibles mais dont vous avez un besoin urgent. Le meilleur moyen d'y parvenir est d'utiliser mon livre : "L'impression 3D | un guide étape par étape" et de vous inscrire dès aujourd'hui.

Si vous avez apprécié le cours Fusion 360, je serais très heureux que vous me laissiez une note et un bref commentaire, et que vous recommandiez le livre à d'autres personnes ! Merci beaucoup !

Livres que vous pourriez également aimer

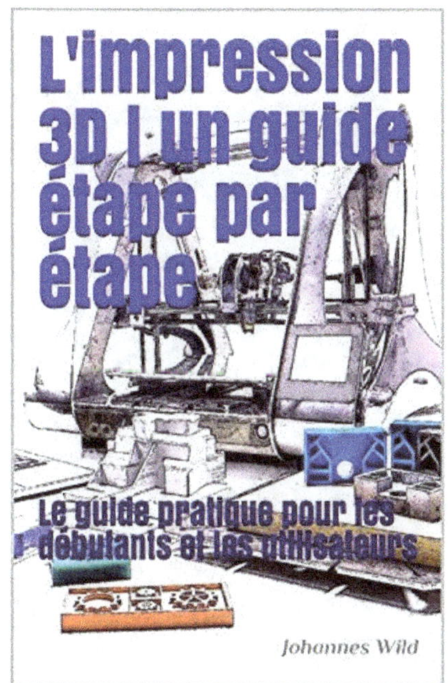

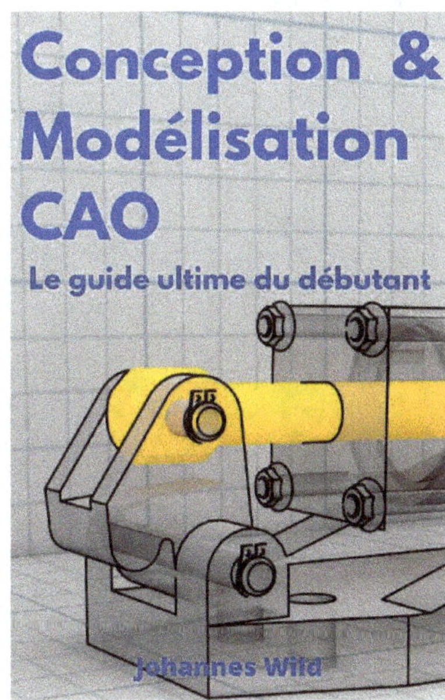

www.ingramcontent.com/pod-product-compliance
Lightning Source LLC
LaVergne TN
LVHW010817200726
843507LV00003B/630